# 寻找邢台历史文化的坐标

主　　编：刘振侠　赵泽波
副 主 编：段华飞　王楚予
参编人员：孔庆利　袁　超　孟利华

北京理工大学出版社
BEIJING INSTITUTE OF TECHNOLOGY PRESS

版权专有　侵权必究

**图书在版编目（CIP）数据**

寻找邢台历史文化的坐标 / 刘振侠，赵泽波主编. —北京：北京理工大学出版社，2020.1
ISBN 978-7-5682-6295-8

Ⅰ.①寻…　Ⅱ.①刘…②赵…　Ⅲ.①文化史-邢台　Ⅳ.①K292.23

中国版本图书馆 CIP 数据核字（2020）第 025576 号

出版发行 / 北京理工大学出版社有限责任公司
社　　址 / 北京市海淀区中关村南大街 5 号
邮　　编 / 100081
电　　话 / （010）68914775（总编室）
　　　　　（010）82562903（教材售后服务热线）
　　　　　（010）68948351（其他图书服务热线）
网　　址 / http://www.bitpress.com.cn
经　　销 / 全国各地新华书店
印　　刷 / 涿州市新华印刷有限公司
开　　本 / 787 毫米 × 1092 毫米　1/16
印　　张 / 15　　　　　　　　　　　　　　　责任编辑 / 徐艳君
字　　数 / 355 千字　　　　　　　　　　　　文案编辑 / 徐艳君
版　　次 / 2020 年 1 月第 1 版　2020 年 1 月第 1 次印刷　　责任校对 / 周瑞红
定　　价 / 89.00 元　　　　　　　　　　　　责任印制 / 施胜娟

图书出现印装质量问题，请拨打售后服务热线，本社负责调换

# 序 言

邢台具有3 500年建城史和灿烂的文明，是华北历史上第一座城市。邢襄文化作为华夏文化的一部分参与了华夏民族的融合、华夏文化的创建和形成，是华夏始创文化、中华文化正统，为中华传统文化做出了伟大贡献，是中华文化瑰宝的重要组成部分。

邢襄文化作为一种地域文化，博大精深，源远流长，具有独特的历史底蕴和文化特征。邢襄大地不仅造就了邢襄儿女勤劳、智慧、刚毅、果敢的民族地域属性，也形成了自强不息、崇德尚武、慷慨悲歌的文化地域特征，在邢台历史文化发展的坐标上彰显着鲜活的生命力。

本书选取邢台传统文化的亮点知识，从邢台的城市发展，邢台历史上建功立业的历史人物，邢台的历史文化，邢台历史上的教育、体育和卫生事业，邢台历史上的商业发展，邢台历史上的工业发展，邢台历史上的交通运输发展，邢台历史上的通信业发展，邢台的旅游业，邢台的酒文化，邢台的姓氏文化等方面，全方位介绍了邢台的历史功绩。在内容设计上，本书采取了模块方式，每节设计了"寻找归属""知识坐标""探究平台"三个基本模块，另根据内容需要设计了"知识拓展"模块，全书最后设计了"学业评测"，力求教者可操控、学者有目标、知识有增长、探究有兴趣、行为有评价。因篇幅所限，对一些珍贵史料忍痛删减，且留作读者探究之乐。

本书的编写目的有四个：一是在学习能力上，以探究身边的历史为切入点，增强学生自主学习兴趣，引导学生树立自主学习意识；二是在专业能力上，增强学生学好技能、做历史贡献者的信心，同时，引导学生利用自身专业特长，来宣传和推广邢台传统文化；三是在个人修养上，提升学生传统文化素养，培育学生知荣辱、守诚信、敢创新的综合素质；四是在理想人格上，培育家国情怀，树立家乡自豪感和荣誉感，补足人们在邢台传统文化认知上的历史认同感，增强有所作为、建设家乡的责任感。

本书在编写过程中参阅了《河北省志》《邢台志》等文献资料，阅读了邢台网及各大网站相关网络文章和丹枫飞云的博客、刘顺超的博客、五方元音的博客等相关博文，并探访咨询了一些年长的老邢台人。在此，谨致谢意！

由于编者水平有限，本书难免有疏漏之处，敬请读者批评指正。对此我们表示衷心的感谢！

2019年10月

# 目　录

第一章　邢台的城市发展 …………………………………………………… (1)

  第一节　邢台传统文化综述 ………………………………………… (1)

  第二节　邢台的历史沿革 …………………………………………… (6)

  第三节　邢台古城建设样貌 ………………………………………… (12)

  第四节　邢台的顺德府历史遗存 …………………………………… (17)

第二章　在邢台建功立业的历史人物 ……………………………………… (29)

  第一节　古代在邢台有所作为的历史名人 ………………………… (29)

  第二节　现当代在邢台有所作为的历史名人 ……………………… (38)

第三章　建功立业的邢台人 ………………………………………………… (42)

  第一节　邢台籍的皇帝 ……………………………………………… (42)

  第二节　邢台籍的历史名臣 ………………………………………… (45)

  第三节　邢台籍的科学家 …………………………………………… (49)

  第四节　邢台籍的现当代名人 ……………………………………… (53)

  第五节　邢台籍的艺术家 …………………………………………… (56)

第四章　邢台璀璨的历史文化 ……………………………………………… (59)

  第一节　与邢台有关的成语典故 …………………………………… (59)

  第二节　邢台的文化遗产 …………………………………………… (60)

  第三节　邢台的民间文学 …………………………………………… (65)

  第四节　邢台的新闻媒体发展 ……………………………………… (68)

  第五节　古今关于邢台的文学表述 ………………………………… (72)

  第六节　邢台方言 …………………………………………………… (88)

第五章　邢台历史上的教育、体育和卫生事业 …………………………… (95)

  第一节　邢台历史上的教育事业发展 ……………………………… (95)

  第二节　邢台历史上的体育事业发展 ……………………………… (105)

第三节　邢台历史上医疗卫生事业的发展 ················· (111)

第六章　邢台历史上的商业发展 ································· (118)

　　　第一节　邢台老街巷与明清邢台经济发展盛况 ··········· (118)
　　　第二节　邢台历史上的皮毛业 ····························· (120)
　　　第三节　邢台历史上的金融业 ····························· (124)
　　　第四节　邢台历史上的服务业 ····························· (130)
　　　第五节　邢台历史上的农产品加工业 ······················ (139)
　　　第六节　邢台历史上的制革业和制鞋业 ··················· (142)
　　　第七节　邢台历史上的纺织业 ····························· (144)
　　　第八节　邢台历史上的制瓷业 ····························· (149)

第七章　邢台历史上的工业发展 ································· (153)

　　　第一节　邢台历史上的冶炼业发展 ························ (153)
　　　第二节　邢台历史上的煤炭业发展 ························ (156)
　　　第三节　邢台历史上的电力工业发展 ······················ (160)
　　　第四节　邢台历史上的汽车制造业发展 ··················· (166)

第八章　邢台历史上的交通运输发展 ···························· (170)

　　　第一节　邢台历史上的陆路运输 ··························· (170)
　　　第二节　邢台历史上的航运 ································ (177)
　　　第三节　邢台现代交通运输 ································ (184)

第九章　邢台历史上的通信业发展 ······························ (187)

　　　第一节　中国的通信业发展 ································ (187)
　　　第二节　邢台的通信业发展 ································ (191)
　　　第三节　清末民初邢台与世界各地的通信 ················ (198)

第十章　邢台的旅游业 ············································ (205)

　　　第一节　邢台的风景名胜 ·································· (205)
　　　第二节　邢台最美古村落及文化特征 ······················ (208)

第十一章　邢台的酒文化 ········································· (215)

第十二章　邢台的姓氏文化 ······································ (223)

# 第一章　邢台的城市发展

## 第一节　邢台传统文化综述

### 模块一【寻找归属】

1. 请介绍一下自己，包括姓名、爱好、籍贯等，并说出一个以上家乡的典故、历史名人或者历史遗迹等。

2. 请通过电脑、手机等工具，查找一篇网络文章——《邢台没啥可牛的》，认真阅读并说说你的感受。

### 模块二【知识坐标】

#### 一、邢台与河北

上古以九为尊，有九州、九道、九泽。

夏代《禹贡》分定九州，邢属冀州。现在河北省简称冀，为古代九州之首的冀州之地。"冀"字分上、中、下三部分，上面的"北"代表的是燕国，中间的"田"代表的是中山国，下方的"共"即为"邢"字的古写"井"字，代表的是邢国（如图 1-1-1 所示）。这表示在西周时期，河北大地从北到南依次分属燕国、中山国和邢国。由此可以看出，邢台是一块历史悠久、文化底蕴深厚的土地。

图 1-1-1　"冀"所包含的三部分

上古有九泽,即大陆泽、雷夏泽、大野泽、孟渚泽、彭蠡泽(今鄱阳湖)、云梦泽(今洞庭湖)、菏泽、震泽(今太湖)、荥泽。其中,大陆泽居九泽之首,为中国古代北方第一大湖。大陆泽位于邢台、石家庄东部,500年前南至任县北至宁晋尚有很大的湖面。图1-1-2为古大陆泽位置示意图。在古代,这里是黄河故道,黄河挟带泥沙在填造华北平原的过程中形成了大陆泽。《周礼·夏官》《尚书·禹贡》《史记》《山海经》等众多史志对大陆泽都有记录,称大陆泽广袤百里、众水所汇,周边湖泊众多、水草丰茂、波澜壮阔。大陆泽水面最大时直通海洋。

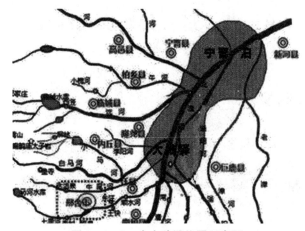

图1-1-2 古大陆泽位置示意图

大陆泽在不同时代先后被称作杨纡、钜鹿泽、广阿泽,汉代始称大陆泽。周定王五年(公元前602年),黄河东徙,发源于太行山麓的河流注入泽内;北魏以后,诸水改道,湖泊面积缩小;在唐宋时,大陆泽湖底抬高。到明朝中期,大陆泽中段脱水形成南北二泊,北泊称宁晋泊,俗称北泊,南泊仍称大陆泽,俗称南泊、任县泊。明清两代,水利不兴,河流阻塞,两泊渐渐变为沼泽,并在20世纪初最后干涸。

古大陆泽从形成到消失,大体经历了"海洋、特大型湖泊、大型湖泊群湿地、中型湖泊、小型湖泊、消失"的过程。

大陆泽是中华文明非常重要的摇篮之一,黄帝、炎帝、蚩尤所领导的三大文明集团曾在此发生激烈的冲突和融合,曾孕育海洋文明、黄河文明和禅让文化。黄河文明的后半叶是用大陆泽文化书写的,大陆泽的消失是中华民族的损失和遗憾。

## 二、邢台的地理位置

邢台市简称邢,雅号卧牛城,别称邢襄,旧称襄国、邢州、顺德府,有3 500余年的建城史和610余年的建都史,是大科学家郭守敬的故乡,素有"五朝古都"之称,先后做过商朝、邢国、赵国、常山国、后赵五个朝代和国家的国都。邢台北通幽燕,南达黄淮,西扼太行三关,东望华北平原,自然条件优越,素有"鸳水之滨、襄国故都、依山凭险、地腴民丰"的美誉。

邢台市地处河北省南部,太行山脉南段东麓,华北平原西部边缘。东以大运河为界与山东省相望,西依太行山与山西省毗邻,南与邯郸市相连,北分别与石家庄市、衡水市接壤。

总面积12 486平方公里。

邢台的地理位置非常特殊。背依太行山，是山西出入河北的重要门户之一。邢台以北就是石家庄，是幽燕南下中原的重要门户之一。东接京杭大运河，是山西、河北进入山东的重要门户之一。南（隔邯郸）接河南，是河北进入河南的重要门户之一。在古代，如果控制了邢台，北可望冀州，西可望并州（山西），东可望兖州（山东西部）、青州（山东东部）、徐州（江苏的江北大部），南可望豫州（河南）。

### 三、邢襄文化

悠悠岁月，滔滔长河，勤劳智慧的邢襄儿女创造出璀璨夺目的民族文化——邢襄文化。邢襄文化，即邢台历史文化，是一种地域文化，也是邢台的城市文化，邢襄文化在四千年历史长河中形成自强不息、崇德尚武、慷慨悲歌的文化特征和品性。

#### （一）文化体系

"大河岸边、山前台地"是邢襄文化诞生的古代地域环境，在太行山东麓、古黄河西岸，大陆泽周围这片独特的大山、大河、大泽结合地带诞生了独具魅力的邢襄文化。她与草原文化、江汉文化、闽越文化、岭南文化、巴蜀文化、齐鲁文化等其他地域文化共同组成了伟大的中华文化。

邢襄文化以其丰富的内涵形成系列文化体系，主要包括：尧山文化、鹊山文化、沙丘文化、邢窑白瓷文化、百泉文化、商都牛城文化、黄巾文化、七夕文化、太行文化、运河文化、梅花拳文化、义和团文化、郭守敬科技文化、冀南革命文化、邢台姓氏文化、开元佛教文化、武松文化、李唐帝陵文化、邢州学派文化、汉牡丹文化等。

#### （二）五朝古都

邢台具有3 500年建城史和灿烂文明，是华北历史上第一座城市，自建城始就是政治、经济、文化中心，在这里先后有四个国家建立，邢台作为商朝等五个朝代的国都长达数百年，在底蕴深厚的邢襄文化中，悠久灿烂的古都文化是必不可少的一部分。

邢台古城的迁移轨迹大概是：东先贤（祖乙之城，距今3 533年）→白鸡城（邢侯之城，距今3 101年）→鹿城岗（襄子之都，距今2 482年）→邢台桥东老城区（石勒建平城，距今1 688年）。由西向东，由高到低。

这片沃土上还走出了许多著名的帝王，如郭威、柴荣、孟知祥、孟昶、李渊、李世民等。

#### （三）文化地位

邢襄文化的历史地位是：华夏始创，中华正统。

1. 邢襄文化是华夏始创文化之一

上古三皇五帝时期，邢台便是华夏先祖的重要活动区域，黄帝氏族曾居于邢台轩辕岗，教民"凿井筑邑"。后来蚩尤和黄帝曾九战于大陆泽，邢台成为氏族融合形成华夏族的重要地域。

此后尧定都柏人城，并在尧台禅让于舜，成为禅让制的发端。大禹治水疏导九河流入邢台大陆泽，邢台大地再次留下先祖重要的足迹。至今仍有鲧堤、丹朱墓、尧山、尧台、象城、柏人城、干言岗等华夏氏族的遗迹。这个时期邢襄文化处于萌芽状态，距今4 000～5 000年。图1-1-3所示为柏人城址。

图1-1-3　柏人城址

夏商初期，邢台是井方氏、有苏氏的活动地域。商代祖乙迁都于邢，是邢襄文化体系的起点，距今3 500年。自此，邢地作为商都138年。商代末期，纣王升邢伯（也称井伯）为邢侯，并扩建邢地的沙丘苑台，邢台成为商代畿辅之地、掣肘之国。

周朝灭商后，周王室大规模封邦建国，邢国成为70余个诸侯国之一。邢国被封建国是邢襄文化形成独立完备的文化体系的标志，至今3 100年。

邢襄文化作为华夏文化的一部分参与了华夏民族的融合、华夏文化的创建和形成，因此是华夏始创文化。

2. 邢襄文化的根源是中华正统

从邢襄文化的形成阶段来看，邢襄文化直接起源于三皇五帝在邢地的活动，彪炳史册的尧舜禅让、大禹治水等都是三皇五帝时期的正统历史。

在商代，邢台是商王室的定都之地，祖乙迁邢使商朝中兴。中国历史上最大的青铜器后母戊鼎为邢伯的女儿妇妌而造，祖乙迁邢、纣营沙丘是商代的重要史实。

在周代，邢国是周王室的姬姓封国之一，是按周礼所建的礼仪之邦。正因为邢国是当时尊贵的王室正统，史书上才有"邢侯搏戎"（邢侯帮助周王室抗击少数民族入侵）的美誉，"齐桓公救邢"被称作救中国，卫国灭邢被称作"春秋无义战"（春秋时期最不讲道义的战争），这些无不体现了邢襄文化的正统性。

（四）千年古县

从全国来看，河北省有一个与其他省市明显不同的特点，就是设置的县很多，面积也较小。邢台也是如此，面积1.24万平方公里，辖2个县级市、15个县，如图1-1-4所示。

邢台每个县市都拥有悠久的建县历史。如，邢台县，商代为井方，周为邢国地域，秦朝时设置信都县隶属于巨鹿郡，汉代改称襄国县，隋代改为龙岗县，宋代徽宗改为邢台县，沿

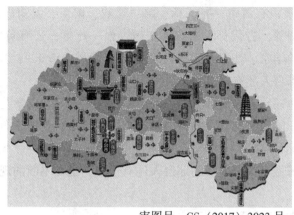

审图号：GS（2017）3023 号

图 1-1-4　邢台地理图

用至今。五代十国的后蜀开国皇帝孟知祥，是邢台人，来自龙岗（今邢台县）。

邢台市柏乡县，在五代时期，曾发生过对历史发展影响深远的事件。五代初年，后梁朱温占据黄河流域，而他的死敌——晋王李存勖占据山西一带。朱温出兵北上，欲吞并赵王王镕。王镕请李存勖出兵，在柏乡重创梁军。此战是五代初年极具战略意义的大决战，后梁被迫采取战略守势。此后，晋国灭掉后梁，统一中原。

邢台市隆尧县是帝王之乡，曾出了两位皇帝。第一位是建立后周的周太祖郭威，作为爱民如子的好皇帝，他实际拉开了北宋统一的时代大幕。另一位帝王，就是替赵匡胤、赵光义兄弟平定天下的一代圣主周世宗柴荣。柴荣继承养父郭威的遗志，破后蜀，取淮南，北伐契丹。如果他不是英年早逝，必是汉高祖之流的人物（宋神宗语）。

又如南宫县，秦代属于巨鹿郡；汉代时，刘邦因周文王四友之一南宫适的封地在此，于是设置南宫县，沿用至今。巨鹿（或钜鹿）在历史上赫赫有名，秦末时楚国大将项羽，在巨鹿一战灭秦军主力，达到了人生巅峰。邢台市最东边的清河县，因《水浒传》《金瓶梅》知名度上升到极致。

另外，邢台广宗县也因建有沙丘宫苑，在历史上颇有名气。两位英雄帝王湮灭于此：胡服骑射的赵武灵王赵雍被困于沙丘宫饿死，秦始皇巡游天下死于沙丘。图 1-1-5 所示为沙丘平台遗址。

如今，邢台各县市多项农产品产量居全国和河北省第一，成为邢台各县市新名片。如邢台临城是我国北方最大的优质薄皮核桃生产基地，邢台巨鹿县金银花产量居全国三大金银花主产区之首，邢枣仁产量居全国第一，棉花面积、产量居河北省第一。目前，全市拥有 13 个涉农中国驰名商标、17 个地理标志农产品。

图 1-1-5　沙丘平台遗址

### （五）历史名人

邢襄大地，人杰地灵。古往今来，涌现出的民族英雄、帝王将相、先哲圣贤、科技精英、社会名流、能工巧匠、艺苑巨擘、侠客义士、忠烈豪杰不可胜数。

古代帝王（或首领）有黄帝、尧、舜、禹、郭威、柴荣、孟知祥、孟昶等，古代名相有刘秉忠、魏徵、宋璟等，古代科学家有郭守敬、僧一行等，还有黄巾起义的黄巾三雄张角、张宝、张梁，音韵学家、《五方元音》的作者樊腾凤，清末民初水利开发专家王同春等。古代功勋卓著的邢台人还有很多，不胜枚举。

在现当代名人中，领导人物有吕玉兰、刘子厚、任仲夷等；文学艺术方面有顾随、梁实秋、尚小云、赵忠祥、陈强、白寿章、尧山壁等；民族英雄有董振堂等；科学家有王助、尹文英、尹赞勋等。

当代，在各个领域做出突出成绩的邢台人还有很多，也在不断涌现。

## 模块三【探究平台】

1. 请根据本节知识将自己家乡的文化进行归类，增强文化归属感和认同感。
2. 通过查找资料，搜集自己家乡关于大陆泽的历史遗迹，了解大陆泽文化。
3. 将邢台历史跟中国历史对照，以邢台传统文化与中华传统文明的血肉联系唤起学生的自豪感和崇敬感。
4. 查找自己家乡县市的历史设置及当前县域特色文化，增强历史认同感和建设家乡的责任感。

# 第二节　邢台的历史沿革

## 模块一【寻找归属】

1. 你对家乡邢台（包括县市或者村庄）的来历知道多少？民间有哪些关于家乡的传说故事？
2. 请借助网络查一查，建城 3 000 年以上的古城有哪些？你知道邢台 3 500 年来经历了哪些变迁吗？

## 模块二【知识坐标】

### 一、邢台的来历

1. "邢"字的来历

邢，是邢台最古老的地名，在甲骨文中就有记载，当时被称作"井"。公元前 17 世纪，西方姜姓井族顺河水东移，迁徙到冀南的时候，以族名命地为"井"。另外，邢地土肥水丰，百泉竞流，故称"井方"。邢人凿井筑邑，后来合"井""邑"二字为一字，就成为

"邢"字的起源。

2. "台"字的来历

春秋战国时期，邢地是赵国的陪都，史称信都。赵国在邢地建筑了信宫，还在邢地域内筑起了高高的檀台。

## 二、邢台的历史沿革

1. 上古时期

上古时期邢地为井方氏所居。大陆泽为华北最大的湖泊，黄河流经于此。

2. 黄帝蚩尤时期

炎黄部落联盟总首领轩辕黄帝，曾耕种稼穑于邢地隆尧的干言岗（轩辕丘），《诗经》记曰：出宿于干，饮饯于言。伯益辅佐黄帝发明了凿井术，被封于柏人（今隆尧）；在氏族战争中黄帝第五子挥公发明弓箭，被封于清阳（今清河）；黄帝之妻西陵嫘祖则曾居住于南和县一带养蚕缫丝，今南和县西陵遗址犹存。

据白寿彝《中国通史》记载，邢台大陆泽、巨鹿一带也是东夷九黎部落联盟的大酋长蚩尤所居地。蚩尤以牛和凤作图腾，传说蚩尤为牛首人身，四目六臂。邢台被称作牛城，以牛作为城市图腾；邢台也是先商之源，商代则以凤为图腾，这些都源自蚩尤。

3. 尧舜禹时期

华夏联盟首领尧帝，晚年建都于柏人城（今隆尧西）。皇甫谧《帝王世纪》记载："柏人城，尧所都也"。尧帝，十五岁封唐侯，是陶唐氏的邦君，史称"唐尧"。因此邢地被称作唐侯故土或唐尧故土。

尧帝在邢地大麓（巨鹿）禅让帝位给舜，成为中国禅让制的起源。《史记·五帝本纪第一》记载："舜入于大麓，烈风雷雨不迷，尧乃知舜之足授天下。"他承前启后，提倡"九德"，是中华民族道德文化的源头。中华民族从野蛮到文明，虞舜立下大功。

大禹在治理上古洪水时，疏导黄河等众河之水流入大陆泽。《禹贡》和《史记》均记载，"北过绛水，至于大陆；又北播为九河，同为逆河，入于海"，其中绛水即为漳水，大陆即为邢台的大陆泽。图1-2-1所示为大禹的父亲鲧治水的鲧堤遗址。

图1-2-1 鲧堤遗址

4. 夏商周时期

根据夏代《禹贡》，邢属冀州。商王祖乙迁都于邢，经历五王共130余年。商朝末期，邢国是商重要的诸侯国，帝辛升邢伯为邢侯，为商纣王三公之一。图1-2-2所示为商代遗址。

西周初期（约前1066年），周成王封周公第四子姬苴（邢靖渊）为邢侯，建立邢国，为西周53个姬姓封国之一，是当时河北中南部地区唯一具有征伐之权的元侯之国。西周穆王时期，邢侯邢利（邢穆公，也称井利、姬利）兼任周朝太宰，为周穆王三公之一，掌管周朝六军。

春秋末期，邢国被卫国灭亡，辗转属晋，成为晋国邢侯巫臣的封地。

图1-2-2 邢台市东先贤商代遗址

战国初期,邢国成为赵襄子封邑,三家分晋后属赵国。

前372年,赵成侯立邢为信都,建信宫、檀台,邢成为赵国的别都。

赵武灵王十九年(前307年)正月,赵武灵王在信宫召见属国朝臣,发布胡服骑射的国策。

5. 秦汉三国时期

(1) 秦代

秦代初(前221年)设巨鹿郡(钜鹿郡,治所在今邢台平乡县),为全国三十六郡之一。

(2) 秦末汉初

前208年,张耳、陈余据信都(今邢台县)拥立赵歇为王,建立赵国,建都信都。

前206年,秦朝灭亡后,西楚霸王项羽分封张耳为常山王,管理信都,更名襄国。

汉高祖四年(前203年),汉王刘邦立张耳为赵王,仍定都襄国(管辖常山、巨鹿、邯郸三郡)。前198年,赵王张傲被废,国家灭亡。

(3) 两汉

西汉初期,设巨鹿郡,治所在今邢台平乡县。

(4) 三国时期

巨鹿郡辖域缩小,曹魏分割巨鹿郡的部分辖县,归属于京畿魏郡。

6. 魏晋南北朝时期

(1) 东晋

石勒建立后赵,定都襄国,襄国国都管辖襄国、南和、任县、苑乡4县,中丘郡、巨鹿郡为畿辅之地。公元335年,石虎迁都于邺后,襄国都改置为襄国郡。

(2) 北魏时期

襄国郡改设为北广平郡(治所在南和),巨鹿郡改设为南巨鹿郡(治所广阿,今隆尧)。之后,南巨鹿郡改名南赵郡,治所仍在广阿(今隆尧);同时设殷州,下辖南赵郡、赵郡、巨鹿郡。

北周时,原北广平郡之襄国改为赵国,宇文招出任赵王。设南和、任县为南和郡。

## 7. 隋唐宋金时期

隋开皇十六年（596年），襄国郡改名邢州，大业二年（606年）恢复襄国郡。

唐武德元年（618年），改置邢州总管府，武德四年复邢州，隶属河北道。贞观二十年（646年），唐太宗李世民在邢州修建大唐祖陵。天宝元年（742年）邢州恢复巨鹿郡，至德二年（757年）又改为邢州。中和元年（881年）昭义军驻扎邢州。

五代邢州为边冲重镇，昭义军、保义军、安国军先后驻守在这里，节度衙门设置在邢州，管辖邢州九县，统领管辖洺州、磁州二州。北宋沿袭邢州，仍置安国军节度，最早隶属于河北路，后隶属河北西路，真宗年间设邢州都总管。宣和元年（1119年）邢州改为信德府，辖九县之域不变。1128年，金复改信德府为邢州，置元帅府，仍驻安国军。

## 8. 元明清时期

元初设邢州元帅府，后设邢州安抚司。1262年，邢州升为顺德府，辖九县及洺州、磁州、威州三州。1264年，顺德府改为顺德路。元代顺德路由中书省直辖，称为"腹里"。忽必烈用汉法治理天下的样板"邢州大治"始于此。

明朝洪武元年（1368年），顺德府隶属北平行省，永乐元年（1403年）顺德府直隶于京师（北直隶）。

清朝顺治元年（1644年），顺德府归属清朝廷，沿袭明制，仍辖九县，属直隶省。

## 9. 民国时期

1913年，北洋政府撤销顺德府，以顺德府、广平府、大名府、冀州、赵州区域设置冀南道，观察使驻邢台，次年移驻大名，改大名道。1925年8月29日，中华民国执政府设邢台城区为顺德市，是民国河北省的5个自治市之一。1928年，国民政府撤销大名道，成立河北省，邢台各县划归省辖。1937年，国民政府河北省设置行政督察区，邢台各县分属十三、十四、十五区。

1937年10月，伪华北委员会设冀南道，辖冀南邢台、邯郸、大名等32县，道尹驻顺德（今邢台），为河北省设置的四个道之一。1938年8月，中共中央北方局设立冀南第一专区，行署驻邢台；同时设立冀南第四专区，行署驻南宫。1939年，国民党河北省政府（河北省会）迁驻邢台县路罗镇。1940年，伪冀南道改置为顺德道，辖今邢台市15县，道尹驻今邢台。1940年，中共中央北方局将冀南一专区调整为太行一专区，辖今邢台、邯郸、山西的13县，专区行署驻邢台。1941年，国民党河北省政府（河北省会）迁离邢台。

1945年9月，八路军解放邢台，中共中央设立邢台市，为太行行政区唯一直辖市（专区级）。1945年，国民党河北省政府调整督察区，邢台各县分属十四、十五区。1948年5月，国民党中央政府撤销十二、十三、十四、十五区，设置冀南行政区，行署驻邢台。1949年8月，中共中央恢复河北省，太行一专区、冀南四专区合并为邢台专区，专区行署驻邢台市（专区级），与邢台市分设。

## 10. 中华人民共和国成立以后

1949年10月1日，中华人民共和国成立，邢台专区不变。1952年，清河县划归邢台专区。1964年，设立临西县，属邢台专区。1970年，更名邢台地区，辖1市17县。1983年，邢台市改为省辖市，辖桥东、桥西、郊区三个区。1993年，经国务院批准，邢台地区和邢台市合并为邢台市，辖桥东区、桥西区，隆尧、内丘、临城、柏乡、任县、邢台、巨鹿、南和、平乡、广宗、宁晋、新河、清河、威县、临西15县，市政府驻桥东区。

### 三、历史上的邢国

历史上，出现过三个邢国。一个是商末时的诸侯国之一，古邢侯国，即今邢台市地域。第二个是西周春秋时的一个诸侯国，即今邢台市，国君为姬姓，周公旦的第四个儿子姬苴最早被分封到邢，称"邢国"，他的后代邢元公亡国。第三个是晋国的附属国。

#### 1. 商代邢国

《史记》和《竹书纪年》记载，商王祖乙九年，迁都于邢（今邢台市），此后邢为商代的国都长达130余年。盘庚迁殷后，井方成为商朝的重要畿辅方国（拱卫都城的诸侯部落）。

商王武丁时期，邢伯之女妇姘嫁给武丁，邢地成为邢伯世袭封地，也是有权参与商代先王祭祀典礼的少数方国之一。中国著名的青铜器后母戊大方鼎就是妇姘之子为祭祀母亲所铸造的。

商代末期，邢伯被升为邢侯，是商纣王三公之一，其封地称邢侯国，一般称作古邢侯国。今邢台东先贤商代遗址被专家誉为邢墟，是全国重点文物单位，连同曹演庄、青介、沙丘苑等超大规模、连片的商代遗址，是商代建都邢地的重要实物证据之一。

商纣王时在邢侯国的沙丘之地建行宫——沙丘宫苑。《广宗县志》记载广宗大平台村南的沙丘平台即为商纣王沙丘宫苑遗址。沙丘宫苑是最早有史书记载的园林建筑。

#### 2. 西周邢国

西周初期，周成王为感谢周公旦辅政之恩，分封周公旦第四子姬苴于邢国。邢国属周公旦的封地，是严格按照周朝礼制所建立的礼仪之邦。一些青铜礼器证明了邢国很早就注重礼仪，如图1-2-3所示的青铜戚和麦方鼎。出土自邢台，现藏于大英博物馆的西周青铜器邢侯簋（周公彝）、麦尊铭、麦彝铭记载了邢侯受封的盛典。图1-2-4所示为邢侯簋。

图1-2-3 西周邢侯的礼仪青铜器青铜戚（左）和麦方尊（右）

邢国自建国开始，与河北、山西中部的戎狄（中山国）长期征战，历史上多次率领诸侯抗击戎狄，"邢侯搏戎"载于史册。著名青铜器臣谏簋就记载了邢侯大败戎狄的一次盛况。

图 1-2-4　邢侯簋

春秋之初，邢国仍然大破过北戎。此后狄人所建的中山国越来越强，狄人多次伐邢，导致邢国国势衰弱，乃至已经难以独自抵御狄人的进攻，齐桓公率领大军救邢，邢迁都夷仪，并与齐国结为盟国。

后邢国、卫国交恶，卫国间谍潜入邢国劫持邢国太子，邢国君民束手无策，最终导致城破国亡。卫国消灭同宗诸侯国，开启了春秋无义战的篇章。

3. 晋之邢国

在诸侯混战中，卫国成为晋国附庸，原邢国地域归于晋国。后楚国大夫申公巫臣投奔晋国，被封于邢国，先为邢大夫，后升邢伯、邢侯，邢国成为晋国的附庸国。

巫臣建议晋国联合吴国，夹击楚国，这成为楚国衰落、吴国崛起的序幕。在此期间，晋国内部大家族互相火并，著名的赵氏孤儿赵武，被公孙杵臼和程婴所救，藏匿于邢国的赵孤庄（位于邢国都城鹿城岗西北）避难。

巫臣将邢侯之位传给他的儿子狐庸，后因地盘之争狐庸被杀，至此，邢国灭国。

邢侯巫臣所建之邢国都城即今鹿城岗城址，为全国重点文物保护单位，如图 1-2-5 所示。今邢国君主墓中所发掘之春秋大墓，即为邢侯巫臣之墓。

图 1-2-5　邢国都城鹿城岗城址

邢地后来被晋国六卿之一的赵简子拥有，之后成为赵襄子的采邑，因此后来改称襄国。

## 模块三 【探究平台】

1. 写一篇小文章,说一说"邢台"的来历和邢台的历史变迁。
2. 现在民间还有一些老人称邢台为"腹里"。"腹里"的叫法源自哪个时代?

# 第三节　邢台古城建设样貌

## 模块一 【寻找归属】

1. 大家一定看过很多古装影视剧,请说说影视剧中的古代都市跟现代城市相比,在建筑风格上有什么不同。
2. 你知道哪些古城遗址?去这些古城游玩过吗?感觉有什么不同?

## 模块二 【知识坐标】

### 一、邢台古城的城市建设及范围

邢台老城最初由十六国时期的后赵开国皇帝石勒所建。

古邢台城(建平城)前后经历了十八年才完成建筑。据史料记载,古邢台城以周礼为制,在城的四周有四个子城拱卫,引达活泉水周流城内,古城开设四个城门,以北苑作为襄国大都市。在城内修建了各种宫殿、庙宇、楼台等。除此之外,在城内还建有太学和宣文、宣教、崇儒、崇教等十余所小学。在城西建起帝王祭祀天地神明的"明堂、灵台"和宣扬教化的大学"辟雍"等,又设立桑梓苑和藉田(帝王示范种植的田地)。此外,石勒还在襄国都城附近建造了水上离宫——澧水宫(今南和县域),在永丰城内建设了永丰仓等。

通过数十年的建筑和经营,古邢台城内人口达 70 余万,巍峨壮观的宫殿群显露出帝王气概,成为北方政治、经济、文化的中心。

元代,邢台城改为顺德府,城市建设迅猛发展。这一时期,邢台城内出现了大开元寺、净土寺、天宁寺三大佛教寺院,龙兴观、通真观、城隍庙三大道教庙观,邢台县文庙、顺德府文庙、武庙等儒家建筑。在府城中心,则以清风楼为城市景观地标,与其后的顺德府衙,共同构成了宏大的建筑群组。蒙古族所迁居民多居住于邢台城外,逐渐形成了以回族为主的民居聚落。

顺德府城在明代以前为一个方形城,自元代之后南关居民区逐渐扩大,到明清之际,已经形成了府城的集市。后来为了保护集市的居民,以防乱民盗匪扰乱,开挖了围寨河,加筑了寨墙,形成了内城和外城结合的空间布局。

明清以来，邢台城屡经修缮，城池坚固，东、西、南、北门都是有三道城门的"牛斗门"，每个城门有两道瓮城，城墙外是两道护城河。东门叫朝阳门，西门叫阜安门，南门叫通远门，北门叫拱辰门。从现在遗存的老照片中仍可见老城门样貌，如图1-3-1所示。

图1-3-1　老邢台城门

邢台城发展为内城和外城两大城区格局，如图1-3-2所示。内城以行政、居住为主，以府衙、清风楼为中心，东西对称，南近北远，呈南北不通的近似十字架。往东有府前东街、东门里通东门、东关，往西有府前西街、西门里通西门、西关，往南有府前南街通南门、南关，北街称长街，在府衙偏东处，往北通北门、北关。

图1-3-2　老邢台的内城和外城模型展示

邢台外城以南关的十字街为中心，即东大街、西大街、北大街、花市街、马市街、驴市街。这一带多为手工业作坊、货栈和商店，是邢台的商业中心。

邢台城城墙坚固，直到解放前夕仍然完好无损。解放战争中，邢台是唯一采用古代架云梯攻城战术的城市。

邢台城西为龙岗小山丘，城北有豫让桥，城东北有柳溪亭，城西北有达活泉、紫金泉，城西南有可与少林寺比美的塔林，有百泉、狗头泉、黑龙潭，有苏人亭（商朝前期邢台被封为方国"苏"，后称井方）。后赵皇帝石勒的高平陵和武帝石虎的显原陵在邢台县东南百泉村。邢台北有白马河，南有麒麟河（七里河）、大沙河穿过，小黄河、围寨河贴城而过，汇入牛尾河，直到大陆泽。

1945年邢台解放后，动员群众拆毁城墙、碉堡及一切可供敌人利用的设施。拆毁了邢台古城墙所有的关隘要塞和明碉暗堡、角楼、箭楼、鹿角丫杈、南关寨城，并将沙河至内丘的铁路拆毁。1946年至1982年陆续拆除了城门、城墙，填平了护城河，城西的卧龙岗被清平。老邢台城墙、城门原貌如图1-3-3所示。

图1-3-3　顺德府古城墙及城门

1966年"文化大革命"中,清风楼被改名东风楼,楼顶雕刻被砸毁,楼上悬挂的"清风楼"牌匾被烧毁,楼内文物被毁,楼内所藏珍本古书被抄走;开元寺、文庙、塔坟等邢台古城珍贵文物无一幸免,均遭到不同程度破坏。唐代李质手书的道德经幢被砸毁,开元寺的圆照塔被砸毁,天宁寺的虚照禅师塔被砸毁,褚遂良道德经碑被砸,文庙被毁仅剩大成殿,赵孟頫碑塔被砸毁,天宁寺宋代经幢被砸,天宁寺仅余几间大殿,大宋邢州净土禅院碑被砸毁,府前街牌坊、长街牌坊被毁,历史悠久、规模可观的邢台塔坟上百座古塔荡然无存。

1987年、1988年,邢台鞋厂发生火灾,作为鞋厂仓库的重点文物单位开元寺两次遭到破坏。2000年,邢台文庙大成殿移建于达活泉公园内。

2007年4月,邢台古城墙残段保留最长的一段北城墙,因天一广场开发建设,被推倒拆除。2008年12月2日,邢台古城墙修复的角楼被烧毁。2009年、2010年东南段古城墙连续坍塌。

历史悠久的古邢台,拥有3 500年建城史,历经五都,如今历史古迹荡然无存,令人扼腕叹息。

## 二、卧牛城的来历

卧牛城是邢台古城的俗称。关于"卧牛城"的来历,有几种说法:

1. 史书记载

邢台城为春秋时邢侯所建,十六国时期由后赵皇帝石勒扩修,北宋时又进行重修。城墙周长九里十三步,阔六步,上可卧牛,故俗称卧牛城。图1-3-4为原卧牛城石雕,现已移位于达活泉公园内。

**图1-3-4 原卧牛城石雕**

清康熙年间《邢台县志》记载:"城周围九里十三步,厚二丈。隋《图经》谓:石勒所筑,称建平城。沈存中又谓:郭进守西山时所筑,厚六丈,上可卧牛,俗呼为卧牛城。又传城西有拴牛石,东北有牛尾河,深丈许,阔五尺……"

称城墙为卧牛城的不止邢台,大凡城墙坚如磐石的,都有"上可卧牛"之说。但是,说邢台古城为卧牛城，却有更深刻的历史渊源和民俗根据。

2. 民间传说

据传说，在原始社会，邢台一带是一片山清水秀、水草丰茂的沃野，却无人居住。一天，一对夫妇携孩子从此经过，见一头黄牛膘肥体壮，和善可亲，面南而卧，于是他们一家决定在这个地方定居。某年，天降暴雨，洪水滚滚而来，这一家骑上牛背，以图脱险。不料此时黄牛猛吼一声，水即闻声而止，牛再吼，水即后退，再吼，再退。于是就有了"卧牛城"的传说。

3. 生态建设模式

邢台旧城有一组地名和一些掌故、遗迹都与"牛"有关，从某种程度上可以说，邢台是一座以"牛"为型的生态构建城市。

邢台古城南关外，有两个村东西对峙，大小相当，据说因为两村正位于牛角之所，所以东边的叫东牛角，西边的叫西牛角。南关东岳庙后有牛耳石。两村西北，即原邢台电影院附近，据说原立有一石柱，根基深陷，俗称拴牛橛。原来邢台古城最长的街为肠街（1945年邢台解放后，"肠"改为"长"），从衙署直通北关，又窄又直，长三里，为牛的肠子。长街往东，有条巷子，因其位于牛肚子之中，所以叫肚子巷。牛胃部有一大一小两个水坑，即韩家坑、王胃坑。牛眼部位分别有两眼水井。出了北关，有一条自西向东的小河，正如一绺牛尾，故名牛尾河。

有趣的是城内原有四个水坑，称牛市水坑、羊市水坑、马市水坑、靛市水坑，人们认为是卧牛的四个蹄印。这四个坑现已填平，变成了街巷，但名称仍然留存。

把邢台古城和这一组地名融合成一幅简略示意图，正好是一头面南而卧的黄牛，如图1-3-5所示。

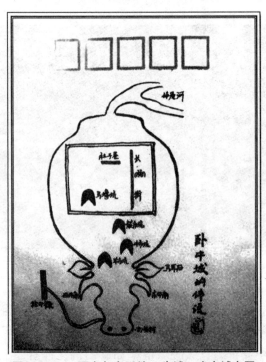

图1-3-5 邢台邮友手绘"牛城"生态城市图

## 模块三【探究平台】

1. 通过邢台的老照片,你能大致想象一下老邢台的样子吗?跟影视剧里的古老城镇相比有哪些异同?

2. 关于邢台的产生有哪几种流行的说法?你对哪种说法最感兴趣?请用自己的话复述一下。

# 第四节 邢台的顺德府历史遗存

## 模块一【寻找归属】

你们知道哪些能代表老邢台的历史遗迹?你们有没有亲自探访过?让我们一起来了解一下。

## 模块二【知识坐标】

### 一、顺德府衙相关建筑及文物

清风楼、魁星楼、古牌坊、碣石铭碑、古邢台碑曾经是顺德府衙附属建筑中的标志性建筑。图1-4-1所示为顺德府古建筑方位模型图。

图1-4-1 顺德府古建筑方位模型图

### 1. 戒石铭碑

从清风楼下进入府衙内，建有戒石亭，亭内立有一块石碑，阴刻铭文"尔俸尔禄，民膏民脂，下民易虐，上苍难欺"，如图1-4-2所示。这块碑为元代顺德府附属建筑，元代至元年间建。该铭文出自五代时期后蜀后主孟昶之手，后被宋太宗赵光义颁布为天下官员的座右铭，并让大书法家黄庭坚书写，给州县摹刻立石。现存戒石碑为元代时期邢州升顺德府后的重刻碑。明清之时，顺德府衙对戒石亭没有废除，沿用到民国。在历代府署建设中都有戒石亭的记载。

图1-4-2 顺德府戒石

### 2. 古邢台（碑）

"古邢台"碑为顺德府衙附属建筑，传说建于西周邢侯，如图1-4-3所示。赵成侯用魏国所献的椽木扩建，并立为信都檀台。赵武灵王在此大朝五日，颁布胡服骑射的国策。后赵石勒时期，在周围增建了灵风九台和百尺楼，与原檀台一起成为后赵皇都最宏伟的建筑群。檀台在唐朝成为邢州名胜之地，"檀台烟雨"在明清时期为顺德府十二景之一，现在只留下此碑刻和遗址，此碑为明代重刻。

台是一个很高的建筑，是古人祭天的地方，也是国家权力的象征。西周时邢侯筑台，行天命，顺民时。筑邢台的历史已经有3 000多年。到了唐代，邢台始为地方地名，到宋宣和三年（1211年）宋廷将龙岗县改名为邢台县。

古邢台，明代即称为"古邢台"遗址，足见此台历史久远。当时的顺德知府李攀龙曾赋诗《登邢台》，并流传至今。

20世纪80年代，此碑被挪到院外路边，底座埋到地下。邢台市申报历史文化名城时，市政府决定重新立此碑于原处，并配以亭廊，邢台之根重现光彩。

图1-4-3 "古邢台"石刻原貌和现存于邢台市第一幼儿园院内的"古邢台"碑

### 3. 清风楼

清风楼为河北省级重点文物保护单位，是邢台市的城市原点所在，千百年来为历代文人墨客雅集聚会之所。郡楼远眺自古为顺德府十二景和邢台八景之一。

清风楼为顺德府衙附属建筑，是唐高祖李渊之子鲁王李灵夔任职邢州刺史时所建郡楼，与南昌滕王阁同时期所建，南昌滕王阁由李渊之子滕王李元婴任职洪州时所建。《顺德府志》记载，清风楼"建自唐、宋"，后因战乱等因素被毁坏，元代修缮后，与岳阳楼、滕王阁、黄鹤楼齐名。明代李京在《郡楼远眺》中写道："郡城内有楼焉，高十余丈，俯视城内外，望十五里远。西山爽气，入窗牖栏楯间，日夕万家烟火，如缕如织。城南七里河如带，百泉、达活泉如雨落星湾。鼓钟其上报晨昏，为郡谯楼。进府署由楼下行。建自唐宋。"

清风楼后毁于兵火，明朝宪宗成化三年（1467年），顺德知府黎光亨为了纪念明朝开国100周年，不惜巨资重新修建，以宣扬清风廉政，学士陈音撰写了《清风楼记》流传于今。

清风楼位于邢台古城的中心，底部用基石作台。下层有门洞，门洞上有石匾，刻有"顺德府"三字。在西侧有外置步行梯可登楼，二楼为木结构建筑，南北开门，楼内墙上有王维四季图和明清两代留下的诗文。图1-4-4为各个时期清风楼及周边景观。

图1-4-4 民国时期清风楼旧貌（左上）、在清风楼上向北俯瞰邢台城（右上）、
解放初清风楼旧貌（左下）、现代清风楼（右下）

4. 邢台道德经幢

道德经幢为唐玄宗开元二十七年（793年）时任邢州刺史的李质所立，至今已有1 200多年的历史，是我国现存较好、年代较早且形体较大的石刻道德经幢。1982年，被定为河北省重点保护文物。图1-4-5为清代位于龙兴观的道德经幢和现在位于清风游园内的道德经幢。

5. 顺德府衙文物

顺德府衙现在可见的文物有出土的顺德府衙印章和顺德府正堂令箭筒，如图1-4-6所示。

图1-4-5　清末道德经幢（左）和现在清风游园内的道德经幢（右）

图1-4-6　顺德府衙出土之印章和顺德府正堂令箭筒

6. 顺德府衙

元代是邢台城发展的最快时期。一是当时的邢州是元世祖忽必烈的封地，受到重臣刘秉忠、张文谦等人的影响；二是邢州处于宋元交战缓冲区，是元军南下的中转站。为此，建筑和守住这座城邑有着十分重要的政治、军事意义。

邢州城在元军的重兵保护下，实现邢州大治。这个时期形成了邢州城的南关文化，古城内也因有佛教曹洞宗领袖万松行秀禅师、刘秉忠的老师虚照禅师以及开元寺万安禅师的影响，三大寺庙建筑群给邢台古城增添景色。当时的邢州街市上商铺遍布、酒楼林立，一片繁华景象，成为北方大邑，也是元朝统治的样板。因此，忽必烈将邢州改为顺德府。

明清两代延续了元代的府治设置。元明之际，顺德府衙建筑遭到毁坏，保存在邢台开元寺内的戒石铭是元顺德府衙的遗物。后经明清两代建设，官衙建制已经完备。明代成化年间的《顺德府志》记载，顺德府衙有褰子殿、亲民堂、阳春堂、戒石亭、古邢台、仪门、大盈库、大盈板库、知府宅、清风楼等建筑群二十余处。清代的顺德府衙没有太大变化。

民国时撤销顺德府，顺德府衙改为邢台县公署，图1-4-7为清代顺德府衙和民国邢台县公署。后成立冀南道、顺德道，顺德府衙相继改为冀南道尹、顺德道尹公署。民国时期，当地官员信奉天主教后，传教士曾到顺德府衙游玩，如图1-4-8所示。

图 1-4-7 顺德府衙门口（左）和邢台县公署正门（右）

图 1-4-8 传教士在顺德府衙院内（左为 1931 年，右为 1933 年）

1945 年邢台解放后，顺德府衙已经破败不堪了，但一些功能性的建筑仍有保存。邢台市政府成立后这里成为政府所在地。现在是邢台市桥东区政府办公地。

明清时期，编纂印行了《顺德府志》《邢台县志》，在这些地方文献中保留了很多顺德府衙的记载、碑文、图表，这些都是研究顺德府衙文化的宝贵资料。

7. 顺德府衙牌坊

在顺德府衙门前原有一个高大牌坊，上刻"邢襄旧地，冀南雄藩"，在图 1-4-9 所示的旧照片中还可以看到这个牌坊，上写"府前大街"。

8. 明代邢台火神庙

邢台火神庙，即原顺德府火神庙，又叫火神真君庙，位于邢台市桥东区府前南街南端路东，原邢台南城门瓮城内，如图 1-4-10 所示。该庙始建于明景泰五年（1454 年），清末民国时期又有不同程度的维修扩建，现占地面积 1 771 平方米，存火神宝殿、药王殿、瘟神殿、奶奶殿、送子殿、财神殿六座建筑，另有八仙洞等，保留了明代的建筑风格，为河北省重点文物保护单位。庙内有几通古代碑碣，其中一块横幅石刻上刻有"龙岗拱卫"四个楷书繁体大字。所有碑碣为清代乾隆、嘉庆、道光、光绪年间竖立。最高处的古城墙、角楼可以俯瞰邢台南关全貌。城墙外侧还有一座实心砖塔。

图1-4-9 府前大街近景

图1-4-10 邢台火神庙

## 二、顺德府知名建筑及景观

1. 邢台开元寺

大开元寺，原名开元寺，又称东大寺，位于邢台市开元北路88号，始建于后赵石勒年间，距今已有近1700年历史，为我国历代名刹。隋文帝时名"泛爱寺"，建塔供奉舍利。唐武则天敕封为"大云寺"，唐玄宗更名为开元寺，元朝忽必烈曾再次幸临，赐名为大开元寺。唐代先后两次在开元寺立六祖大师碑，为重要的禅宗道场。唐、元时期皆为皇家寺院。明清开元寺为顺德府十二景之一和邢台八景之一。民国时期建为十方丛林（全国宗教徒公有的寺院）。中华人民共和国成立后改为制鞋厂，其间惨遭火灾破坏，又经"破四旧""文革"的极端破坏，众多文物破坏惨重。到20世纪80年代，开元寺被列为省级重点文物保护单位得到保护，到2006年被列为全国重点文物保护单位。图1-4-11为民国邢台古开元寺，中为邢台古开元寺牌匾，右下为民国邢台开元寺各殿，右上为邢台开元寺佛像，左下为邢台开元寺内的万安禅师塔，又名圆照塔，由元代刘秉忠设计。

图1-4-11 民国邢台古开元寺

2. 邢台天宁寺

邢台市天宁寺始建于唐初,原名"华池若兰",以满池莲花、独具特色的水殿闻名四方。华池即花池,是莲花池的简称。兰若为佛教用语,原意是森林,引申为"寂静处、空闲处、远离处",躲避人间热闹处之地,泛指佛寺。宋徽宗政和年间赐名为天宁万寿禅林,金代曾被下诏改为报恩光孝禅寺,元代称为巨刹,名"大天宁寺"。

元代初期,元代名僧、刘秉忠的老师虚照禅师曾主持天宁寺,对寺院进行了恢复,将城西的护城河水通过城墙水关引入城内,在寺院前形成水塘,佛殿建在水塘中,水塘植满莲花,清气若兰。元代宰相、三公之一的刘秉忠于此出家。现仅存前殿,始建于元,修于清。图1-4-12为修缮前的天宁寺前殿和修缮后的天宁寺前殿。

图1-4-12 修缮前的天宁寺前殿(左)和修缮后的天宁寺前殿(右)

天宁寺是目前河北省仅存的两座元代建筑之一,其金顶琉璃瓦的建筑规格在邢台绝无仅有,建筑学家梁思成曾经到邢台考察,如图1-4-13所示。天宁寺对于研究历代佛教文化和建筑历史具有重要意义。2013年国家文物局公布天宁寺为第七批全国重点文物保护单位。

图1-4-13 虚照禅师塔(左,在天宁寺大殿后)及建筑
大师梁思成考察虚照禅师塔(右)

### 3. 邢台塔林

邢台塔林位于邢台市旧城西南角三里的申家庄村南，因塔散布如林，故称塔林。塔林又称塔坟，是开元寺和天宁寺的高僧墓地，年代从唐到明清，原面积（20 世纪 50 年代）2.6 万多平方米。图 1-4-14 为未被破坏前的塔林。

图 1-4-14　未被破坏前的塔林

据传，邢台塔林原有塔近千座。到 20 世纪 50 年代时，随着历史变迁和人为破坏，南北塔林还保存各种墓塔一百二十多座。据年长者回忆，直到 1966 年时，邢台塔林的墓塔还保存着九十多座。

从建筑艺术上来说，邢台塔林还有一些独特的地方。邢台塔林的墓塔多种多样：从材质上分，有石塔和砖塔两种；从形状上分，有单层单檐塔、多层密檐塔及喇嘛塔等；造型有柱体正方形、长方形、六角形、八角形、椎体圆形等。

### 4. 邢台文庙和武庙

#### （1）文庙

顺德府文庙旧址位于邢台市桥东区顺德路，唐代称文宣王庙，宋元时统称孔庙，明清时期称文庙，如图 1-4-15 所示。文庙内保存较为完好的大成殿修建于元代，明代重修，是文庙的主要建筑，位于全庙的中心，面阔七间（21 米），进深四间（15 米），殿前有学宫和登云桥。文庙前有一座魁星楼。

图 1-4-15　顺德府文庙旧貌

民国时期的顺德府文庙，周围树木茂密，浓荫蔽日。自庙门向北依次有玉振坊、奎文阁、泮桥、碑亭、大成殿等建筑。中华人民共和国成立后文庙旧址曾先后作为邢台师范和邢台地区行署驻地。后来其他建筑年久失修日渐毁坏，唯大成殿基本保存完好。1981 年河北省拨款修整大成殿，使其面貌一新，后被列为省级重点文物保护单位。1993 年，地市合并后为邢台市政府办公场所。2000 年，大成殿整体移建于达活泉公园内，如图 1-4-16 所示。

图 1-4-16　顺德府文庙大成殿旧貌（上）和整体迁移到达活泉的大成殿（下）

（2）武庙

顺德府武庙和顺德府文庙祭祀规格一样，文庙主祭孔子、副祭孟子，下有孔门 72 弟子，武庙主祭太公望（姜太公），副祭张良，下有历代 72 武将。顺德府武庙内还建有昭忠祠，祭祀历代驻守邢台的、为国家做出贡献的官兵，例如清代参加抗法援越的顺德营官兵。清代顺德府的驻军为顺德营，顺德营官兵参加了镇南关大捷等抗法援越的战役，这是晚清时期中国唯一一次打败外国人的战役，很有爱国主义教育意义。

中华人民共和国成立初期的顺德府武庙，建筑基本完好，牌坊两边还有房屋若干，如图 1-4-17 所示。到 1959 年，顺德府武庙就剩下牌坊了，周边的武庙古建筑基本都被拆除了。1963 年之后顺德府武庙的遗存就只剩下搬迁到人民公园（今邢台历史文化公园）的武庙"天目人心牌坊"。天目人心，昭昭日月，正好与邢台解放纪念碑相得益彰。图 1-4-18 所示为 1959 年的武庙牌坊和现在的武庙牌坊。

图 1-4-17　中华人民共和国成立初期的武庙

图 1-4-18　1959 年的武庙牌坊和今邢台历史文化公园的武庙"天目人心牌坊"

5. 邢台达活泉

在邢台城市发展史中，顺德府城自古就是一个园林，环城皆泉，有百泉之称。历任顺德知府多次植种树木，使顺德府绿柳成荫，护城河内荷花满塘，鸳水环流城郭，城内百姓门前皆有塘池。在城外，顺德府历任知府和建设者利用邢台周边的水系和文化环境进行规划，在城北建柳溪园，西北建达活园，城南建梅花园，其中以柳溪园、达活园规模最大。

达活泉区域，包括达活泉、紫金泉、野狐泉、白沙泉、莲花泉等。历史上的泉水涌吐量很大，据 1960 年代目测，在达活泉公园的凉亭泉眼前，泉水涌出地面 1 米高，可见当时的水量十分丰富。

达活泉又名再来泉，数年间时伏时涌，历史上邢台佛图澄"龙岗咒水"就是当时达活泉失涌后经治理复涌的故事。宋代时达活泉再次下伏不涌，后经治理再次涌吐。

自宋朝至中华民国，各个时期都有达官贵人在达活泉旁边建造庭院，种植树木，同时修建花园。北宋咸平年间，邢州刺史柳开浚曾经在这里建造花亭，并对达活泉加以修饰，使达活泉成为一郡之胜。到了元代，大科学家郭守敬在此引用泉水修造渠道，用以灌溉田园。明清时期达活泉已经是邢州八大景区之一。1919 年，王怀庆以京畿卫戍总司令的身份出任冀南镇守使时，把达活泉区域据为私家园林，命名为"怀庆公园"。图 1-4-19 为清末民初古达活泉公园和中华人民共和国成立后的达活泉公园。

图 1-4-19　古达活泉公园（左）和中华人民共和国成立后的达活泉公园（右）

中华人民共和国成立后，这里曾一度作为荣军休养院的后花园。1964年，园林处在达活泉设常年绿化管理小组，种植树木，整修道路。1968年，园林处在此成立达活泉管理处，进一步加强公园建设。1977年达活泉公园简易开放。1984年再次征地扩园，并在园内建郭守敬纪念馆。此后，达活泉公园一直处于前园后圃的格局和边开放、边建设的状态。2004年，邢台市委市政府顺应民意，对达活泉公园进行了全面改造建设，改建后的达活泉公园面积达980亩，成为河北省城区内较大的公园之一。

6. 邢台豫让桥

在邢台市桥东区翟村西南角，地势下洼，达活泉、野狐泉等诸多泉水汇集于此。在芦苇和垂柳的深处，有一座长10米、宽6米的双孔石板桥，名叫豫让桥，相传豫让刺杀赵襄子的故事就发生在这里。《邢台县志》详细记载了豫让的事迹，豫让桥也成为邢台名胜并闻名四方。

南宋（1200年）潘自牧著《纪纂渊海》卷21记载："豫让桥在府（信德府，今河北邢台）北，豫让刺赵襄子伏此桥下。"这是目前中国史籍中关于豫让桥确切地址的最早记录。

豫让桥长10米，高3米，宽6米，孔径4米，为双孔石板桥。桥边记载豫让事迹的豫让桥石碑立于同治二年（1863年）。在抗日战争豫让期间遭到一些破坏。1978年，重修京广公路时，把豫让桥改建成钢筋混凝土盖板涵洞桥，豫让桥碑做了桥洞基石。图1-4-20所示为1941年的豫让桥和20世纪70年代的豫让桥碑。

图1-4-20 1941年的豫让桥（左）和20世纪70年代的豫让桥碑（右）

7. 邢台净土寺

邢台净土寺为邢台古刹，已有1 600多年的历史。据邢台旧志记载，净土寺为后赵时大和尚佛图澄232年和248年驻锡之地。金末，曹洞宗巨匠——万松行秀十五岁于邢州（今河北邢台）净土寺出家，后主持净土寺，筑万松轩，被称万松老人。金章宗明昌四年（1193

年），万松行秀应诏赴内廷说法，受隆重礼遇。后应耶律楚材之请，著作《从容录》《请益后录》《万寿语录》等行于禅林，成为禅宗语录代表作。

2000年佛法兴旺，国泰民安，邢台市政府批准在原址东南十余里重修净土寺，现位于河北省邢台市开发区黄屯新区155号，如图1-4-21所示。

图1-4-21 邢台净土寺

## 模块三【探究平台】

1. 古邢台顺德府有哪些历史遗存？说几个令你印象比较深刻的。
2. 利用网络查找邢台老照片，通过历史遗存新老照片的对比，谈谈你的感触。
3. 利用假期或周末去探访顺德府历史遗存，并写一篇游记。

# 第二章　在邢台建功立业的历史人物

## 第一节　古代在邢台有所作为的历史名人

### 模块一【寻找归属】

古邢台作为历史重镇，在历史发展中起过重要作用。一些重要历史人物在邢台建功立业，对历史起到推动作用。你能说出在邢台建功立业的典型历史人物吗？

### 模块二【知识坐标】

#### 一、先秦时期

1. 商君祖乙建都邢台

祖乙，商朝第十三任帝王。祖乙在位时期，将都城从相（今河南省内黄县）迁耿（今山西省河津市）。次年，又从耿迁到邢（今河北省邢台市）。

祖乙曾数次出兵平服兰夷、班方等国，解除东南方的夷族对商朝的威胁。他任用巫贤辅政，使商朝的社会经济得到恢复和发展，让商朝国势再度兴盛。甲骨文中称他为中宗祖乙，和太乙、太甲合称为"三示"（意为三位功勋卓著的祖先）。图 2-1-1 为祭祀祖乙的龟甲。

图 2-1-1　祭祀祖乙的龟甲

2. 邢侯及邢姓师祖周公子封地

姬苴，又名邢靖渊。前十一世纪，周成王即位时年幼，周公竭尽全力辅佐成王，稳固了周成王的统治地位。周公死后，周成王为报答周公辅佐之恩，便封周公的第四子姬苴为邢侯，由召公占卜封地位置，确定在今天河北省的邢台市，姬苴于是成为西周第一代邢侯。可以说，没有邢侯姬苴就没有邢台和邢姓，就没有顺德府衙的主要附属建筑古邢台。图 2-1-2 为邢侯墓碑，在今邢台轮胎厂内。

图 2-1-2　邢侯墓碑

邢侯被允许按天子制建立城池，今邢台城即为邢侯始建。因春秋邢国的地理位置重要，邢侯被周天子特命可以代王行事。后来邢侯参加周天子的"成周大会"受到特别礼遇，当时河北境内从北往南有燕国、邢国，皆为姬姓封国。燕国为召公后裔封地，邢国为周公后裔封地。

邢侯受封后，雄心勃勃，统领邢国的臣民开拓疆土，兴修水利，发展农业，"躬耕垄亩"。邢国本为小国，常常遭到戎狄的入侵。邢侯向齐国求救，在宋、齐、曹三国联军的猛烈攻击之下，戎狄军队丢盔弃甲，仓皇北逃。后邢侯把都邑迁到夷仪山下（今浆水镇境内），并组织士兵数千筑起夷仪城。他亲自到西山浆水建台纪念，起名"邢侯邢台"，登台可以西临太行，东眺黄河，南瞰中原，北望幽燕。到春秋时期，邢国国势衰落，求救于齐国，齐国因曾与邢国联姻，出兵救邢，留下"齐桓公救邢"的佳话。

3. 赵襄子建都邢台

赵襄子，嬴姓，赵氏，名无恤，春秋末叶晋国大夫，赵氏家族首领，战国时期赵国的创始人，谥号为"襄子"，故史称"赵襄子"。与其父赵鞅（即赵简子）并称"简襄之烈"。图 2-1-3 为赵襄子雕像。

自赵襄子迁都邢台后，邢台开始称为邢襄，古襄国之名就来自赵襄子。在古代历史资料中，顺德府衙别称为襄子殿，当年赵襄子办公的地方就位于顺德府衙。

邢台西部的夷仪城曾经是邢侯会盟诸侯的地方，也是赵襄子刻意经营的地方。那里曾爆

图2-1-3 赵襄子雕像

发过激烈的齐晋之战。齐国和郑国的联军与赵简子、赵襄子大战，赵襄子从这里出击救援，击败了郑国军队，郑国将军蔡仲兵败身亡，葬于此地，称作将军墓。

在晋国六卿攫夺政权的残酷斗争中，赵襄子团结内部，向外扩张，又能把握时机，转化矛盾，败中取胜，终于使赵氏具备了位列诸侯的势力，成为瓜分晋国的三家之一。

4. 赵武灵王建信都于邢

赵武灵王，嬴姓，赵氏，名雍，生于赵国首都邯郸，战国中后期赵国君主，政治家、改革家。赵武灵王是一位非常有作为的君主，他从赵国的实际出发，通过以胡服骑射为代表的一系列措施，对赵国的政治、军事、经济、文化领域进行了一次大改革，消除了赵国内在的分裂隐患，在人力、物力上得以优化配置。

赵武灵王在位期间消灭了赵国心腹大患中山国，消除了赵国分裂的外在威胁，使赵国从外到内真正统一起来。赵武灵王赶走了林胡，消化了楼烦，夺得它们的大片好牧场，并在靠近中山边境的鄗（今河北柏乡北）修筑了"赵长城"如图2-1-4所示，成为北方草原的霸主。

图2-1-4 战国赵长城遗址

由于赵武灵王推行改革成功,赵国很快成为战国七雄之一,于是赵武灵王在信都的信宫(邢台)大会天下诸侯。《太平寰宇记》云:赵成侯造檀台,有信宫,为赵别都,以朝诸侯,故曰信都。信宫檀台的位置就在今顺德府衙一带,留有古邢台(檀台)遗址。

## 二、秦汉时期

张耳,河南开封(今河南开封市)人,早年为信陵君门客,后参加陈胜起义,担任校尉。他支持武臣为赵王,被封为右丞相。武臣死后,他拥立赵歇为赵王,扶赵抗秦。项羽分封诸侯时,他被封为常山王,定都襄国(今河北邢台市,如图2-1-5所示)。后受到陈余攻击,他归顺汉王刘邦,参加楚汉之争。

图2-1-5 秦末汉初赵国(常山国)位置示意图

公元前204年(汉高祖三年),张耳与韩信统兵数万东出井陉击赵,使万人过河列营,汉军将士皆作殊死战,勇猛异常,大败赵军,背水一战即出于此。公元前203年(汉高祖四年),韩信报请刘邦,封张耳为赵王,定都在襄国(今河北邢台)。

张耳作为秦末汉初邢台的风云人物,没有他就没有导致秦国覆灭的巨鹿大战,没有他就没有导致楚汉争霸反转的背水一战,没有他就没有邢台的襄国之都的地位,就没有刎颈之交、左提右携等一些成语的诞生。史记中列传第一篇就是张耳陈余列传。

## 三、魏晋南北朝时期

石勒,字世龙,羯族,上党武乡(今山西榆社)人,十六国时期后赵建立者,也是中国历史上唯一一个奴隶皇帝。图2-1-6为后赵皇帝石勒雕像。

石勒在汉人张宾的辅助之下,以襄国为根据地,灭了西晋在北方的势力。319年11月称赵王,定都襄国(今河北邢台)。后向西灭前赵,向北征代国,使后赵成为当时北方最强的国家。

图 2-1-6 后赵皇帝石勒雕像

石勒制定多项措施,推动了文教和经济的发展。石勒自幼不识字,但他十分看重文人。石勒登上皇位后,便传下诏令:若俘虏是读书人,就不准杀害,要将其送到都城,由他亲自处理。后来他又接受谋士张宾的建议,下令设立学堂,并让所有部将之子都去读书。除此之外,石勒还建立了保举和考试制度,规定被保举人通过了考核就能做官。他除了积极吸收汉族文化,还注意化解胡汉矛盾,并且制定颁布了法典《辛亥制》,使国力盛极一时。由于他曾经做过奴隶,后人便称他为"奴隶皇帝"。

## 四、隋唐时期

### 1. 唐定国公苏定方

苏定方,名烈,字定方,冀州武邑(今属河北省)人,后迁居始平(今陕西兴平以南)。隋末,他随父亲聚乡里数千人,在信都郡(即冀州)本土镇压农民起义军。后降窦建德,跟随窦建德、刘黑闼攻城克邑,累建战功。唐时,攻打突厥,为唐朝开疆拓土数千里,是唐初朝廷的一员得力干将,为唐代东西交通立下功劳。图2-1-7 为苏定方雕像。

苏定方以先后灭三国、擒三主的非凡战绩和正直的为人而深受太宗和高宗的赏识与信任,屡委重任。朝廷将苏定方画影图形,列入凌烟阁,并为苏定方等古代名将六十四人设庙享奠。此后宋代设立的武庙中,也有苏定方。但是在古代的很多文艺作品中,苏定方被描绘成阴险狡诈、陷害忠良的人物,与历史上真正的苏定方并不相符。

苏定方历任唐朝左武侯中郎将、左卫中郎将、左骁卫大将军、左卫大将军之职,封邢国公,加食邢州、巨鹿三百户。

### 2. 邢州刺史李灵夔

唐高祖李渊、唐太宗李世民祖籍邢州,当时的邢州刺史要代表皇室在邢台唐祖陵祭奠唐皇室的列祖列宗,因此唐高祖李

图 2-1-7 苏定方雕像

渊之子鲁王李灵夔和唐太宗李世民之子纪王李慎先后任职邢州刺史。唐代邢州驻军为昭义军，素有"昭义步兵天下第一"的荣誉。李灵夔因为是皇子，所以修建了邢州清风楼作为郡楼，周边其他郡无此待遇。

### 五、五代十国时期

五代时期的三大皇帝，后唐明宗李嗣源、后汉高祖刘知远、后晋高祖石敬瑭都曾在邢州任职。当时李嗣源为邢州节度使，刘知远和石敬瑭为他的左右副手，三人搭档在邢州衙门（顺德府衙）任职多年，后来都成了皇帝。因此早在五代时期，邢台就被称作潜龙之地，刘知远开创后汉后，专门派人将其在邢州衙门的（顺德府衙）旧宅保护起来，并且亲笔赐名"潜龙宅"。

1. 后唐明宗李嗣源

李嗣源本是李克用部将之子，生于应州金城县（今山西应县）。他13岁丧父，被李克用收养为子，改名李嗣源，即帝位后又更名李亶，是为后唐明宗。李嗣源善骑射，"为人质厚寡言，执事恭谨"。他因英勇善战，曾任相州刺史、昭德军节度使，后又转任安国节度使（镇邢州，今河北邢台）。

天成元年（926年）李嗣源称帝，在位七年，消除贪腐之徒，褒奖廉洁官吏，罢除内臣宦官，废除王室私库，注意民间疾苦，号称小康。但后期姑息藩镇，缺乏管理臣子的手段，骄纵家人而不得法，以致变乱迭起，朝政混乱。

2. 后晋高祖石敬瑭

石敬瑭，河东太原（今山西太原市）人，五代十国时期后晋开国皇帝。他朴实稳重，喜读兵书，隶属于李嗣源帐下，娶李嗣源之女。他还参与了后梁朱温与晋国李克用、李存勖的"梁晋争霸"，冲锋陷阵，战功卓著。清泰三年（936年），石敬瑭起兵造反，困于太原，向契丹求援，割让幽云十六州，甘做"儿皇帝"。在契丹的援助下，他灭后唐，建立后晋，定都汴梁。

3. 后汉高祖刘知远

刘知远，后汉高祖，晋阳（今山西太原）人，沙陀族，五代十国时期后汉开国皇帝，称帝后改名为刘暠。他幼时不好嬉戏，个性厚重寡言。青少年时期，刘知远在李嗣源部下为军卒。在战斗中，刘知远不顾自己的生死安危，两次救护石敬瑭脱难。石敬瑭感而爱之，因其护援有功，奏请将刘知远留在自己帐下，颇得战功。

开运四年（947年），刘知远称帝。统治期间，各地割据成势而朝廷难控，并且手下多贪婪之辈，因此形成弊政，一时收敛赋税成灾。

此外，当时著名的后周皇帝柴荣和后蜀皇帝孟知祥、孟昶也出生在邢州城内。后周太祖郭威还在邢州举行大阅兵，威震契丹。黄巢起义领袖黄巢兵败后削发于邢州内丘的寺院，后化身为雪窦寺常通禅师，名满天下，至今邢台仍有黄巢峡，如图2-1-8所示。五代时期，邢台成为当时中国乃至世界上产生皇帝密度最高的地方，被誉为潜龙圣地。

图 2-1-8 "黄巢峡"一线天，相传黄巢在此起兵

### 4. 五代第一猛将李存孝

李存孝，代州飞狐（今山西灵丘）人，本姓安，名敬思，沙陀族，唐末至五代著名的猛将，武艺非凡，勇猛过人。在《残唐五代史演义》中他攻无不克，战无不胜，是唐末五代第一猛将，也是李克用众多"义儿"中的一个，因排行十三，故称为"十三太保"，而且也是十三太保中最出名的。

李存孝最出名的职位为邢州节度使，关汉卿元杂剧第一篇即为李存孝困邢州，五代邢州节度使衙门的位置据考证仍在顺德府衙位置。

当年李存孝困守邢州城半年之久，粮食断绝，他以保全邢州城百姓为条件向李克用投降，身死车裂，邢州百姓至今仍十分怀念这位猛将。邢台有一座山，名叫孤山，屹立群峰之巅，据说是李存孝瞭望敌情的地方。

## 六、宋朝时期

宋徽宗赵佶即位之后启用新法，初期颇有明君之气，后经蔡京等大臣诱导，治国理政一落千丈。后来金军兵临城下，他接受李纲之言，禅位给太子赵桓，在位 25 年，国亡被俘受折磨而死，终年 54 岁。

宋徽宗自创"瘦金体"，天下无双。他将邢州升为信德府，将龙岗县改为邢台县，邢台正式定名。《北狩见闻录》记载，东京汴梁沦陷后赵佶被擒获，在被带往金国的途中，曾经在顺德府衙暂住。

几年后，信德府邢台出现一支勤王的骑兵。信德府知府梁扬祖率领本府兵马拥戴宋徽宗赵佶第九子康王赵构为天下兵马大元帅，建立南宋。信德府将领张浚、杨存中等是坚定的抗金派，成为可与岳飞岳家军媲美的抗金将领。

宋徽宗在位时诏赐邢州华池若兰为天宁寺，竖天宁寺尊胜陀罗尼经幢，这是邢台天宁寺的由来。后南宋与金国和好，金国将顺德府天宁寺作为祭祀宋徽宗赵佶的道场。1139 年，邢台天宁寺被金国诏改为报恩光孝禅寺，奉宋徽宗的香火。

## 七、元朝时期

元代政权建立后,恢复了邢州建置,在邢州设置了安抚司,不久改邢州为顺德府,再升顺德府为顺德路。从邢台历史的发展看,顺德府衙的设置是在建立郡治的基础上发展起来的,后为邢台刺史府、节度使府、安抚司府、顺德路府等。治所建筑已不能详考,但位置基本处于邢台古城的中心地区,具体建筑只能从文献中得其一二。

1. 忽必烈被封邢州

忽必烈,蒙古族,政治家、军事家,元朝的开国皇帝。忽必烈即位后,按中国传统的王朝年号纪年,1271年,改"大蒙古"国号为"元"。

1247年,忽必烈被封邢州。他南下时,曾经两次暂驻在邢州的顺德府衙内,还曾在顺德府开元寺两次召开资戒大会。邢州是忽必烈用汉法治理的第一个地点,他重用贤士刘秉忠、张文谦,委派近臣张耕为安抚使,刘肃为商榷使,同时任命王府侍从赵良弼为安抚司幕长。张耕是刘秉忠推荐的燕赵名士,刘肃是金兴定二年进士,曾做过金国尚书省令史。后忽必烈重用郭守敬整治河道,大力发展冶铁业,使得邢州经济恢复,试行汉法取得了巨大成功。

2. 木华黎建都元帅府

木华黎,大蒙古国名将、开国功臣。木华黎早年被父亲送给铁木真做"梯己奴隶"。他以沉毅多智、英勇善战著称,辅佐铁木真统一蒙古诸部。成吉思汗十五年(1220年),木华黎攻取邢州,设元帅府在顺德府衙,设置邢州万户府。

## 八、明朝时期

1. 明代文学大家李攀龙

李攀龙,字于鳞,号沧溟,山东济南府历城(今山东济南)人,著名文学家,曾任顺德府知府。继"前七子"之后,他与谢榛、王世贞等倡导文学复古运动,为"后七子"的领袖人物,被尊为"宗工巨匠"。他主盟文坛二十余年,影响及于清初。图2-1-9为李攀龙书影。

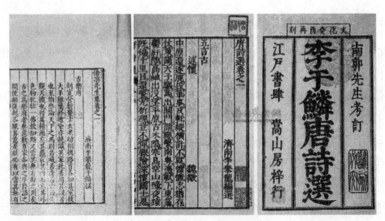

图2-1-9 李攀龙书影

"后七子"大多为性情中人,正直且心高气傲,政治上不参与党争,因此大多遭贬被外放,李攀龙也不例外。嘉靖三十二年(1553年),李攀龙出任顺德府知府。

三年任期中,李攀龙政绩卓著,做了一些既有利于巩固明王朝统治而又给百姓带来一定利益的事。如请求免除民税,减轻百姓负担;政治清明,刑罚宽松,百姓没有冤情;增设驿站,减轻人民劳役负担等。其间诗文创作也取得一定成就,无论赠答抒怀,还是描山摹水,或是关心时政之作,都各具特色。

2. 明代天下第一散文家归有光

归有光,字熙甫,又字开甫,别号震川,又号项脊生,世称"震川先生",苏州府太仓州昆山县(今江苏昆山市)宣化里人,明朝中期散文家、官员。归有光崇尚唐宋古文,散文风格朴实、感情真挚,是明代"唐宋派"代表作家,后人称赞其散文为"明文第一"。图2-1-10为归有光书影及故居。

图2-1-10 归有光书影及故居

归有光六十岁时才考中进士,历长兴知县、顺德通判、南京太仆寺丞,故称"归太仆"。隆庆二年(1568年),六十三岁的归有光因得罪豪强和上官,被调任顺德府通判,管理马政。归有光非常愤慨,连上两疏要求辞官,都被朝廷公卿扣压不能上达。虽然对迁任顺德府通判大为不满,归有光到任上还是兢兢业业。他利用马政通判的清闲时光,筑土屋一间,广阅史籍,采访掌故,修了一部完备的《马政志》。

## 九、民国时期

1913年,北洋政府撤销顺德府,在顺德府、广平府、大名府、冀州、赵州区域设置冀南道,观察使驻顺德府,次年移驻大名府。1925年,中华民国执政府设邢台城区为顺德市,是民国河北省五个自治市之一(其他四个为唐山、石门、保定、通州)。

王怀庆,字懋宣,河北省邢台市宁晋县凤凰镇南塔庄人,北洋直系元老。1891年入直隶提督聂士成部当兵,后入天津武备学堂。1912年任蓟榆镇守使,1918年任北京步军统领,1920年任京畿卫成总司令兼第十三师师长,1922年任热河都统,同年升任热察绥三特区巡阅使。第二次直奉战争后,寓居天津。1953年病逝。1919年,王怀庆任冀南镇抚使时,在达活泉南部建私家花园,至今树木依然郁郁葱葱,使得达活泉成为邢台的名胜。

## 模块三【知识拓展】

1. 太子井的来历

太子井位于今邢台市邢台县太子井村。据《邢台县志》记载："世传赵襄子为太子时，猎于此，掘井得水。"

太子井村的河滩上有一眼石井，青石铺的井台，条石砌的井帮，井深五丈有余。民间传说，这就是赵襄子当时留下的井。赵襄子是晋国正卿赵简子的太子，封地在邢。一年夏天，他带人马来此处打猎，人困马乏，但这里荒山秃岭，异常干旱，到处找不到一点水，赵襄子只好对天长叹。正好这时西北天空乌云滚滚而来，电闪雷鸣，下了一阵暴雨。人马饱饮一番，齐颂太子有灵。这时有人祈求太子为民赐水，他便向河滩射了一箭，说箭落处即有水。当地民众集资挖井，耗粮数千担，历时几年，经过千辛万苦，才掘成这眼"淋漓日夜，获水数十担"的"太子井"。

2. 归有光与弼马温

著名散文家归有光管理马政，实为大材小用。归有光与吴承恩是老乡和至交好友，一生书信往来不断。相关专家考证，《西游记》中孙悟空官封弼马温一段，就是吴承恩根据归有光在顺德府大材小用的遭遇而写的，为其打抱不平。

## 模块四【探究平台】

哪个在邢台建功立业的历史人物给你的印象最深？写一篇小文章介绍一下，并谈谈自己的感受。

# 第二节 现当代在邢台有所作为的历史名人

## 模块一【寻找归属】

现当代尤其是抗日战争以来，邢台作为晋察冀抗日根据地的重要城市，经历了战争的洗礼，一些名将在这里战斗成长。你能说出其中的一两个吗？

## 模块二【知识坐标】

一、秦基伟：邢台专区司令员，后任国防部长

秦基伟，湖北省红安县人，中国共产党党员，中国人民解放军高级将领，历任云南军区

副司令员、昆明军区副司令员、成都军区司令员、北京军区司令员、国务委员兼国防部长、人大常委会副委员长等职。

1937年，邢台沦陷后，日军108师团进驻邢台，司令部在今邢台一中内（图2-2-1所示为原日军碉堡）。1938年，日伪华北政务委员会在邢台设立冀南道，后改成顺德道，邢台为伪顺德道道尹公署所在地。太平洋战争爆发后，日本为了加强防务，派独立混成第八旅团进驻邢台，司令部在邢台西仓巷八号小学处。河北女子三师、河北第四师范等地均被日军的汽车连、工兵营、步兵营占据。

图2-2-1　日军侵华碉堡（今邢台一中内）

1945年，日本投降后，国民党占领邢台城，企图固守城池。刘邓大军一边发动上党战役，一边指示尽快发动平汉战役，调集所有能调集的力量解放邢台。冀南、太行部队先后解放了临城、内丘、沙河等邢台外围县城。9月23日，邢台专区司令员秦基伟亲自指挥战斗，解放了邢台。邢台解放当天，建立了邢台市人民政府，全城一片欢腾。

## 二、任仲夷：邢台市第一任市长兼市委书记，我国改革开放四大先锋之一

任仲夷，河北省威县人。青年时期，任仲夷积极投身抗日救亡工作。1935年参加"一二·九"学生运动。1936年2月加入中国共产主义青年团，同年6月转为中国共产党党员。先后担任北平中国大学党支部书记，北平西北区委书记。

抗日战争时期，历任鲁西抗日游击第三纵队司令部秘书长，泰西八路军六支队军政干部学校校长，山东聊城政治干部学校专职政治教员、党总支书记，冀南行署教育处副处长、处长，冀南区党委干部教育处副处长、党校校长、党总支书记，冀南政治干部学校校长，冀南五地委、二地委常委兼专员，邢台市委书记、市长。

解放战争时期，历任大连市副市长、市长（市政府党组书记）、市委书记，旅大行署秘书长兼党组副书记，旅大市委常委兼秘书长。

中华人民共和国成立后，历任松江省委常委兼秘书长、哈尔滨市委第一书记兼市政协主席、军分区第一政委、黑龙江省委书记。在"文化大革命"中受迫害，下放农村劳动。1972年重新工作，任黑龙江省委常务书记兼省革委会副主任。1977年后任辽宁省委第二书

记兼省革委会第一副主任,辽宁省委第一书记兼省军区第一政委。

1980年任广东省委第一书记兼省军区第一政委,参与和推动了我国改革开放事业,成为我国改革开放四大先锋之一。1985年当选为中央顾问委员会委员。2005年11月15日在广州逝世,享年92岁。图2-2-2为任仲夷和夫人。

图2-2-2 任仲夷和夫人

## 模块三【知识拓展】

1. 毛泽东评价邢台人

董振堂牺牲后,毛泽东主席曾说"路遥知马力",董振堂是"坚决革命的同志"。

河北省邢台市南宫人秦建彬1950年参加抗美援朝,荣立17次战功,1951年荣获"一级人民英雄"称号,1953年被中国人民志愿军总部授予一级战斗英雄称号,被朝鲜民主主义人民共和国授予一级国旗勋章等。在国宴上,毛泽东主席亲切地说:"让我闻一闻前线战士身上的火药味。"

1958年10月,毛泽东主席在专列上接见邢台县委书记张玉美。当毛主席问到他家里几口人时,张玉美回答:"三十五万口人!"毛主席开心地笑了:"好啊!你这个县长心里装着全县人民哩!"

1959年6月27日,毛泽东主席在长沙接见参加乌龙山剿匪的邢台籍干部李世振、王正英等人,当知道李世振是邢台人时,毛主席高兴地说:"邢台是个好地方,我去年从那里经过。你们那里是革命根据地,群众觉悟很高。"图2-2-3为毛泽东主席题词"邢台是个好地方!"。

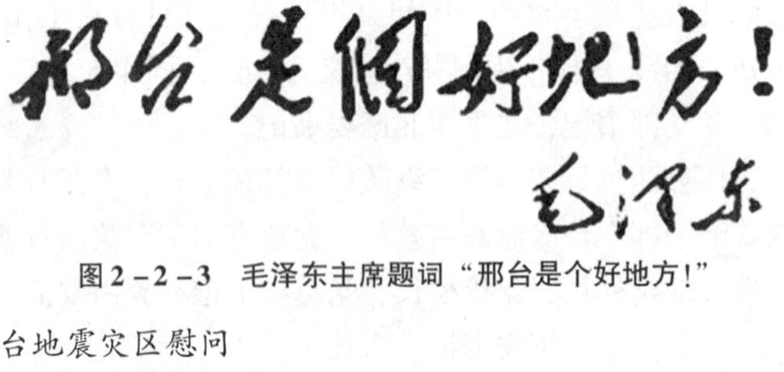

图2-2-3 毛泽东主席题词"邢台是个好地方!"

2. 周恩来到邢台地震灾区慰问

1966年3月8日,河北省邢台专区隆尧县发生震级为6.8级的地震,地震后的第二天,周恩来总理赶到隆尧县,慰问地震灾区的群众。

3. 江泽民视察邢台电缆厂

河北邢台电缆有限责任公司的前身为河北邢台电缆厂(简称邢缆),始建于1958年,是原机械部、铁道部定点生产电线电缆的国有企业,2001年改制为河北邢台电缆有限责任公司。公司占地面积 15 万平方米，总资产 10 亿多元。1991 年 9 月 20 日，时任中共中央总书记、国家主席江泽民同志曾到公司视察，并给予很高的评价。

## 模块四【探究平台】

这些为建设中国不断奋斗的人物对你有什么触动？作为年轻一代，你准备怎样做来回报这个美好时代？写一篇读后感。

# 第三章 建功立业的邢台人

## 第一节 邢台籍的皇帝

### 模块一【寻找归属】

河北邢台作为"千年古城,太行明珠",不仅历史文化底蕴深厚,而且是"潜龙伏凤"之地,走出了很多位帝王。下面,让我们一起来了解一下。

### 模块二【知识坐标】

#### 一、五代十国时期后蜀开国皇帝——孟知祥

孟知祥,字保胤,邢州龙岗(今河北邢台县)人,五代十国时期后蜀的建立者。

五代时,孟知祥因姻亲缘故,深得晋王赏识。前蜀灭亡后,他出任西川节度使。后渐生据蜀自立之心,举兵反叛。应顺元年(934年),孟知祥在成都称帝,国号蜀,史称后蜀。他称帝后废除了一些苛捐杂税,减轻了百姓的负担。为发展农业,还组织人力物力对水利设施进行修缮。他还整顿了混乱的地方政治,派遣清廉的官员管理政务,赢得了民心。

#### 二、五代十国时期后蜀末代皇帝——孟昶

孟昶,字保元,祖籍邢州龙岗,生于太原(今山西太原西南),后蜀高祖孟知祥第三子,五代十国时期后蜀末代皇帝。他在位三十二年,适逢中原多故,境内少有战事,经济发展,但孟昶本人颇为奢侈淫靡。后宋太祖赵匡胤派兵伐蜀,孟昶降宋。

孟昶的一些为政举措值得一提。一是整顿吏治。他在位期间罢免了一批专务聚敛、不管政事的官员,又著作《官箴》颁布各郡县。后《官箴》被宋太祖摘其四句制成《戒石铭》,令郡县刻石置于公堂座前。从宋到清,历代州县衙门多设置戒石。二是劝农兴教。他组织百姓发展农桑纺织事业,刻石经,兴学校。统治期间,后蜀的经济文化得到发展,在五代十国处于领先地位。三是儒学贡献。从春秋战国至南宋时期,儒家的经典形成了"十三经"这一硕果。孟昶刊刻了"十一经",即在唐朝时"九经"的基础上,进行增删,保留《论语》,收入《孟子》。《孟子》正式成为"经"。南宋时朱熹以《礼记》中的《大学》《中

庸》与《论语》《孟子》并列，形成了《四书》，由此儒家的十三部文献确立了经典的地位。

### 三、后周太祖——郭威

郭威，邢州尧山（今河北省邢台市隆尧县）人，五代十国时期后周王朝建立者。后汉时，郭威帮助刘知远称帝有功，成为统率大军的将相，河北诸州郡皆归郭威节制。后汉隐帝不愿受制，要派人处死郭威。郭威发动兵变，推翻后汉，建立后周。

郭威生于乱世，长于军伍，勇武有力，豪爽负气，略通兵法，善抚将士，最终以军事实力为后盾，取代后汉，是五代时期军人专权的代表人物。在提倡节俭、严惩贪官、严禁军队扰民等方面，郭威也推行了一些有益的措施，使唐末以来极为混乱的北方社会开始走上安定的道路。在他的精心治理下，中国长期战乱的局面转向统一，开始显露出民富国强的迹象，为后周世宗及赵匡胤的事业打下了坚实的基础。

### 四、后周世宗——柴荣

后周世宗柴荣，邢州尧山（今河北省邢台市隆尧县）人，五代时期后周第二位皇帝，是当地望族，郭威妻侄、养子。年轻时他曾在江陵贩茶，对社会积弊有所体验。

郭威建立后周，委任柴荣治理澶州，其间为政清肃，盗不犯境。郭威驾崩后让位给柴荣。柴荣在位短短五年，但他清吏治、选人才、修订刑律和历法，做出了许多超越前人、启迪后世的非凡之举。图3-1-1为柴荣雕像。

图3-1-1 柴荣雕像

柴荣做事谨慎，虚心求谏，诚恳地专门下诏要求群臣尽量上书言事。他整顿禁军，凡事率先垂范，甚至事必躬亲，先后五次亲自领兵出征，还亲自制定行军途中疏通河道的施工方法。他采取了一系列休养生息的改革措施，均定田赋，限制佛教，奖励农耕，恢复漕运，兴修水利。在文化上，他还考正雅乐，纠正科举弊端，延聘文学之士，实行考试制度；重视国家的藏书和文化建设，搜求佚书，雕刻古籍，大兴文教。柴荣被史家称为"五代第一明君"。

以兵变方式夺取后周政权的赵匡胤，只不过延续了柴荣的统一进程，延续了后周经济和文化的发展。宋朝对待商业的态度、优遇文人的政策，均与这位商人出身、勤勉务实的君主有着直接关系。柴荣处理宗教问题的策略、发展商业和城市等方面的作为，不仅深深影响了有宋一代，而且开启了中国走向商业文明和市民文化的先声。

柴荣虽未能实现扫平天下的愿望，但他在位五年半的文治武功，已经决定了他必将成为结束中唐以来200多年割据动荡的关键性人物。

## 模块三【知识拓展】

1. 孟昶和春联

通常认为春联始于五代。《蜀梼杌》载："蜀未归宋前一年岁除日，昶令学士辛寅逊题桃符版于寝门，以其词非工，自命笔云：新年纳余庆，嘉节号长春。"如图3-1-2所示。这大概是有记载的最早的春联。孟昶的这副春联在中国对联发展史上留下了重要的一页。

图3-1-2 孟昶和春联

2. 孟昶和送子神

孟昶的妃子花蕊夫人，为纪念孟昶，向宋太祖假称祭拜送子之神"张仙"。《金台纪闻》认为道教张仙是孟昶。传说他是位美男子，左手张弓，右手执弹。因他执的"弹"与"诞"同音，暗含"诞生"之意，所以张仙就成为专管人间送子的诞生之神。

3. 郭威和赵匡胤

一个是后周开国皇帝，另一个是北宋开国皇帝。赵匡胤曾是郭威的部下，郭威对他十分赏识和重用，所以赵匡胤在郭威手下干得风生水起，而且直接参与了柴荣的一系列重大事件。在取代后汉过程中，郭威利用计谋，黄袍加身，让后汉太后将江山禅让给他。而11年后，在一个叫陈桥驿的地方，赵匡胤自导自演了一部和郭威夺位情节几乎一模一样的剧本，亲手推翻了郭威建立的王朝。

#### 4. 柴荣和财神皇帝

柴荣，俗称"柴王爷"，他从小家道中落开始经商，在全国各地设立商号，经营瓷器、茶叶、雨伞等生意，非常成功。柴荣继承皇位后，耕者有其田，商者有其行，深受百姓爱戴。从宋元时期开始，柴荣被广大中原地区百姓奉为财神，同时也是矿工、窑工、建筑工的保护神。

## 模块四【探究平台】

1. 在这些从邢台本地走出的帝王中，你印象最深刻的是哪个？为什么？
2. 用自己的话写一写你最佩服的帝王的事迹。

# 第二节 邢台籍的历史名臣

## 模块一【寻找归属】

自古以来"燕赵多慷慨悲歌之士"，他们有的是一代名将，有的是一代名相。你能说出几个吗？让我们一起来了解一下邢台历史上最具代表性的将相名臣吧！

## 模块二【知识坐标】

### 一、战国名将——李牧

李牧，嬴姓，战国时期赵国柏人（今河北省邢台市隆尧县）人，战国时期的赵国名将、军事家，与白起、王翦、廉颇并称"战国四大名将"。战国末期，李牧是赵国赖以支撑危局的唯一良将，素有"李牧死，赵国亡"之称。

李牧先是抗击匈奴，一战就打得匈奴十几年不敢侵犯；后以抵御秦国为主，在宜安之战重创秦军，得封武安君。公元前229年，赵王迁中秦国的离间计，将李牧杀害，之后赵国被秦所灭。

唐朝追封古代名将六十四人，并为他们设庙享奠，其中就包括"大将军武安君李牧"，同时代被列入庙享名单的只有孙膑、田单、廉颇、赵奢、王翦。及至宋代依照唐代惯例，为古代名将设庙，七十二位名将中亦包括李牧。

### 二、唐朝宰相——魏徵

魏徵，邢州巨鹿人（现河北省邢台巨鹿县），唐代政治家、思想家、文学家和史学家，唐朝著名宰相，凌烟阁二十四功臣之一，是我国史上最负盛名的谏臣，辅佐唐太宗共同创建

"贞观之治"的大业,被后人称为"一代名相"。著有《隋书》序论《梁书》《陈书》《齐书》的总论等,其中《谏太宗十思疏》最为著名。

魏徵以直言善谏而闻名,据《贞观政要》记载统计,魏徵向李世民面陈谏议有五十次,呈送给李世民的奏疏十一件,一生的谏诤多达"数十余万言"。其次数之多,言辞之激切,态度之坚定,都是其他大臣难以企及的。

### 三、唐朝名相——宋璟

宋璟,邢州南和(今河北邢台市南和县阎里乡宋台)人,唐朝名相。他博学多才,擅长文学。唐开元十七年(729年)拜尚书右丞相,进爵广平郡公。历经武周、中宗、睿宗、殇帝、玄宗五帝,在任52年,辅佐帝王把一个充满内忧外患的唐朝,治理为政治、经济、文化、军事处于世界领先地位的大唐帝国,史称"开元盛世"。他与房玄龄、杜如晦、姚崇并称唐朝四大贤相。

宋璟碑原在宋氏墓地,今在邢台市沙河市东户乡中学校园内。因碑为唐代著名书法家颜真卿书撰,故亦称颜鲁公碑,为全国重点文物保护单位,如图3-2-1所示。

图3-2-1 宋璟碑

### 四、后赵石勒谋士——张宾

张宾,赵郡中丘(今河北内丘西,一说南和县)人,十六国时期后赵著名政治家、军事家、战略家,堪比西汉张良,为五胡十六国时期的第一谋士,史书称"机不虚发,算无遗策,成勒之基业,皆宾之勋也"。张宾因辅助石勒建立后赵,贡献很大,被任命为大执法,位列百官之首。张宾为官清廉,谦虚谨慎,深受石勒和群臣的尊重,是我国历史上谋士的杰出代表。

## 五、北魏名臣——崔浩

崔浩，清河郡东武城（今河北邢台清河县）人，北魏杰出政治家、军事谋略家。他参与了北魏王朝三代帝王重大的军事决策，因多谋善断，算无遗策，屡建功勋，被封为司徒，是南北朝时期第一军事谋略家，为促进北魏统一北方做出了重大贡献。此外，崔浩才艺通博，除在军事和政治上的成就外，在天文、历法、法律、饮食、宗教等方面都做出过重要贡献。因为崔浩的才干与权力引起了执政的北方贵族及其他人的忌妒，后死于国史之狱，被灭九族。

## 六、历史上第一位状元——孙伏伽

孙伏伽，贝州武城（今河北省邢台市清河县）人，唐初大臣，为唐代第一科状元，也是我国历史上记载完备、有据可查的第一位状元。图3-2-2为孙伏伽雕像。

孙伏伽为人忠直诚恳，敢于直言上谏，有魏徵之风。其性格宽宏大量，处事从容，荣辱不惊。被授予治书侍御史（官名）时，自己先从朝中得旨，归家后秘而不宣，待朝廷制文到来，合家狂喜而孙伏伽若无其事。

图3-2-2 孙伏伽雕像

## 七、两朝宰相——范质

范质，大名宗城（今河北邢台市威县）人，五代后周时期至北宋初年宰相。范质自幼好学，博学多闻，九岁能诗文，十三岁攻读诗经，十四岁开始招生收徒做教师。后唐长兴四年（933年），范质登进士第，官至户部侍郎。

范质性格偏急，爱当面驳斥人，使对方屈服。他以廉洁耿介自我约束，从未接受各方人士的馈赠，优厚俸禄赏赐常常送给孤寡之人。他死后，家里没有多余的钱财。

范质曾主持编定后周的《显德刑律统类》，宋代第一部法典《宋刑统》直接来源于此法典，还著有《范鲁公集》《五代通录》等。

## 八、北宋大臣——丁度

丁度（990—1053），字公雅，开封（今河南开封）人，祖籍恩州清河（今河北省邢台市清河县），北宋大臣、训诂学家。丁度从小受家族熏陶和影响，博览群书。大中祥符四年（1011年），丁度考中进士（榜眼），后晋升尚书省左丞，总领吏、户、礼三部事务。

丁度是北宋文字训诂学家，奉诏刊修《礼部韵略》，还依例刊修《广韵》成《集韵》十卷。他对当时军事形势非常注意，奉诏编撰《武经总要》四十卷，这是中国古代著名的军事著作之一，如图3-2-3所示。

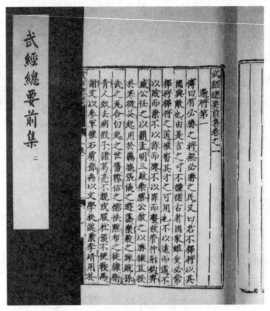

图 3-2-3 《武经总要》书影

丁度性情淳朴,为人讲求诚信,居住简陋,不娶姬妾,喜欢议论国事。人们为怀念丁度,民间至今流传着"丁学士死后为芙蓉城主"的传说。

### 九、明朝名相——王本固

王本固,字子民,北直隶顺德府(邢台)南关人,明代嘉靖年间甲辰科进士,历任监察御史、大理寺少卿、副都御史、刑部侍郎、吏部侍郎、吏部尚书,官至正二品。他为人厚道,为官期间政治廉洁、重于民事,史称"本固历事三朝,伟节丰功,昭人耳目",死后葬于邢台百泉村。

王本固固然清正廉洁,但掩盖不了其从政失误的地方。明朝嘉靖三十六年(1557年),在他担任浙江巡按御史期间,浙直总督胡宗宪和其幕僚徐渭正在为清理倭寇而大费脑筋。倭寇的主要首领名叫汪直,是伙同日本倭寇抢劫杀害中国平民的海盗,势力强大,富可敌国。胡宗宪用计将汪直诱致浙江本地,采取怀柔政策,试图以敌制敌。王本固拿下汪直并弹劾胡宗宪。汪直死后,两浙大乱十年。王本固不理解胡宗宪宜疏不宜堵的苦心,执意杀了汪直,却没能解决倭寇问题。

## 模块三【知识拓展】

1. 王本固与小黄河

万历年间,邢台遇大水,府城顺德一片泽国。王本固上书神宗皇帝,建议调集民众火速治理。皇帝误把王本固奏折中的"黄水"二字看成"黄河",即刻责成工部、户部筹集费用,组织人员治水。于是,邢台城西,西起谷家洼(大石头村西北八里),东接牛尾河的一段人工河道——"小黄河"迅速挖成。工程竣工后,王本固受到工部弹劾,说他治水没到黄河，而是在自己家乡邢台。王本固若道破皇帝看错奏折，就要触怒皇帝，于是他顺水推舟，说邢台那条河是"小黄河"。从此，邢台"小黄河"的名称流传下来。现在这仍是市区排涝的主要渠道，并成为邢台市区一条靓丽的城市水系。

2. 王本固与仁义巷

王本固的家位于"官道"旁的商业闹市区，在修缮期间人们都习惯向外侵占"叠水"及公共空间，"道路"变窄，不便出行。王本固的家人因挤占空间致使邻里街坊不和，便派人给王本固写信说明此事。王本固回信"千里修书为一墙，让他一墙又何妨。万里长城今犹在，不见当年秦始皇。"于是，王本固家与邻居各让一墙，这就是"仁义巷"的来历。

## 模块四【探究平台】

1. 了解了邢台历史上的名臣，你有什么感触？你觉得怎样才能实现人生理想？
2. 请查找王本固与邢台仁义巷的故事，并谈谈自己的感受。

## 第三节　邢台籍的科学家

## 模块一【寻找归属】

邢襄沃土，人杰地灵。作为拥有3 500多年历史的古城，邢台历史上涌现出了许多智慧超群的科学人物，他们的功绩永远被镌刻在史册上。请列举你所知道的邢台籍科学家，并一起来了解他们的事迹。

## 模块二【知识坐标】

### 一、唐代著名僧人——一行

一行（683—727），邢州巨鹿人，原名张遂，唐代最著名的天文学家、佛学家。他撰写了权威著作《大日经疏》，确立了唐代密宗的理论体系，被佛家尊为中国密宗二祖。他还组织领导了世界上第一次天文大地测量，编制了《大衍历》，创造了水运浑天仪、黄道游仪等天文仪器。为了纪念他的功绩，国际小行星组织将小行星1972命名为"一行小行星"。

《大衍历》最突出的贡献是比较正确地掌握了太阳在黄道上依照运行速度变化的规律，这个发现比近代早了900多年。一行设计制造了水运浑天仪，按时自动击鼓撞钟，如图3－3－1所示。这是现代钟表的祖先，世界上最早的计时器，比1370年西方出现的威克钟要早六个世纪。

一行通过长期的天文观测发现了恒星移动的现象及星体运动规律，在历史上第一次提出了月亮离地球比太阳近的科学论点。他主持全国范围内大规模天文大地测量工作，首次用科学方法实测地球子午线，是"科学史上划时代的创举"。

## 二、元朝设计师——刘秉忠

刘秉忠（1216—1274），初名刘侃，字仲晦，号藏春散人，邢州（今河北邢台市）人。因信奉佛教改名子聪，任官后而名刘秉忠。元朝杰出政治家、文学家。

刘秉忠作为元初政坛一位很具特色的政治人物，对于元代政治体制、典章制度的奠定发挥了重大作用。同时，他又是一位诗文词曲兼擅的文学家，有《藏春集》《平沙玉尺经》等传世。

图 3-3-1 水运浑天仪

刘秉忠出身世代官宦之家，自幼聪颖，十三岁时入都元帅府为质子，十七岁为邢台节度府令史。他一度弃官隐居，拜虚照禅师为师，是佛教刘太保宗的开创者。后入大蒙古国忽必烈幕府，以布衣身份参与军政要务，被称为"聪书记"。

刘秉忠是元上都、元大都（北京城）和元朝政治体制、国号的设计者，被誉为"大元帝国的设计师"。他对元大都的规划设计，奠定了北京市最初的城市雏形。

## 三、伟大科学家——郭守敬

郭守敬，邢州邢台县（今河北省邢台市）人，元朝著名的天文学家、数学家、水利工程专家和仪器制造专家。他早年师从刘秉忠、张文谦，官至太史令、昭文馆大学士、知太史院事，世称"郭太史"。

郭守敬用4年时间制定的《授时历》，通行360多年，是中国历史上一部精良的历法。为配合《授时历》的编制，他在全国范围内进行了四海测绘，最南端就设在黄岩岛。

他在治水方面成绩卓著，包括邢州治水、西夏治水、大都治水，疏通大运河，开凿通惠河，使江南的漕运船直接进京城。在运河水道上采用梯级船闸，节水行舟为漕运服务，其原理至今仍在各大水利工程中运用。

在改造、发明各种仪器工具方面，为配合历法运算、疏通河道、天文观测，郭守敬在原仪器的基础上进行改制，并在实践中重新设计天文仪器，包括简仪、高表、日月食仪以及星晷定时仪等12种。他还发明了轴承，他发明的大明殿滴漏被视为现代钟表的前身。图3-3-2为郭守敬雕像与简仪。

郭守敬个人著作有《推步》《立成》《历议拟稿》《仪象法式》《上中下三历注式》和《修历源流》等14种。

郭守敬是十三世纪末、十四世纪初世界最伟大的科学家之一，他的科学成果不仅在中国，而且在全世界都是非常卓越的。郭守敬从事科学研究所体现出来的科学精神、科学思想、科学方法，更是反射着人类智慧的光芒。1984年邢台修建了郭守敬铜像、观星台和郭

图 3-3-2 郭守敬雕像与简仪

守敬纪念馆,市内的一条主要街道命名为郭守敬路。1970 年国际天文学会以他的名字为月球上的一座环形山命名,并将小行星 2012 命名为"郭守敬小行星"。北京后海北岸什刹海建立了郭守敬纪念馆,宁夏建有郭守敬祠堂,登封至今保留着郭守敬所建的观星台。2010 年 4 月 17 日,"LAMOST"射电望远镜正式更名为"郭守敬天文望远镜",以纪念其贡献。

### 四、中国著名音韵学家——樊腾凤

樊腾凤,明末清初人,河北省邢台市隆尧县双碑乡西良村人,以编著《五方元音》字典闻名全国。樊腾凤出身于耕读世家,有出类拔萃的超人聪明才智,淡视功名富贵,不求仕途,不屑时艺。他考取秀才后放弃学业,潜心研究各种学问和著述,明天文地理,发明经传,尤精于黄钟吕律音韵学及《周易》。图 3-3-3 为樊腾凤雕像及《五方元音》书影。

图 3-3-3 樊腾凤雕像及《五方元音》书影

据《隆尧县志》记载,樊腾凤是一名秀才。清兵入关后,他积极参加反清活动,失败后在地窖里躲藏了三年,编成了一部《五方元音》字典。出版之后,广为流传,被后人誉为"中国著名音韵学家"。

《五方元音》是字典的一种，在清代和民国初盛行全国。这种字典用的是反切法，用十二个韵母和二十个声母来拼音。

樊腾凤的《五方元音》语音系统简单，突破了传统的语音格局，按生活中实际的语音分部列字，在当时是一种创举。《五方元音》原以木版本刊出，他的后代将木版卖给山东省东昌府一家，后被带到上海用石印翻印，流行全国。上海锦章图书局印行的石印本，封面题"五方元音大全，樊腾凤先生原本"，对中华民族文化发展立下了丰功伟绩。

### 五、近代黄河后套的主要开发者——王同春

王同春，清末民初人，俗名瞎进财，邢台县东石门村人，我国近代黄河后套的主要开发者之一。我国著名历史学家和地理学家顾颉刚以及北京大学教授、地理学家侯仁之先生，曾对王同春开发黄河后套的事业给予很高的评价。

王同春长大后随父谋生塞外，辗转于阿拉善旗磴口一带（今内蒙古巴彦淖尔市五原县、临河区一带）清光绪七年（1881年），王同春借银两租得蒙古喇嘛地若干顷，自凿渠引黄河水浇灌。渠成，初名王同春渠，后改名义和渠。为便于经营，他在名叫隆兴昌的地方筑房架屋，后发展成为后套地区的五原县县城。在几十年的时间里，王同春在后套先后开凿了沙河渠、刚目渠、丰济渠、灶王河等五大渠，支渠270多道，如图3-3-4所示，推动了当地农业迅速发展。

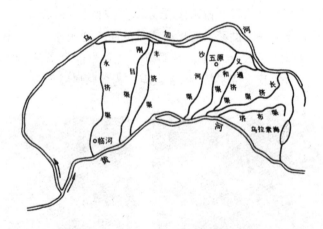

**图3-3-4 清末后套八大渠示意图**

清末，王同春受清政府委托开凿永济渠，该渠为后套第一大渠。1903年，清政府搞"移民实边"，迫令王同春将所属之农田、灌渠交给清朝政府。民国以后，王同春开发后套的事受到北洋军阀政府重视，受邀来北平相商疏导淮河和开发西北事宜。后在协助冯玉祥督修水利过程中病逝。当地人因其治理河套有功，集资建祠，奉为河神，以示对他的深切怀念。

王同春在开发后套的过程中家境也迅速富裕，他多次调粮到各省救灾，优待投奔他的邢台老乡，让他们租地耕种。因此在清末民初，邢台人投奔王同春的很多，这也是促进顺德府皮毛业发展的一个原因。

## 模块三【探究平台】

这些科学人物有的在自然科学方面成就卓著，有的在人文科学方面产生一定影响力，有的在农业生产方面业绩突出。由此可以看出，无论在哪个方面做出成就都会被历史铭记。对此，你有什么感触？他们的事迹对你将来的人生有什么影响？请写一篇心得体会来谈谈。

# 第四节　邢台籍的现当代名人

## 模块一【寻找归属】

作为有深厚文化积淀的邢台，现当代人才辈出，各行各业涌现出一大批有作为的杰出人物。你能说出几个邢台现当代名人吗？

## 模块二【知识坐标】

### 一、河北籍传奇将领——刘子厚

刘子厚，原名刘文忠，1909年出生，河北省邢台市任县人，师范文化。他于1927年参加革命，1929年加入中国共产党。早年读中学时他秘密参加革命活动，1929年至1937年在河北省任县从事中共地下工作，组织并领导冀南暴动。

革命战争时期，他历任河北省任县县委书记、冀南滏西特委书记、北方局兵运领导小组副组长、红军平汉游击队队长、华北人民抗日救国军第一师师长、鄂豫边省委统战部部长、鄂豫区党委副书记兼鄂豫行署主席等。

中华人民共和国成立后，刘子厚任湖北省委组织部部长，湖北省委副书记兼湖北省人民政府副主席，湖北省委第二书记兼湖北省省长，河北省委书记处书记、第二书记兼河北省省长，华北局书记处书记，河北省委第一书记兼河北省军区政治委员，北京军区政治委员，国家计划委员会副主任。他是中国共产党第九、第十、第十一届中央委员会委员，第六届全国政协常委。2001年12月22日在北京逝世，享年92岁。

### 二、国学大师——顾随

顾随，字羡季，笔名苦水，河北清河县人，中国韵文、散文作家，理论批评家，美学鉴赏家，讲授艺术家，禅学家，书法家，文化学术研究专家。顾随的学生、红学泰斗周汝昌曾评价他是"一位正直的诗人，而同时又是一位深邃的学者，一位极出色的大师级的哲人巨匠"。

顾随四五岁时进入家塾，学四书五经、唐宋诗文及先秦诸子的寓言故事，也读了一些小说。1907年入广平府中学堂，1915年考入北京大学国文系，后转入北京大学英文系。他先后执教于山东青州中学、河北女师学院、燕京大学、辅仁大学、中法大学、中国大学、北京师范大学、河北大学、女子文理学院等大学。他的很多弟子早已是享誉海内外的专家学者，叶嘉莹、周汝昌、史树青、邓云乡、郭预衡、颜一烟、黄宗江、吴小如、杨敏如、王双启等是其中的突出代表。顾随于1960年病逝于河北大学。

顾随的文章笔法优美洗练，尤其是谈诗、说禅的著作更加出色，轻轻点染，闻一而知十，雅俗共赏。顾随的词，开创了以当代语言入词的成功先例，为词体由晚清民国传统写作向当代转换的一大转折点。

### 三、航空专家——王助

王助，生于北平，祖籍河北省邢台市南宫县，飞机设计师和制造技术专家。

王助是中国早期出国留学获得航空工程硕士学位的飞机设计师和制造技术专家，于1919年制造出中国第一架水上飞机，后陆续设计制造出教练机、海岸巡逻机、鱼雷轰炸机等15架飞机。他参与创建了中国第一个正规飞机制造厂——马尾海军飞机工程处，倡议与筹建了中美合作的中央杭州飞机制造厂。抗日战争期间，他组建了中国航空研究院，亲自参与研制成多种竹木复合结构的飞机部件。

王助培养出数百名中国第一代航空工程技术人才，其中就有钱学森。他将钱学森招揽到身边工作，并亲自写信向政府推荐。

2005年8月，西雅图飞行博物馆在"红色谷仓"举行了王助个人主题展览的揭幕仪式。2007年，中国发行的"中国航空群英谱"16枚个性邮票中，王助在列。2016年波音公司举办了"王助杯"创意飞行大赛。

王助在旧中国困难重重的条件下，为振兴科技、发展中国的航空事业做出了卓越贡献，是中国航空事业先驱，是中国近代航空工业主要的奠基人之一。

### 四、中国现当代著名文学家——梁实秋

梁实秋，原名梁治华，字实秋，祖籍邢台沙河，寄籍浙江杭县，后落籍北京，中国著名的现当代散文家、学者、文学批评家、翻译家，国内第一个研究莎士比亚的权威。他曾与鲁迅等左翼作家笔战不断，一生给中国文坛留下了两千多万字的著作，其散文集创造了中国现代散文著作出版的最高纪录，代表作有《莎士比亚全集》（译作）、《雅舍小品》等。1987年病逝于台北，享年84岁。

梁实秋于1923年赴美留学，取得哈佛大学文学硕士学位。回国后先后任教于国立东南大学（东南大学前身）、国立青岛大学（今中国海洋大学、山东大学共同前身）并任外文系主任。40岁以后着力散文和翻译。1949年到台湾，任台湾师范学院英语系教授。

梁实秋的散文集文人散文与学者散文的特点于一体，旁征博引，内蕴丰盈，行文崇尚简洁，重视文调，追求"绚烂之极趋于平淡"的艺术境界，注重文辞格调雅致与感情渗入的有机统一。他的散文洞察人生百态，文笔机智闪烁，谐趣横生，严肃中见幽默，幽默中见文

采。晚年怀念故人、思恋故土的散文更写得深沉浓郁,感人至深。

## 五、原中共河北省委书记——吕玉兰

吕玉兰,1940年出生,河北省邢台市临西县下堡寺镇东留善固村人。图3-4-1(左)为吕玉兰早期照片。

图3-4-1　吕玉兰及吕玉兰纪念馆(坐落在邢台市临西县东留善固村玉兰公园内)

20世纪50年代为响应党的号召,15岁的吕玉兰带领本村24户农民组成了第一个初级农业合作社,担任本村"铁球"农业生产合作社社长,是当时最年轻的合作社社长。她带领全村群众,战风沙、斗盐碱、开荒种树、打井修渠,为改变家乡的落后面貌做出了巨大贡献。

由于吕玉兰出色的工作和高尚的道德情操,她于1958年加入中国共产党。1955年、1958年、1963年她被评为山东省劳动模范,1965年被评为河北省劳动模范,1966年被评为全国学习毛主席著作积极分子,参加了国庆观礼,多次受到毛泽东主席、周恩来总理、朱德委员长等党和国家领导人的接见。

1969年,她当选为九大代表,成为河北省委书记。1970年任临西县委书记,提出了著名的"农业要上去,干部要下去"的口号。1980年,调任正定县县委副书记。1985年在河北省农业厅工作,任副厅长,党组成员。1993年因病去世。

## 六、昆虫学家——尹文英

尹文英,1922年10月18日出生于邢台市平乡县,昆虫学家,中国科学院院士,中国科学院上海生命科学研究院植物生理生态研究所研究员、博士生导师。

1947年,尹文英毕业于中央大学生物系。1991年当选为中国科学院学部委员。1998年获得何梁何利基金科学与技术进步奖。2014年获得中国昆虫学会第一届终身成就奖。

## 七、著名作家——尧山壁

尧山壁,原名秦陶彬,当代著名作家,邢台市隆尧县人,中共党员。1962年毕业于河北大学中文系。历任邢台县文化馆干部,河北省文联专业作家,《河北文学》编辑,河北省作家协会常务副主席、主席，河北大学教授，专业作家，文学创作一级。他于1955年开始发表作品，1980年加入中国作家协会。

在他的作品中，《尧山壁抒情诗选》、长诗《理想，永不待业》获河北省文艺振兴奖，《美的感悟》获华北地区文艺评论一等奖，《漫游美利坚》获中国首届旅游文学优秀作品特别奖，《河北新时期文学》获1991年庄重文文学奖，《托起明天的太阳》获河北省政府图书奖、冰心文学奖。

## 模块三【探究平台】

说说给你印象最深的邢台现当代名人，他（她）的哪些方面触动了你？

# 第五节 邢台籍的艺术家

## 模块一【寻找归属】

邢台历史上不仅走出过帝王将相和科学家，也产生过有深远影响力的艺术家。让我们一起来了解一下。

## 模块二【知识坐标】

### 一、京剧艺术大师——尚小云

尚小云（1900—1976），出生于河北邢台市南宫市，著名京剧表演艺术家，"四大名旦"之一，是中国具有深远影响的京剧表演艺术大师，中国现代京剧代表人物之一，尚派艺术的创始人。

尚小云7岁投身梨园，1914年声名渐起，被评为"第一童伶"。尚小云的表演刚劲挺拔，于旦角的妩媚多姿中又见阳刚之美，是以演女中豪侠为特色的佼佼者。

尚派风格以阳刚见长，表现在两个方面：一方面是他的做功表演上，根据剧情需要采取"文戏武唱"的办法，增进视觉上的美感；另一方面是唱腔高亢刚健，一气呵成，善于运用立音、颤音、顿字和"节节高"的唱法，形成了尚派的独特风格。图3-5-1为尚小云剧照。

图 3-5-1 尚小云（左）与梅兰芳、程砚秋的剧照合影

尚小云不惜倾尽家产办学，培养了大批学生，在京剧演出和京剧教育岗位上发挥了重大作用。1962年，他拍摄了艺术片《尚小云舞台艺术》，录制了《失子惊疯》和《昭君出塞》两部影片。尚小云在近六十年的舞台实践中创造出了"文武并重，歌舞兼长，清新英爽，洒脱大方"的京剧尚派艺术，对后世影响极其深远。

## 二、开国大印的制作者——张樾丞

张樾丞（1883—1961），邢台新河人，篆刻家，中华人民共和国开国大印的制作者。图3-5-2为张樾丞所制开国大印。

1903年，略通文墨的张樾丞徒步跋涉数百里来到北京，在琉璃厂（当时名"留黎厂"）刻字铺当学徒，朝夕揣摩，大有所得。

1908年，张樾丞为梁启超所书的"龙飞虎卧"刻字。此字刻出，名声大振，张樾丞由此一举成名。1909年，他为清朝末代皇帝溥仪制作"宣统御笔""宣统御览之宝""无逸斋精鉴玺"等八枚印，它们也是鉴定清宫藏画的重要依据。

图 3-5-2 张樾丞所制开国大印

他在治印之余兼刻铜墨盒，以冶铜印为当时一绝。他曾为载涛等皇亲贵胄治印，也曾为当时的内阁协理大臣、后来任过北洋政府总统的徐世昌治印。民国肇始，张樾丞为段祺瑞、朱启钤、陆征祥、唐绍仪、黄郛、吴佩孚、曹汝霖等历任北洋政府元首和首脑治印多枚，也为冯玉祥、胡景翼、张宗昌、商震、白崇禧、黄绍竑、王陵基等民国将领治过印。中华人民共和国成立后，张樾丞还给周恩来、朱德刻过篆字印，北京市人民政府的大印也出自他的手笔。

## 模块三【探究平台】

1. 通过邢台历史上这些艺术家,你是否能够感受到他们身上的工匠精神?
2. 这种勤学苦练、精益求精的工匠精神对你的专业学习有什么启发?

# 第四章　邢台璀璨的历史文化

## 第一节　与邢台有关的成语典故

### 模块一【寻找归属】

邢台历史悠久，是北方政治、经济和文化重镇，许多影响历史发展的重大事件发生在这里，从而产生了很多耳熟能详的成语典故。

### 模块二【知识坐标】

邢台在历史长河中积淀了很深的文化内涵，有200多条成语、典故源自邢台。

#### 一、产生于邢台的成语

由于地处太行山和大陆泽之间的山前台地，古代邢台在历朝历代都是政治、军事重镇，成为各政治势力、军事势力争取的咽喉要塞，历史上许多事件和著名战役就发生在这里。图4-1-1为巨鹿之战的巨鹿故城遗址。正因如此，在邢台大地上产生了很多成语和典故。产生于邢台的成语有：破釜沉舟、作壁上观、以一当十、鹿死谁手、士死知己、漆身吞炭、万古流芳、身无可击、家常便饭、谦虚谨慎、饱以老拳、舌灿莲花、大儒纵盗、酒池肉林、长夜之饮、北道主人、笑不露齿等。

图4-1-1　巨鹿故城遗址

## 二、与邢台名人有关的成语

自古以来，邢台人杰地灵、人才辈出，为社会历史发展做出过杰出贡献。与邢台历史人物有关的成语有：兼听则明，偏信则暗；死有余辜；冯唐易老；雕虫小技；出将入相；阳春有脚；安邦定国；重赏之下，必有勇夫；耳濡目染；雨过天青；顽石点头；民脂民膏；铁石心肠；珠圆玉润；淡扫蛾眉；锻炼周纳；深文周纳；秽语污言；傅粉何郎；堕甑不顾；壶中天地；指腹为婚；雀儿肠肚等。

## 模块三【探究平台】

1. 请利用网络资源查找一下与邢台相关的成语的出处或典故，以及它们的含义。
2. 看看哪些成语与你的家乡或家乡的历史人物有关。

# 第二节 邢台的文化遗产

## 模块一【寻找归属】

作为历史文化名城，邢台有许多物质文化遗产和非物质文化遗产。通过这些，我们能够触摸和感受到邢台历史的脉搏，感受到邢台历史的悠远和博大。你知道哪些邢台的文化遗产呢？

## 模块二【知识坐标】

### 一、邢州学派

邢州学派是元初众多学派中成就最为辉煌的一个学派，是我国元朝初期活跃在当时政治、经济、文化领域的重要学术团体。它以邢台籍的刘秉忠、张文谦、郭守敬以及早年研习于邢州紫金山书院的张易、王恂为核心人物，被史学界誉为"紫金山五杰"。此外，还包括当时与这五人有着密切联系的邢台籍官员或学者刘肃、马亨、董朴、郭荣、刘秉恕、张宴、刘友直等；同时，也包括不是邢台籍但与紫金山五杰学术有传承关系的门生后学，如刘秉忠的学生赵秉温、郭守敬的学生齐履谦等。他们和"紫金山五杰"一样，多是为学驳杂，见多识广，地位显赫，实绩突出，史学家统称他们为"邢州学派"。

邢州学派成员们始终在政治上互相关心，而更重要的是为人类献身精神将他们联结在一起，如邢州学派的闪光点之一的《授时历》，就凝结着邢州学派众多成员的心血。

## 二、商周考古的重地

邢台是省级历史文化名城,为先商之源、祖乙之都、邢侯之国、秦始皇驾崩之地、唐朝皇帝祖陵之处、郭守敬故里。历史上曾四次建国、五次定都,文化遗迹分布广泛,是河北省文物大市、商周考古的重地,文物资源种类全、数量多,位居全省首列。

在第三次全国文物普查中发现的几处旧石器时代人类居住遗址,将邢台市的历史上溯到至少1万年以前。

在配合轮胎厂建设时所发现邢侯国贵族墓葬群,证明了邢台市就是西周邢侯国都城所在地,解决了长期以来的学术争端,引起了国内外轰动。

对邢窑遗址进行多次考古发掘,不断刷新邢窑邢瓷的历史上限和下限,丰富了邢窑的文化内涵和社会各界的认知,并入选"全国十大考古新发现"。

在全市发现的230多处商代遗址,充分说明了邢台市在殷商时期的繁荣,东先贤和曹演庄两处重要商代遗址也为论证"祖乙迁邢"提供了直接证据。

## 三、邢台的物质文化遗产

邢台市拥有国家级重点文物保护单位21处,省级重点文物保护单位74处,市级文物保护单位132处。2009年第三次全国文物普查,邢台新发现文物1 677处。其中,万里长城(邢台段,如图4-2-1所示)、京杭大运河(邢台段)已列入世界文化遗产名录。

图4-2-1 马岭关长城关口

国家级重点文物保护单位(21处):东先贤商代遗址、邢国君主墓、大唐祖陵、扁鹊庙、开元寺、大运河(邢台段)、宋璟碑、义和拳议事厅、邢窑遗址、普利寺塔、南和北齐碑等。

河北省重点文物保护单位(74处):清风楼、隆尧碑刻群、南良舍造像碑、北柴村造像碑、南和造像碑、澧水石桥碑、宋君碑、贾母贞节碑、重修南宫县学碑、曹演庄遗址、巨鹿故城遗址、张霍村寺庙遗址、冢子村古墓、吴村古墓、塔底村古墓等。

邢台市文物保护单位(132处):封峦寺遗址、孔庄圣母宫旧址、綦阳冶铁遗址、五指灵山娲皇宫旧址、且停寺遗址、青龙寺遗址、天仙观遗址、尧台遗址、云台寺遗址、临邑古城遗址、北小霍遗址、桃源洞遗址、小磁窑沟遗址、南磐石遗址、天梯山徘徊洞遗址、象氏城址、圣井、张宾墓等。

邢台市达到相应标准的可移动文物共有 11 454 件（套），上等级文物即珍贵文物有 1 355 件（套），部分文物多次参加外展，在国内有着重要影响。从类别上说，以商周和战国时期的陶器最多，其次是瓷器和铜器。馆藏文物数量最多的依次是邢台市文物管理处、隆尧县、临城县、内丘县。

### 四、邢台的国家级非物质文化遗产

邢台市目前拥有国家级非物质文化遗产 114 项，省级非物质文化遗产 83 项，市级非物质文化遗产 105 项。国家级非物质文化遗产有：邢台梅花拳（平乡、广宗）、沙河藤牌阵、隆尧秧歌戏、广宗道教音乐、广宗柳编、隆尧泽畔抬阁、隆尧招子鼓、巨鹿四股弦、威县乱弹、威县土布纺织、威县梅花拳、威县冀南梨花大鼓、任县王其和太极拳、邢窑陶瓷烧制技艺等。

1. 广宗柳编

作为一种古老的汉族手工技艺，广宗县柳编技艺源于清初，距今已有 300 多年历史，主要特点是用柳条编制成家用器具、工艺品等。柳条砍下后趁湿捋去皮，在阴凉处放置几天，具有柔韧性以后方能编制各种制品。柳编对湿度要求很严，一般情况下，需要到地窖中完成制作，如图 4-2-2 所示。

图 4-2-2 广宗柳编

广宗县很重视柳编技艺，2006 年将其列为第一批县级非物质文化名录。2007 年它又被邢台市列为市级非物质文化遗产，这为该技艺的发展、传播创造了良好的平台。2008 年，广宗柳编入选第二批国家级非物质文化遗产保护名录。

2. 威县土布纺织技艺

威县土布纺织工艺形成于元末明初，距今已有 700 多年的历史，世代相传。它的传承方式为口传心授，对纺织技艺无确切文字记录。受自给自足观念的影响，土布纺织一般为家传，农民以相互借鉴的方式推动技术的普及。图 4-2-3 为威县土布样式。

图 4-2-3 威县土布

受现代纺织印染技术的影响,威县土布纺织渐渐被冷落。据调查,威县如今从事土布纺织的农户屈指可数,保护任务刻不容缓。

3. 邢窑陶瓷烧制技艺

邢窑陶瓷烧制技艺是河北省汉族传统手工技艺,在汉族陶瓷史上占有十分重要的地位。邢窑是中国著名的北方窑场,早在北朝时期,邢窑就开始烧制青瓷及少量白瓷。唐代时,它曾以烧制白瓷而闻名于世,尤其是细白瓷,代表了中国隋、唐两代白瓷的最高水平。2014年,经国务院批准,邢窑陶瓷烧制技艺被列入第四批国家级非物质文化遗产名录。

4. 威县乱弹

威县乱弹因起源于邢台市威县而得名。乱弹戏始于明末,是一个很古老的汉族戏曲剧种,主要流传在清河、威县一带。明末清初,随着南北贸易的繁荣,这个戏曲系统的西调、西秦腔,伴随着"秦优"的戏曲活动传到枞阳、安庆等地,南北艺人合班,相互融合,产生了"梆子乱弹腔"。目前威县乱弹剧种濒临失传。图 4-2-4 为威县乱弹剧照。

图 4-2-4 威县乱弹剧照

### 5. 巨鹿四股弦

四股弦是河北邢台的一种汉族戏曲剧种,由于主要伴奏乐器"四胡"有四根弦,所以起名为"四股弦"。"四股弦"流行于冀南、豫北和鲁西北广大地区。由于它产生发展于邢台巨鹿县,从事"四股弦"艺术的艺人又多为邢台人,加之它的白口和唱腔都是巨鹿方言,所以,人们称之为"巨鹿四股弦"。图4-2-5为巨鹿四股弦剧照。

图4-2-5　巨鹿四股弦剧照

四股弦诞生至今已有200年的历史。在内容上,四股弦起初大多是反映民间家庭生活的小戏,后逐渐转变为演出历史传统戏和连台本大戏。其唱腔悠长、流畅、委婉,语言含蓄、幽默、通俗,唱词多为七字,传统伴奏乐器为四股弦琴胡,其他文武场乐器与河北梆子乐器相同。

### 6. 邢台梅花拳

梅花拳亦称梅花桩、梅拳,是中国较为古老的汉族传统拳种之一。为演练方便,大多在地面竖立木桩演练,称为落地干枝梅花桩。图4-2-6为梅花桩演练照。

图4-2-6　邢台梅花桩

7. 沙河藤牌阵

　　藤牌阵是中国北方仅存的一种古代汉族兵法实战技术,在北方文化遗产中十分罕见,自明代至今已历经数百年。现仅存于河北省沙河市十里铺村,当地人称之为"打藤牌"。2006年5月20日,经国务院批准,被列入第一批国家级非物质文化遗产名录。

　　300多年来,沙河藤牌阵既能防身御敌,也为活跃当地人民的文化生活发挥了积极作用。藤牌阵法攻防兼备,变化莫测,随着对其阵法的深入研究,将进一步丰富中国古代军事战法的内容。同时,藤牌阵法的演绎场面中融入了舞蹈和音乐元素,极大地丰富了群众的文化生活,使人们获得艺术享受。图4-2-7为沙河藤牌阵。

图4-2-7　沙河藤牌阵

## 模块三【探究平台】

1. 请你说出自己家乡的文化遗产。
2. 利用假期调查家乡文化遗产,写一篇调查报告,增强文化自豪感和探索意识。

# 第三节　邢台的民间文学

## 模块一【寻找归属】

　　邢台悠久的文化传统和众多的历史事件为民间文学的发展奠定了深厚的基础,从而产生了许多耳熟能详的民间故事和神话人物。你知道哪些呢?列举一两个故事。

## 模块二【知识坐标】

### 一、郭巨孝文化

郭巨是中国古代著名的二十四孝之一。郭巨孝母埋儿获黄金的故事在全国广为流传，其孝母埋儿获金的发源地就在内丘县。他的故事传说和敬老爱老之风在内丘县传颂不衰，形成了独特的郭巨孝文化。目前，郭巨孝文化被列入河北省第一批省级非物质文化遗产名录中，受到国家的重视。

### 二、柏乡汉牡丹传说

很久以前，一日黎明，弥陀寺僧人正在打扫庭院，忽闻仙乐嘹亮，奇香扑鼻，惊奇之间，只见一对少男少女自天飘飘而降，没入庭院沃土之中，后此处牡丹、芍药相继而生。图4-3-1为柏乡牡丹。

图 4-3-1 柏乡牡丹

牡丹、芍药是天上主管花界的仙子，她们为追求纯洁、忠诚的爱情，不畏强暴、不惧天条，坚守忠贞的爱情，最后幻化成花的故事，在国内尚属首次发现。柏乡汉牡丹传说以成花成对的美好故事，抒发了人们对爱情的追求与颂扬，宣扬纯洁、忠诚的爱情主题。

### 三、千手观音（三皇姑）传说

南北朝时期，烽火连年不断，群雄逐鹿，豪强割据。邢台南和县瓦固村有位叫妙庄严的农民，率领三千人马，扫平了古南和地域的草莽英雄，建立了兴林国，首府为朝平城。因其姓妙，俗称妙庄王。

三皇姑是妙庄王的三女儿，名妙善。她生性聪明伶俐，笃志行善。十六岁时，妙庄王要将她许配给宰相之子，她执意不从，乔装来到白佛村白雀庵皈依佛门。妙庄王下令火烧白雀庵，烧死尼姑五百名。三皇姑放声恸哭，感动了太白金星，于是化作一只猛虎驮她上山。她登上苍岩山巅，潜心修炼。九年后修成正果，日赴千坛，眼观万里。

妙庄王自火焚白雀庵后患病，求遍天下名医无果。三皇姑不计旧恶，治好妙庄王的怪病。妙庄王被感动，到苍岩山敕封三皇姑，本想封其为"全手全眼"观音，误说成了"千手千眼"。

自妙善后，源自古印度佛经的观音菩萨被彻底中国化了，并且演变成女性观音，引发了国人千年来的观音崇拜，成为佛教六观音之一。

### 四、张果老的传说

张果老本为邢州广宗的道人，他姓张名果，是唐朝有名的炼丹家、养生家、哲学家。"老"字是人们对他的尊称，也是因为他模样长得老相，而且岁数很大。

张果以讲《阴符》而得到唐玄宗的赞许。他著述颇多，其中对有关"道"的阐释及修炼养生理论有独到见解，所以现在一些研究者称他为哲学家、养生家等。

张果老的事迹在《大唐新语》《旧唐书·张果传》《太平广记》《明皇杂录》《宣室志》《续神仙传》《三洞群仙录》《高道传》《顺德府志》《邢台县志》《广宗县志》《巨鹿县志》等中都有记载。

张果老山原名五峰山，广宗道人张果在此隐居修行成为八仙之一。唐明皇李隆基敕封张果为仙翁，改邢州五峰山为仙翁山（俗称张果老山），并为张果修建了一座栖霞观，改观后的山洞为仙翁洞，并修建仙翁桥一座，从此，仙翁山成为邢州名胜。《全唐诗》收有张果"登真洞"诗。登真洞即今邢台张果老山的"仙翁古洞"。

张果老有一怪癖，平日他倒骑着一头白毛驴，日能行万里。这驴子也是一匹"神驴"，据说不骑的时候，可以把它折叠起来，放在皮囊里。

由于张果老经常云游四方，在民间传唱道情，劝化世人。以后也有人学着他的样子唱道情。所以张果便成了唱道情的祖师爷了。

## 模块三【知识拓展】

### 汉牡丹的故事

野史记载，两汉之间王莽逐杀刘秀，他曾避于弥陀寺内。因寺庙坍毁，难以藏身，幸有牡丹、芍药繁茂，保他躲过此劫。刘秀感而叹之，留下咏牡丹诗一首：小王避难过荒庄，井庙俱无甚凄凉，唯有牡丹花数株，忠心不改向君王。汉牡丹由此而得名。

1937年侵华日军为独霸名花，曾两次兴师动众，挖地深掘，想要移植汉牡丹至日本，但均告失败。汉牡丹遭此毁掠，数年不发。1949年中华人民共和国成立，它却息而复萌，民间据此称汉牡丹有民族气节。

1976年五一劳动节前，历来开粉红颜色的汉牡丹，在数朵粉红花当中竟开了三朵硕大的白花，令人惊奇不解。恰在这一年，毛泽东、周恩来、朱德三位开国领袖相继去世。就在同年，五墩汉代芍药没有开花，而南北方连遭水灾，由此汉牡丹以"花开知国事"而广为传播。

## 模块四【探究平台】

请利用网络平台查找以下与邢台有关的民间故事，并用自己的话复述给全班同学。
1. 牛郎织女的传说。
2. 周公桃花女的传说。
3. 和合二仙的传说。
4. 扁鹊和虢国太子的传说。
5. 王莽赶刘秀的传说。
6. 曹皇后和曹国舅的传说。
7. 大陆泽的传说。

# 第四节 邢台的新闻媒体发展

## 模块一【寻找归属】

新闻媒体是一个国家、政府和社会的喉舌，它有监测社会环境、协调社会关系、传承文化、提供娱乐、充当自由社会与集权社会的传媒等作用。媒体的社会责任包括政治责任和道德责任。新闻媒体要宣传党的路线、方针、政策，把握好正确的舆论导向，并有效发挥舆论监督作用。你对邢台新闻媒体的了解有多少？邢台的新闻媒体有哪几种形式？

## 模块二【知识坐标】

### 一、中国最早的报纸

中国曾是世界上印刷业最发达的国家，其媒介主要指的是古代"邸报"。邸报，又称邸抄、邸钞、朝报、条报、杂报、进奏院状、状报等，是专门用于朝廷传知朝政的文书和政治情报的新闻文抄，主要刊登皇帝谕旨、大臣奏章、朝廷公布的法令等政府公文。它是我国最原始的报纸，它的发行是手抄的。

由于邸报最初是由朝廷内部传抄，后张贴于宫门，公诸传抄，故又称宫门抄、辕门抄，这是最早的一种新闻发布方式。

相传汉唐已有邸报。根据记载，我国古代最早的报纸是《开元杂报》，于公元73年在唐朝的长安创刊。现在存世最早的是唐僖宗光启三年（887年）敦煌唐归义军的《进奏院状》，现藏于英国伦敦。它是最早的汉文报纸，也是世界上最早的报纸之一。此后，宋明清诸朝代，邸报屡见于史册及私家著述。图4-4-1所示为清代邸报。

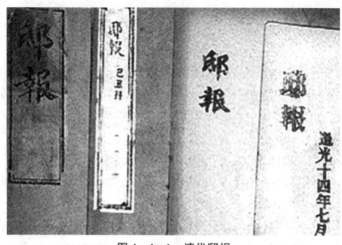

图 4-4-1　清代邸报

宋代，一种由私人发行的民间报纸出现了，被称作宋朝"小报"。这是我国最早的民间报纸。据史书记载，北宋仁宗康定年间，一些无业人员和"书肆之家"，将道听途说的有关边防军机等要事"镂板鬻卖，流布于外"，这种镂板机制成的宣传品即为"小报"。

近代中文报纸是从西方资本主义国家移植过来的。第一批近代中文报纸是在19世纪初由英国传教士创办的，主要有1815—1821年的《察世俗每月统记传》，在马六甲出版，运到广东散发；1833—1838年的《特选撮要每月统纪传》，在广东、新加坡出版；1833—1837年的《东西洋考每月统记传》，在广东出版。这些报纸的目的是借报刊打开闭关自守的中华帝国。在我国创办的第一张汉文日报，是1858年在香港创办的《外中新报》。

近代中国真正意义上最早的报纸为1872年创刊于上海的《申报》，原名《申江新报》，于1949年5月停刊。它的创办人是英国商人。它是近代中国发行时间最久、具有广泛社会影响的报纸，是中国现代报纸的开端和标志。

林则徐作为清朝睁眼看世界的第一人，所办的《澳门新闻纸》是我国最早的译报。《澳门新闻纸》和《澳门月报》（魏源在《海国图志》中所用名）虽然名为报纸，但不公开发行。

1872年在广州出版的《羊城采新实录》，是我国内地出版的第一家近代化报纸。

1873年8月，艾小梅在汉口创办了《昭文新报》——中国人创办的最早的中文报纸，虽然存在时间不长，但仍具有划时代意义。

另外，我国近代报纸有戊戌变法时期的《中外纪闻》《时务报》，辛亥革命时期的《民报》。五四运动时期的《新青年》，成为改良革命和新文化的武器。

## 二、河北省新闻事业的发展

河北省新闻事业发起于元代。据发掘考证，在河北曾出现过《报条》《小本》这类有明显新闻特征的出版物。明代，允许民间自设报房，翻抄《邸报》稿件发售，被称作《京报》。明末,农民起义军中出现《旗报》《牌报》。清朝义和团运动发明《揭帖》。

  清朝河北为直隶省,并曾管辖过北京、天津等地。伴随着西方势力入侵,最先出现了一些报纸,如《中西见闻录》,外文报纸如《中国时报》《京津泰报》等。戊戌变法前后,办报大热,其中有严复在天津办的不同凡响的《国闻报》,他的著名译作《天演论》就是在此报首次发表的。

  辛亥革命至五四运动期间,河北报刊如雨后春笋般出现,不仅有北洋军阀政府和外国商务买办办报纸,大量民间社团办报纸亦不断出现。李大钊与陈独秀创办的《每周评论》发表了许多重要文章,北京共产主义小组罗章党、邓中夏于1920年创办的《劳动音》堪称河北省境内较早的重要党报。

  1921年至中华人民共和国成立前,伴随着革命形势的发展变化,无产阶级新闻事业在与国民党旧政权、敌伪报刊斗争中生长。中国共产党建党初期,有自办报纸,如《红线》,也有利用国民党机关名义主办的,如《西北向导》。

  第二次国内革命战争时期,日本人报纸、伪满洲国报纸、察哈尔省报纸、国民党报纸等各类报纸均有发展。这个时期,中国共产党直接领导创办的报纸有《北方红旗》、中共直鲁豫特委机关报《红旗周报》、中共大名县委半月刊《工农小报》等。此外,还出现了左翼社团进步新闻类报刊。

  1937年7月7日抗日战争全面爆发,河北省报业进入了一个长足发展的阶段,出现了大型的《晋察冀日报》、冀鲁豫《人民日报》等,还有一些专区报纸等。

  1949年,冀中《河北日报》《冀南日报》《冀东日报》合并成立《河北日报》。

### 三、邢台的新闻媒体发展

1. 邢台的期刊报纸

  1934年10月,邢台直隶四师创办《蘁英》期刊,由通过文艺手法,潜移默化地宣传革命思想和中国共产党的主张。

  1938年9月18日,《冀南日报》创刊,由冀南区党委宣传部主办,办报地点在今南宫市垂杨镇,编辑部在威县、广宗、南宫一带流动。1942年,在日军大扫荡中被迫停刊,1945年抗战胜利后复刊,1949年并入《河北日报》。

  《邢台日报》的前身是《先进报》,创刊于1956年7月1日,1958年撤销邢台专区和邢台市,《先进报》与邯郸专区《农民报》合并,更名为《滏阳日报》。

  1961年恢复邢台专区,4月底周恩来总理为即将成立的邢台地委机关报题写报名《邢台日报》,这个报头一直沿用至今。1962年7月《邢台日报》改出周三刊,报头改为《邢台报》。1967年2月14日,《邢台报》报头改为《东方红报》。1984年11月20日,《邢台市新闻》改名为《邢台晨报》。

  1993年邢台地市合并之前,《邢台日报》是地委机关报,《邢台晨报》为市委机关报;地市合并后,《邢台日报》是新的邢台市委机关报,后两报社合并,并于1994年1月1日创刊了《牛城晚报》。2005年《邢台日报》社结束了多年分散办公的局面,统一迁至新址办公,实现了采、编、印、发的一体化、网络化。图4-4-2为《邢台日报》的发展变迁。

图 4-4-2 《邢台日报》的发展变迁

2. 邢台广播电视

邢台电视台始建于 1986 年，拥有雄厚的技术和人才优势，已经实现了数字化拍摄制作、全电脑微控播出。电视台开设"新闻综合频道（一套）""生活娱乐频道（二套）"和"影视频道（三套）"节目，三套节目发射功率均为 10 千瓦，节目覆盖面积除邢台辖区 19 个县（市）区外，邯郸、石家庄等周边地区也可收到邢台电视台清晰的电视节目，同时一、二、三套节目输入市、县有线电视网，实际覆盖人口逾千万。

3. 邢台网

邢台网立足邢台，放眼世界，新闻资讯并重。依托《邢台日报》《牛城晚报》的雄厚新闻资源，发挥网络自身优势，以突出本地新闻、资讯为重点，以突出国内外重大事件、突发事件为亮点，实现"让邢台走向世界，让世界了解邢台"。

邢台网的定位为"新锐媒体、邢台门户"，承担着《邢台日报》《牛城晚报》的新闻及信息资源的互联网整合发布。2007 年，《邢台日报》《牛城晚报》的数字报纸正式上线。邢台网同时开设 20 多个频道，整合发布河北、国内、国际的体育、娱乐、社会等新闻信息及生活、饮食、健康、育儿等资讯，网民通过邢台网不但能及时详尽地掌握时事新闻、民生热点，还能了解衣食住行、吃喝玩乐等多样化信息。

邢台网以"新闻"立网，靠"活动"兴网，先后举办了两次博客大赛，成功举办了"百姓信赖医院"评选活动等，社会影响广泛，社会效益、经济效益双丰收，邢台网品牌日益深入人心。

4．"掌上邢台"融媒体平台

2019年1月18日，由邢台市委、市政府主办，市委宣传部、市委网信办主管，邢台日报社承办的"掌上邢台"客户端正式上线。作为融媒体平台，"掌上邢台"集邢台日报社全媒体资源于一体，成为宣传展示邢台的新平台、服务联系群众的新桥梁、网络舆论引导的新阵地。目前已形成邢台日报社融媒体矩阵。

5．邢台的自媒体发展

2017年5月，邢台市自媒体协会成立，这是河北省第一个地市级经行政审批认定的自媒体协会。根据国家网信办审议通过的《互联网新闻信息服务管理规定》，将论坛、微博客、公众账号、网络直播等新兴自媒体形式纳入监管范围，邢台自媒体协会制定了《邢台市自媒体协会章程》和《邢台市自媒体行业自律公约》，标志着邢台市自媒体进入了依法管理、自我管理、有序发展的新阶段。

截至2015年年末，邢台市共有艺术表演团体36个，文化馆20个，公共图书馆20个，广播电视台18座。有线电视用户101.47万，其中，市辖区为15.59万户。广播、电视节目综合人口覆盖率分别达到99.41%和99.35%。主要单位有邢台电视台、邢台日报社、邢台市图书馆、邢台杂技团、邢台市豫剧团、邢台博物馆等。

## 模块三【探究平台】

1．最早的报纸叫什么？近代中国最有影响力的报纸是什么？
2．对于邢台的新闻媒体你了解多少？
3．你现在使用哪种方式了解新闻事件？

# 第五节　古今关于邢台的文学表述

## 模块一【寻找归属】

作为历史古城，古邢台也屡屡出现在文学作品中，历代文学名家也为古邢台留下墨宝，使古邢台自古至今盛名远播。你有没有读过描写家乡的文章？你能不能写一篇关于家乡的文章？

## 模块二【知识坐标】

1.《邢州新石桥记》

### 邢州新石桥记
[元] 元好问

州北郭有三水焉：其一潦水；其一曰达活泉，父老传为佛图澄卓锡而出，"达活"不知何义，非讹传，则武乡羯人之遗语也；其一曰野狐泉，亦传有妖狐穴于此。潦水由枯港行，并城二三里所，稍折而东去，为蔡水。丧乱以来水散流，得村墟往来取疾之道，溃堤口而出，突入北郭，泥淖弥望，冬且不涸。

二泉与港水旧由三桥而行。中桥，古石梁也，淤垫既久，无迹可寻。数年以来，常架木以过二泉。规制俭狭，随作随坏，行者病涉久矣。两安抚张君耘夫、刘君才卿思欲为经久计，询访耆旧，行视地脉，久乃得之。经度既定，言于宣使，宣使亦以为然。乃命里人郭生立准计工，镇抚李质董其事。分画沟渠，三水各有归宿。果得故石梁于埋没之下，矼石坚整，与始构无异。堤口既完，潦水不得骋，附南桥而行。石梁引二泉分流东注，合于柳公泉之右。遂路平直，往来憧憧，无寒裳濡足之患。凡役工四百有畸，才四旬而成。择可劳而劳，因所利而利，是可纪也。

尝谓古人以虑始为难，改作为重，重以恶劳而好逸，安卑而习陋，此天下之能事无所望于后世也欤？且以二君之事言之：有一国之政，有一邑之政，大纲小纪，无非政也。夏官之属曰司险，山林之阻，则开凿之；川泽之阻，则桥梁之。僖公春新作南门，《传》谓"启塞有时"。门户道桥谓之启，城郭墙堑谓之塞，开闭不可一日而阙，特随其坏而治之。修饰南门非闭塞之急，故以土功之制讥之。是则道桥之为政，不亦甚重已乎！

子路治蒲，沟洫深治，孔子以恭敬而信许之。子产以所乘舆济人溱、洧之上，孟轲氏至以为惠而不知为政。若二君者，谓不知启闭之急与不知为政，可乎？虽然，此邦之无政有年矣！禁民，政也；作新民，亦政也。禁民所以使之迁善而远罪；作新民所以使之移风而易俗。贤王付畀者如此，二君之奉承者亦如此。犹之陋巷有败屋焉，得善居室者居之，必将正方隅，谨位置，修治杞梓，崇峻堂构，以为子孙无穷之传；岂止补苴罅漏，支柱邪倾而已乎？仆知石梁之役，特此邦百废之一耳。异时过高明之壤，当举酒落之。

二君勉哉！

【译文】
邢州北城有三眼泉水：其中一眼叫潦水；一眼叫达活泉，百姓传说是佛图澄竖立锡杖而流出来的，"达活"不知道是什么意思，如果不是以讹传讹，就是乡野胡人流传下来的话；还有一眼叫野狐泉，也相传有妖狐在这里挖筑巢穴。潦水从干枯的小河沟流出来，沿着城流行两三里，稍弯折流向东，成为蔡水。自从丧乱以来，水道漫流，沿着村庄来往行走的道路决堤流淌，涌入北城，满眼都是泥水沼泽，冬天也不干涸。

其他两眼泉水与小河沟原本从三座桥下穿行。中桥，是古石梁，淤垫到土中很久，找不到踪迹。多年以来，经常搭建木头渡过两眼泉水。木头规格简陋狭窄，经常搭建、经常损坏，行人往来受困很久了。两位安抚使张耘夫、刘才卿想要治理谋划了很长时间，走访当地年长的老人旧知，巡视地质脉络，很久才确定。治理方案确定之后，跟宣使沟通，宣使也认同。于是，命令乡人郭生（郭守敬）订立标准、设计施工，镇抚李质监督管理这件事。治理过程中分别规划沟渠，三眼泉水各有流通渠道。果然找到埋没在地下的古石梁，石梁中的石块坚硬整齐，与最初的构件没有差异。堤口修完之后，潦水不能肆意流淌，顺着桥的南边流走。石梁引导着两眼泉水分流向东，到柳公泉西侧合流。从此四通八达的道路平整宽阔，行人来来往往，不用担心蹚水湿衣。修桥的工人一共四百有余，才四十天就完成了。选择值得劳作的事去做，顺应大家的利益去施利，这是值得记录这件事的原因。

曾经说，古人认为谋划事情的开始是最难的，应该改作是最重要的。重要在于，好逸恶劳、庸俗卑下，这是不能为后世留下所期盼的好事的原因吧？姑且用两位安抚使的事说一说：国家有国家大事，地方有地方政事，大到国家政策、小到法规纪律，没有不是政事的。夏官的职责是管理险要之事，山林挡道就开凿山林，河流挡道就架设桥梁。僖公统治的那年春天，新开通了南门，《传》里说"启塞有时"。城门、道路、桥梁叫作"启"，城墙、护城河叫作"塞"，开关不能一天缺少，只是随着损坏而修治。修饰南门不是闭塞的要紧事，所以讥讽僖公的土木之功。这也说明道路桥梁的政事，对自己不也很重要吗？

子路治理蒲邑时，深挖沟渠，孔子过境时以恭敬而忠信赞美他。郑国宰相子产用自己的车子帮人渡过溱水、洧水，孟子到了郑国说子产仁惠但却不懂治理政事的方法。就像两位安抚使，说他们不懂启闭的紧急和不懂处理政事，可以吗？即使这样，这个地方没有政绩也有很多年了。管制百姓，是行政；开放新民，也是行政。管制百姓是使百姓追随善良远离罪恶的方法，开放新民，是使百姓改变思想风俗的方法。贤能的帝王作为委托者是这样，两位安抚使作为奉承者也是这样。就像陋巷里有破败的房子，给懂得生活的人居住，一定会将房子修得方方正正，整理树木，将房子修得牢固堂皇，作为子孙后代的传承；哪里只能修修补补，给倾斜的房子架柱支撑呢？我知道石桥这次工程，只是这个地方百废待兴的其中一件政事。改日再路过如果呈现风气高尚、政治明朗的地方气象，定当举杯庆祝。

两位安抚使勉励吧！

【作品赏析】

文章第一部分介绍邢台当地的泉水水系及泛滥情况，以此引出下文治理水患。第二部分具体写了水患导致的交通困境、地方官员对建设桥梁的谋划、郭守敬治理水患的具体措施以及建设时速等，客观地展现了当时邢州治水有力的功绩。

接下来，文章宕开一笔，分析各级政务官员的职责，并举例说明架桥铺路的重要性，以及统治者对架桥铺路的重视。

随后，作者引用"子路治蒲"的典故和善于治家的比喻，来说明如何从根本上正确地疏导民意，管理政务，标本兼治，达到政通人和的管理目的。从侧面赞扬了当时邢台地方官员为百姓办实事的做法。

最后，作者勉励当时的邢台地方官员继续努力，打造出邢台更加清朗的政治气象。

【备注】

郭生：为元代科学家郭守敬。郭守敬为元代邢州人，当时还很年轻，所以被称作"郭生"。

【作者简介】

元好问，今山西忻州人，金末至大蒙古国时期著名的文学家、历史学家。

元好问自幼聪慧，有神童之誉。元好问是宋金对峙时期北方文学的主要代表、文坛盟主，又是金元之际在文学上承前启后的桥梁，被尊为"北方文雄""一代文宗"。他擅作诗、文、词、曲。其中以诗作成就最高，其"丧乱诗"尤为有名；其词为金代一朝之冠，可与两宋名家媲美；其散曲虽传世不多，但当时影响很大，有倡导之功。作品有《元遗山先生全集》《中州集》。

2. 李攀龙咏邢台诗二首

### 郡斋

[明] 李攀龙

金虎署中谁大名，我今出守邢州城。

折腰差自强人意，白眼那堪无宦情。

世路悠悠几知己，风尘落落一狂生。

春来病起少吏事，拟草《玄经》还未成。

### 登邢台

[明] 李攀龙

郡斋西北有邢台，落日登临醉眼开。

春树万家漳水上，白云千载太行来。

孤城自老风尘色，傲吏终惭岳牧才。

便觉旧游非浪迹，至今鸿雁蓟门来。

【作品赏析】

《郡斋》一诗前两句写出李攀龙对出任顺德知府的愤懑无奈，对官场冷暖的讥讽。后两句写朋友疏离，自身患病的闲淡时光，只能靠抄经书、练书法来打发。

《登邢台》诗前两句，写傍晚时分登临邢台看到的山水景色，后两句写困守小城，才能和抱负无法施展的无奈，以及收到朋友信息的喜悦。

【作者简介】

李攀龙，字于鳞，号沧溟，山东济南府历城（今山东济南）人，曾任顺德府知府，著名文学家。他继"前七子"之后，与谢榛、王世贞等倡导文学复古运动，为"后七子"的领袖人物，被尊为"宗工巨匠"，主盟文坛二十余年，其影响及于清初。

3. 《顺德府通判厅记》

### 顺德府通判厅记

[明] 归有光

余尝读白乐天《江州司马厅记》，言自武德以来，庶官以便宜制事，皆非其初设官之制。自五大都督府，至于上中下郡司马之职尽去，惟员与俸在。余以隆庆二年秋，自吴兴改倅邢州。明年夏五月莅任，实司邢之马政。今马政无所为也，独承奉太仆寺上下文移而已。所谓司马之职尽去，真如乐天所云者。

而乐天又言：江州左匡庐，右江、湖，土高气清，富有佳境。守土臣不可观游，惟司马得从容山水间，以是为乐。而邢，古河内，在太行山麓，《禹贡》衡漳大陆，并其境内。太史公称邢亦漳河之间一都会，其谣俗犹有赵之风。余夙欲览观其山川之美，而日闭门不出，则乐天所得以养志忘名者，余亦无以有之。然独爱乐天襟怀夷旷，能自适，观其所为诗，绝不类古迁谪者，有无聊不平之意。则所言江州之佳境，亦偶寓焉耳！虽微江州，其有不自得者哉？

余自夏来，忽已秋中，颇能以书史自娱。顾衙内无精庐，治一土室，而户西向，寒风烈日，霖雨飞霜，无地可避。几榻亦不能具。月得俸黍米二石。余南人，不惯食黍米，然休休焉自谓识时知命，差不愧于乐天。因诵其语以为《厅记》。使乐天有知，亦以谓千载之下，乃有此同志者也。

【译文】

我曾经读过白居易写的《江州司马厅记》，文章说从唐高祖以后，众多的官员可以根据情况斟酌，自行处理，不必请示，这都不是当初设置各级官职的制度。从五大都督府，到上中下郡司马的职务都没有了，唯有官的名额和俸禄还在。我在隆庆二年（1568年）秋季自吴兴调到邢州任副职。第二年夏季五月到任，实际上主持郡里的马政，管畜牧及采购马匹。而今马政没有什么事可干，只是收接转发太仆寺的文件而已。所谓司马管的那些本职工作，都成过去的事了，真和白居易在文章里说的那样。

而白居易又说：九江左有庐山，右有长江、鄱阳湖，山高气清，多有美好的景致。镇守疆土的臣子不能观赏游历，只有司马可以从容徜徉于山水之间，以此为乐。而邢州位于黄河以北，古称河内，在太行山下。《禹贡》提到的衡漳和大陆全都在其境内。司马迁在《史记》中说，邢州也是漳水和黄河之间的一个都会，民风民俗仍然有赵国之风。我早就想浏览它的山川之美，然而却终日闭门不出，于是白居易能够修养身心、忘却名利的游历山川之乐，我也没有办法得到。然而我独爱白居易襟怀坦白，平和旷达，能随遇而安。现在看他写的诗，绝不像过去被贬谪的人，流露出无聊不平的情绪。那么白居易所描述的九江那美好的地方，也不过是偶尔寄托而已。虽蛰居九江，难道还能不感到自得吗？

我自夏天来到邢州,不觉已是秋季,阅读书史很是愉悦。看官衙没有好点的房子,就盖了一间土房,而它的门窗向西,寒风烈日,风雪雨霜,无处可避。小桌子、床也不能置备。每月得俸禄黄米两石。我是南方人,不习惯吃黄米饭,然而能够不在意、不计较,自以为识时知命,大致无愧于白居易。于是,读着白居易的《江州司马厅记》而写了这篇《厅记》。倘若白居易有知,也可以说千年之后还有这样志同道合的人了。

## 【作品赏析】

全文内容共分三部分。这篇文章的开头很巧妙,有如神来之笔引出唐代曾被贬为江州司马的白居易,而且是读他的《江州司马厅记》。开头一段的文字是不动感情的,但"同是天涯沦落人"的潜台词已经不说自明。第一段引述白居易文章中的相关语句,说明自己主管的马政是无所事事的闲职,点明处境与千年前的江州司马何其相似。

接下来以江州山水之美与邢州环境作比较,说明自己所处的自然环境不似江州之佳山水,所以也不能和江州司马那样"养志忘名",只能心仪其"襟怀夷旷,能自适"。

最后,具体写自己住处的恶劣环境和以书史自娱的心境,实际是以与白居易志向相同而表明心迹。

这篇文章摹仿白居易的笔触,宣泄不平之气,揭示出异代同悲的实质,表明封建专制社会对人才的摧残压制。文末正是悲愤已极之语。

## 【作者简介】

归有光,字熙甫,又字开甫,别号震川,又号项脊生,江苏昆山人,明代散文家,是"唐宋八大家"与清代"桐城派"之间的桥梁,被称为"唐宋派"。嘉靖年间,归有光任顺德府通判,专门管辖马政。此文即为归有光在顺德府期间所作。中学课本收有归有光的《项脊轩志》。

4.《清风楼记》

### 清风楼记

[明]陈音

顺德郡在北都畿内,墉壑四周,中为郡治。成化丁亥,京山黎公光亨来守是郡,操介敷平。越明年,政通民阜,乃谋于郡丞刘公恕、郡倅毛公济、李公观、司理樊公震,发公帑之赢,鸠工伐木,作郭门郡治之东南,上为巍楼,扁曰"清风楼"。

政眼集客登其上,四牖洞辟,徘徊远眺。客曰:"是楼也,高凌霄汉,俯绝尘埃,远近川泽之胜,举在指盼间。惟时淑气方熙,群翎奏巧,嘉禾葱郁,远山如黛;画景舒长,云踪出岫,槐柳垂阴,芰荷歔馥;玉露方浓,银蟾万里,鹰鹜高飞,水天一色;疑寒沍冻,竹松晚翠,积雪未消,列峰堆玉。四时万景,分萃毕陈,曷不一取以题子之楼,而独以清风名?"

公曰:"风之来也,凭高者先得。有伉斯楼,凉飙四集,爽我襟裾,驱此炎烈。有耳者,孰不闻声,有形者,孰不夷怿,此吾所以有取于风乎。"

客曰:"吾子抱济物之志,非流连风月如庾亮者,岂美风于斯楼。夫有声之风足以袭人之外,无声之风足以感人之中。周公告君陈曰:'尔唯风。'孔子曰:'君子之德风,德之为风,入人也,深矣'。昔杨震、胡质、包拯、赵抃、李及诸贤以廉为吏,脱然不污,至今千百载之下想其清节,犹使人兴起踊跃,如盛暑而御凉风也。今子之为郡,固扃私门,苞苴无路。污政涸洧,清风涤之。猛政酷烈,清风凉之。下吏承风,黔首戴德。有歌曰:三冬皓雪兮,我公之室;三春膏雨兮,我公之泽;君子之风兮,小人是则。故子以清风名楼,使后之人将指斯楼为伯夷之居,亦将慨慕清风而兴起,有如今视昔者乎。"

公曰:"皇风清穆,来自帝侧;我先宣之,播于八极;后于吏者,永如今日;保我皇图,巩如磐石;垂如亿年,吾愿始毕。"

客揖而退。

余友黄廷经,时为郡博,闻公与客之言,三复叹艳,述以示余,用缉厥辞,以为《清风楼记》。

## 【译文】

顺德府在北方都城(明朝实行两都制,北顺天府、南应天府)京畿境内,四周是城墙沟壑,中间是郡治所在地。成化丁亥年间,京山的黎光亨来镇守这个郡,品行耿直而表面平和。第二年,政事通畅,百姓富足,于是跟郡丞刘恕、郡倅毛济、李观、司理樊震商量,使用府库钱财的盈余,聚集工匠,砍伐木材,在郡治的东南角建城门,上面建一座高楼,匾额上书写"清风楼"。

政务闲暇时,召集客人登上清风楼,洞开四面的窗户,踱步远眺。客人说:"这座楼,仰视凌越高空,俯视看遍尘埃,远近山川美景,全在极目指点之间。当时节是春天时天气温和晴朗,鸟雀群聚飞舞,草木葱郁茂盛,远山宛如眉黛;夏天时美景舒展如画,云雾山间升腾,槐柳浓荫蔽日,莲荷香气馥郁;秋天时草叶露珠如玉,月色一泻千里,雄鹰高飞,水天一色;冬天时寒冻霜凝,松竹苍翠,积雪未消,群峰如同堆玉。四季的无穷美景,纷纷清晰地全都展现在眼前,为什么不选取其中一个为楼题名,而唯独以'清风'命名?"

黎光亨回答说:"风来的时候,登在高处的先感受到。有这个高大的楼,凉风从四面吹来,让我的衣襟感受到清爽,驱走炎炎酷暑。有耳朵的,哪个听不到它的声音?有形体的,谁不感觉到愉悦?这是我取风字的原因。"

客人说:"你胸怀救治世道的志向,并非像庾亮一样流连风月,哪里用向这座楼羡慕清风?有声的风足以吹动人的肌肤,无声的风足以触动人的内心。周公告诉君陈(人名)说:'你是风(百姓是草,草随风动)。'孔子说:'君子的德是风,德作为风,打动人那是很深刻的。'以前杨震、胡质、包拯、赵抃、李及诸贤人作为廉洁的官吏,傲然挺立而不同流合污,直到千百年来的今天,想到他们的清高气节,仍然让人慷慨激昂,如同盛夏里乘着凉风。现在你管理州郡,加固门户,贿赂无门。用清风来洗涤污浊的政事,用温和来纾缓猛政的酷烈。下级官吏承接这种风气,百姓感恩戴德。有歌唱到,三冬洁净的白雪,像你的屋子一样光洁;三春如油的春雨,是你给予的恩泽;君子的风尚,是百姓的榜样。所以,你以清风做楼的名字,是让后人把这座楼当作伯夷一样廉洁的标识,同时,也被清风激励而奋起,就像现在回看过去一样。"

黎光亨说:"大风清朗肃穆,来自帝王之侧。我只是倡导一下,传播到四方。让后来的官员像现在一样,保障国家坚固如磐石、永垂万世。这样我的愿望才算完成。"

客人鞠躬拜退。

我的朋友黄廷经当时是郡博,听到黎光亨跟客人的对话,再三感叹,记下来给我看,我收集起来用优美的辞章写成《清风楼记》。

【作品赏析】

《清风楼记》开篇借鉴《岳阳楼记》的记事手法,点出清风楼重建的背景、资金来源和主持重建的人物。在篇章结构上,《清风楼记》模仿苏轼《前赤壁赋》的写作模式,采用"主客问答"的方式,写出登临清风楼所看到的盛大景观,以及"清风楼"名字的由来。

《清风楼记》在修辞手法上,采用铺陈和互文的手法,从时空不同的维度对清风楼进行淋漓尽致的描摹。在写作手法上,采用托物言志的手法,以物喻人,以"清风楼"作为标识,警示官员要廉洁从政,堪称"以文行政声"的佳作。

【作者简介】

据《明史·陈音传》及清版《福建通志》等文献记载,当时的人评陈音"以文行政声,劲节厚德名世""寿不满六旬,名可传百世",著有《愧斋文萃》十卷。

陈音平生作文多达千余篇,《清风楼记》是其在北京任翰林编修时所撰得意之作。所以,直到他晚年在南京任太常卿时,对此文仍不能忘怀。为此,他特在自筑居所之空地结茅为亭,命名"清风亭",作《清风亭记》以励清节。后因将其所居西屋及该亭让与同僚沈君,遂在自筑东屋时又另建台榭,仍以"清风"为名。

5.《大陆泽赋》

### 大陆泽赋

[清] 周铃

按:大陆泽素无定说,昔孙炎注《禹贡》云,在钜鹿北广阿泽,河所经也。而程氏以为广阿去古河最远,未尝经于此,孙说非是。考《通鉴》隋改赵之昭庆为大陆县,唐杜佑、李吉甫亦以邢、赵、深三州为大陆地,则不与河通明矣。宁邑属赵郡,南按广阿、钜鹿,有巨泽,浸垲衍溢,周百余里,其中爽垲处,村落绎如,与《尔雅》"高平曰陆"之说适符。考之于经,质之于史,参之于邑乘,其为大陆泽旧址,断断无疑。因作赋志盛,以俟后之君子匡所不逮焉,其辞曰:

原夫灞、浐、滈、沣为咸秦之沃壤焉,潇湘沱汉为荆楚之隩区焉。而况名标上国,地近皇都,形分乎三晋,势达乎九衢。星躔上应乎昴胃,坤舆独擅夫膏腴。城郭则岿发菶凤,村墟则列若联珠。纵横阡陌,界亘轨途,轮蹄雾转,舸舰云驱。为人才之渊薮,亦宝物所涵濡。而能无大川广谷,用以培元气而拓雄图乎?

忆昔河内冀州,《禹贡》首俾,恒卫既从,大陆斯作。兔渚回环,龙腾互错。烟水苍茫,风沙喷薄。浴皋淘陵,襟城带郭。沆瀁冲融,弥漫渺漠。浟、滢贯而汪洋,潺湲奔而绎络。恒山倒影而崔嵬,刘堤防溃而壮博。吞纳群流,睥睨众壑,俯浸方域,仰涵寥廓。盖不待惊视,河伯往观夫海,若而耳目已为之震摇,精神已为之踊跃。然此犹未暇及其详,而但言其略也。

若乃规模宏远,品卉繁昌,群分类聚,璀璨辉煌。其木则有:枢榆杞梓,樗柳槐杨,梧桐椐柽,柞柘木樟。或丛生而茂郁,或列植而分行。其草则有:菱茨荇藻,萍芷蘅茝,蒹葭荻苇,蔺藓蒲荇。或凭依乎曲沼,或绕乎回塘。其鸟则有:凫鹥鹭鸶,鹈鹕鸳鸯,鸿鹄鹅鹳,鹁鸽鸪鹧。载飞载止,时集时翔。其鱼则有:鲤鲂鳣鲔,鳏鳢鲦鳝,鲋鲈鲫鮀,鲢鲥鲟鳇。扬鬐鼓鬐,仰沐吞光。

当夫宿雨初收,晨风乍起,日上三竿,烟开千里,晴波潋滟而回环,软涨澄亭而逦迤。有鼓枻之傍人,偕打桨之舟楫。开蟹舍于渔庄,集鸥村于鹭市,荡白石兮粼粼,把清涟兮弥弥。蠋首团云,龙鳞鬻水,月舵鸣榔,风帆结绮。听欸乃兮何来,唱咿哑而不已。又不觉心旷神怡,泛中流而叹观止。

至若左环钜鹿郡,右拥广阿城,近接南宫道,远通津海程。合邢深而脊为贯注,跨赵冀而互作拂潆。林长路曲,岸润堤平。波恬浪息,水静沙明。其有怀乘风之壮志,抱就日之深情者,靡不击楫齐来,扬帆直指,由此而达夫帝京。

爰作歌曰:系造化之钟毓兮,维岳秀与川灵。溯廑陶之古郡兮,象列宿而分形。借大陆为保障兮,实四境之藩屏。何洪涛之汪秒兮,羌澜碧而潮青。蓄百产之荟蔚兮,涵两大而杳冥。宛河山之带砺兮,历夫万代而千龄。

**【译文】**

按语:大陆泽一向没有确定的说法,以前孙炎注解《禹贡》说,在钜鹿(巨鹿)郡北边的广阿泽,黄河流经的地方。而程氏认为广阿泽距离古黄河最远,不曾流经此地,孙的说法不对。考证《通鉴》,隋朝时改赵地的昭庆为大陆县,唐朝时杜佑、李吉甫也把邢州、赵州、深州作为大陆的地域,那么大陆泽不与黄河相通就很明确了。宁邑(宁晋县)属于赵郡,向南止于广阿、钜鹿,有大泽,浸泡高地,泽水满溢,方圆一百多里。泽中间干燥的高地上,村庄一个连着一个,与《尔雅》中"高而平的地方叫陆"的说法正好相符。根据经书考证,从史书中质疑,参照地方志,它就是大陆泽旧址,肯定没有疑问。于是,写一篇赋文记录它的盛景,期待后代君子纠正补充我说不到的地方。赋辞是这样的:

原先那灞水、浐水、潏水、沣水流域是咸阳秦国的肥沃之地,潇江、湘江、沱江、汉江是荆地楚国的宝藏之所。况且名字标记在大国里,地域靠近国都,在地形上把晋分成各部分,在气势上通达四面八方。天上有日月星辰环绕星宿,地上专享肥沃的土地。城市矗立像彩凤一样繁华,村庄密布如连缀的珍珠。土地道路纵横交错,边界绵延,道路伸展,车轮腾尘,马蹄飞奔,舰船舟楫疾驶天边。是人才的聚集地,也是宝藏的沉浸之处。没有大河深谷,怎么能够培育元气、拓展宏图呢?

回想之前黄河之内的冀州,是《禹贡》里的第一大州,星星点点的小州追随在它后边,大陆才兴起。水中一块块陆地环绕,像飞龙一样相互交错。烟水苍茫辽远,风沙汹涌激荡。

湖水冲刷着高地山丘，河流环绕着乡村城市。浪花冲击交融，水雾弥漫朦胧。洨河、滏河接连流入汪洋一片，滹沱河奔涌而来滔滔不绝。恒山巍峨高耸倒映水中，刘堤防洪堤坝壮观博大。大陆泽接纳众多河流，傲视无数沟渠，下浸漫一方土地，上包涵辽阔天空。假如河伯前往观赏大陆泽，大概等不及为所见惊叹，说不定耳目就已经被震撼、精神已经被激发了。然而，这依然没顾上详细叙说，只是说了个大概。

至于大陆泽范围广大，品类繁盛，群分类聚，光彩夺目。大陆泽中的树木有枢木、榆树、枸杞、梓树、樗木、柳树、槐树、杨树、梧桐、棍木、柽木、柞木、柘木、樟树。有的茂盛地一丛丛生长着，有的一行行整齐地排列着。大陆泽中的草类有：菱角、茨茅、荇菜、水藻、浮萍、白芷、杜蘅、菖蒲、蒹葭、芦苇、藒藻、苔藓、香蒲、牛蒡。有的依傍弯弯曲曲的沼泽而生，有的环绕在池塘四周。大陆泽中的鸟，有野鸭、鸥鸟、秃鹜鸟、鹭鸶、紫鸳鸯、鸳鸯、大雁、天鹅、野鹅、鹳鸟、鹌鹑、鸽子、老鸹、云雀。有的飞舞有的栖息，时而聚集、时而飞翔。大陆泽中的鱼则有鲤鱼、鲂鱼、鳝鱼、鲔鱼、鲇鱼、鳢鱼（乌鱼）、鲦鱼、鳡鱼、鲋鱼、鲈鱼、鲫鱼、鲐鱼、鲢鱼、鲍鲡、鲟鱼、鳇鱼。仰头鼓腮，时浮时潜。

当那夜雨初停，晨风乍起，红日高升，烟开云散，日照清波，水光荡漾，潮水轻拍，清澈蜿蜒。有供人泛舟的小船，还有划桨的大船。在渔庄开蟹馆，在鸟村设鸟市。抛掷白石打水漂荡起粼粼波纹，满满掬起一捧清水漾出圈圈涟漪。湖上时而乌云驱散，时而雨水淋漓。月下渔船，风帆卷起。听着不知何处的划桨声，哼唱起小曲。又不自觉地心旷神怡，泛舟湖中，感叹看到最美的景色。

左边环抱钜鹿郡，右边拥有广阿城，近处连接南宫道，远处通向津门渤海。邢州、深州的河水合起来全都流注到大陆泽，跨越赵州、冀州，大陆泽水环绕回旋。树林繁茂，道路曲折，河岸润泽，堤坝平阔。风平浪静，水清沙明。那些怀有乘风破浪壮志和冲天揽日情怀的人，都乘舟齐来，扬帆向前，从这里直达京城。

于是作首歌唱到：大自然聚集美好，山川秀丽灵透。追溯廮陶古郡，景观排列有序而各有不同。依凭大陆泽作为保障，实为四方的屏障。任凭浪涛深广，波澜苍碧而潮水青青。品类丰富而物产繁盛，涵盖天地而奥妙无穷。就像黄河泰山一样，即使因久远变得再小，也会历经千秋万代。

**【作品赏析】**

《大陆泽赋》分按语和赋文两部分。按语是以史证的方式，考证历史上大陆泽的方位，相当于文章的前言。赋文是《大陆泽赋》的主体和正文。赋文部分借鉴《岳阳楼记》修辞手法，采用铺陈、互文的手法，铺排描写大陆泽的远景和近景。在描写远景时，采用"上帝视角"，以俯瞰的角度进行全方位整体描述。在写近景时，先铺叙大陆泽丰富的物产品类，然后时空交错，描写大陆泽趣味无穷的生活场景。最后，作者以物喻人，以高山大川孕育英才，培育元气，鼓励有志之士奋勇向前。

文章以歌谣收尾，首尾呼应，赞叹了大陆泽的美好景色及其地理位置的重要性。

**【作者简介】**

周铃，字小鸾，宁晋县周家庄人。他从小好学，深思精学且坚持不懈，在清代道光庚子年间科举考试乡试中考取前五名。因为脚有病，难以参加官员选拔，于是他打消了做官的念头。他的书法灵动，同时还擅长写作杂体诗文，语句清丽，超凡脱俗，辞藻馥郁，自然流畅。刻有《绿雪山房诗赋》各数十首。此外还有《学庸讲义》《农仙咏评注》等书传行于世。

6. 诗歌《忆邢台》

忆邢台

吕岳南

一个阴雨连绵的夜分，
从记忆里，
我掘出你的幽魂，
邢台哪！记否当年？
柳丝蒙络的纱窗畔，
消磨了我几许童颜；
月牙池里菱荷的嫩葩上，
贴上我青春的泪痕斑斑。
涓涓曲水之滨，
看对对丽影追随着黄昏。
青石岗的酸枣，
扯住了村姑的眸子；
野狐泉的凌波呵！
交织着红蓼青萍。
塔林高吻着青云，
黑龙潭深可万寻！
还有那颓坍的古城垣呢，
披着古色香的袈裟，
斑驳的秦砖汉瓦上，
满结累累的霉苔弹疤。
历史的血给饮得憔悴了，
借夕阳染一脸红霞。
峥嵘凌风的谯楼呵！
守望着大野的苍茫。
两三戍卒，
吟啸着祖国的光辉，
（祖国的光辉在刺刀尖上开花）

鲜明的大旗，
太空里飘舞翻飞，
这一切一切……
都成了昨夜梦，
恕我的秃笔，
驭不起这巨大的灾痛——
是一个清明的午画，
岛国荒鹫的血膀，
抖落个毁灭的消息！
千万健儿喋血，
写上滹沱河畔的败绩，
涌如望月的怒潮，
是南走的戎装弟兄；
从此缩小了，消瘦了——
祖国的背影！
如位瘫痪的老人，
你袒露在燕赵腹地，
没半壁关山来遮拦，
叹大势已去。
终于您张开羞辱的巨吻，
吞下了法西斯的豺狼之群，
从此荒阅的大校场上，
不见了国军的青骢，
踢起尘花朵朵。
敌骑践踏豫让桥，
奋剑击仇的勇士安在？
任磨电厂的万匹马力，
再也制不来光明。
你罩上缁色的囚衣，
开始匍匐在泥淖里，
邢台哪！我的保姆！
你尽情地受难吧！
尽情地哭泣吧！
我知道屈辱在你胸中发酵，
反抗在你胸中燃烧，
明朝
从你古朴的喉咙里，

将爆炸出
第一声的
怒吼!

(发表于 1939 年《文艺月刊》)

**【作品赏析】**

这是一个邢台爱国青年在日军侵占邢台时期,写下的一首爱祖国、爱邢台并控诉法西斯的诗歌。诗歌前半部分描写了沦陷前的美丽邢台,野狐泉、黑龙潭、塔林、谯楼(清风楼)、古城墙,这些正是老邢台的标志性元素。虽然由于军阀混战也有了一些弹痕的伤疤,但邢台还是这么美丽。当读者随着作者的笔路,正沉醉在邢台的美丽风光和守城官兵吟啸祖国的光辉时,突然作者笔锋来了个大转折,一句"祖国的光辉在刺刀尖上开花",让人不寒而栗,顿然惊醒昔日美梦。之后,作者用大量的篇幅,描述了邢台沦入日军之手的伤痛,堪为邢台之殇的经典描写。

最后作者坚信,邢台一定会爆发抗日高潮,传达出作者的抗日态度。1939 年正是国民党军队在正面战场节节败退、共产党军队在敌后战场悄悄积蓄力量的时候,在普通老百姓很难看到抗日曙光的最黑暗时刻,邢台敌占区的青年却以诗歌的方式发出宣言式的怒吼,宣告邢台人民觉醒时刻的到来。

7.《阅读邢台》

## 阅读邢台

### 刘振侠

生活在邢台,自然而然就喜欢上邢台。于邢台,我只是一个年轻的读者,而邢台是一本创刊久远、历久弥新的书。

我从尘封在方志馆的古文字里读邢台的第一页。

沉滞的纸页落满岁月的烟尘,如沧桑满怀而愈加静默的老者。翻开册页,你就不可救药地跌入历史的坑道。那一笔一画分明是刀戈相向,是短兵相接,是血刃把粗糙的肌肤划开又愈合后的伤痕。那纸页是充斥血腥、烟尘腾冲的暗淡的天空,被词句的剑戟切碎,字词间闪烁着刀光剑影,似乎还可隐约听到兵士呼号、战马嘶鸣。岁月凝固在黄练般的战旗上,在血雨腥风中飘摆。

一匹粗莽的野牛从泉眼竞流处信步踱行,继而追随商王祖乙慢跑上路,沿路追赶至邢侯,失足踏进战国的纷扰,左突右冲,爬上平缓的对岸,而后一路奔驰至西晋石勒,终于蹄尖尘落,钟磬和鸣中迎来一片短暂的祥和。时间的风吹开一角历史的帷幕,云卷云舒间,宋元的风物逼近眼前,顺德府的大门在时间的双手下,被缓缓推开,"顺德府"三个大字被定格在清风楼的匾额之上,以端坐的姿态俯视人潮涌落、人事兴衰。

历史是一条单行轨,我们无法乘上循环回归的列车,体验曾经恢宏的帝王气象,更无法将内心血淋淋地撕破，顿足捶胸、痛彻心扉地体察山崩地坼的颓败。读这邢台的第一页，我们隔山望景般地感慨和咏叹，在心的舞台上搭起一张经天纬地的底幕，在纸端暗黄的轻尘里，看那些惊叹号般的人物呼之欲出。

当一个人的名字被收拢到纸页上，那么他就不再是那个满树繁花中的一朵。他是花的特写，是岁月流徙却永远保持着饱满色彩的、一朵花的标本，它就被焙干后，夹置在那册叫做《邢台》的书的某一页。翻开这册书，我终于看到帝王花们青涩时期的模样，也不是天赋异禀般绚烂，而是开在了最受阳光眷顾的那一面，是朵向阳花——那大唐的庄严气象本也是蜗居小城的次第绽放。最青睐的，是那些生长在背阴处却努力伸展着枝丫触摸阳光的臣子花，那种孜孜以求的仰望，把纤纤枝条催生为一根枝干，最终茁壮为最强劲的历史之树的脉搏，开出一朵奇葩，绽出别样风采——郭守敬开河渠、望天象，最终将自己锻造成一支利箭，射向太空的某座环形山，擎立成一个坐标。值得收藏的，还有那乡野小花，"苔花如米小，也做牡丹开"，那份自信和不屈，是这本书册的底色和基调，流泻在字缝间——前南峪抗大纪念馆里，你可以看到一朵朵小花灿出耀眼的辉煌。

我从一张张暗黄的黑白影像里读邢台的第二页。

那是一段青灰而斑驳的旧城墙，梦里才会出现的前世场景呀。忽然就希望被这段墙密密地包围起来，像一只还没能长到足够坚硬的果核，被同样还不够软绵的青果紧紧抱在怀里，安逸地静静等待时光去催熟。如果可以交换，我愿意瞬时泯灭，做那段墙里的半块青砖，不动声色地安放在一隅，直到湮灭。那是我未曾谋面却早已熟稔的墙呀，那是我的墙！

旧城门内的小街是泥泞的。我的思绪赤着脚在泥里来回地踩，我听见自己孩童般的笑声随着脚下的泥点飞溅出去。踩在泥里，那是一种濡软、温情的感觉，是多么亲切而又久违的触摸呀！

还有那眼辘轳水井。它是那场旧梦里一个最不起眼的细节，却以最生动的写实手法，简约地诉说一个直白到没有情节的生死轮回。我遥远而清晰的记忆中，当也有那样一眼粗疏的水井，它清浅地被一小畦南瓜、又一小畦韭菜，还有一畦豆角包围，再远一点的沟边还野生着一小片蓖麻。摘一片南瓜叶、拔一根蓖麻，剥下麻皮，松松地绑住簇起的瓜叶，水井就能赏我们一口汩汩的清凉。趴在土井边，一次又一次吊起南瓜叶，为的是听到滴水那欢快、清脆甚至凉爽的声音，夏日的溽热在脆响里趔趄着退让。那镇在土井中的西瓜、黄瓜、西红柿，更是勾引着一群孩子眼巴巴地守在井边。辘轳水井，那是一个不小的诱惑呢！

那些牌坊、那些碑塔是我不熟悉的，但我知道它们是承载着厚重、记忆着文明的。我本来是应该探寻着它们一路成长的，可我来的晚了，错过了与它们相逢的时刻。握着这些影像，我只能唏嘘。

读那些脆弱地存留在影像中的旧城故物，即便轻手轻脚，我还是读出了心如邢州白瓷般摔落地面的瞬间碎掉的那声脆响，心痛如咬牙发狠向一片绢帛发泄，眼看着就牵牵连连纠结着撕扯开来，然后断裂成毛毛躁躁、再也无力缝合的条条片片。我只一遍又一遍地悔恨，我来晚了、来晚了！

我从错落着挑战高空的楼群和血脉般交织的马路间，读立体感的现代邢台。

它是这册书里最精美的彩页，是一幅立体折叠图形。打开书，现代邢台就一点点突兀而出，惹出你满眼惊喜。绿树掩映中高楼肃穆而立，西装笔挺如赴一场郑重的宴会，而某个窗口跌出一袭粉色的窗帘，恰如在领口一侧装点一朵小花，凝重的面目一下子被和缓化开。浓荫披拂处一群观棋的老者，时而伸颈屏气，俨然缄口的君子，时而忘记了棋约，争得面目潮红。草坪间的曲径上，蹒跚学步的孩子毫无惧色地征服一颗颗小鹅卵，忙坏了大鸟似的年轻父母。园林的曲廊边，弦歌飞扬，气韵悠长；整饬的小广场，太极纡缓流畅，一派祥和；水系疏通了气息，让城市更加灵动，五星环绕给城市延伸了张力……

无论散步、骑游，走出门去，绿色萦怀，路途平阔，心胸也自然舒展。邢台的节奏疾徐适中，你随时可以如全运会上邢台小伙般在骑行的队伍里飒爽飘扬，也可以在合适的时刻停下来，躺一个舒服的姿势，舒一口气，吹着口哨看流云卷舒。

现代邢台的书写正在进行中。它像一张水彩，刚刚轻刷了底色，浓墨重彩的描摹还在未来。读邢台的精彩卷，我们还在期待……

站在历史的门槛读邢台，读出的是隐隐的杀伐之声，读出的是传奇故事，读出的是敦厚和凝重，读出的是线装书的意境；融入现代生活读邢台，读出的是张弛有度的节奏，读出的是凡人情怀，读出的是冲淡和谐，读出的是装帧精美的现代杂志意蕴。站在高处读邢台，读到的是高高低低鳞次栉比的阳光面孔；深入细小街巷读邢台，读到了民风淳朴的邢台血脉。

阅读邢台这本卷册时，我也是一个小小的逗点，被一支历史的笔蘸起来，然后随意一点，落在了在这书册的某一页、某一个不显眼的角落，在人们读这册书需要歇口气的时候，去完成自己也许无关紧要的承上启下的任务。

（发表于2012年《牛城晚报》）

**【作品赏析】**

文章通篇以比喻的方式，把邢台比喻成一本书；把邢台的古代、近代和现代比喻成邢台这本书的第一页、第二页和彩绘页；把了解邢台的历史发展比喻成"阅读邢台"。想象丰富、手法新颖。

文章按邢台的历史发展脉络分成三大部分：第一部分是史志上、文字里的邢台；第二部分是近代摄影技术传入邢台后，影像资料里的古邢台；第三部分是我们当下生活里丰富多彩、发展迅猛的现代邢台。

不同于以往那些用铺叙手法描绘邢台的文章，它侧重采用抒情的表达方式，将历史人物、历史事件和景观恰如其分地融合进气脉悠长的抒情里，既能看到邢台的历史史实，又能感受到作者对邢台的深切热爱。

在语言表达上，文章语言优美婉转、生动深刻，文中俯拾即是的比喻、拟人，给文章增添了很强的文学色彩。

在文章的最后，作者把自己比喻成邢台这本书里的标点符号，体现了个人与城市发展的关系，也表达出作者为邢台发展贡献绵薄之力的决心。

## 模块三【知识拓展】

历史上众多描写邢台的诗词：

### 过邢州诗

[南宋] 洪迈

蕞尔邢侯国，巍然昭义军。
未能为晋重，忽已被梁分。
壤沃连三郡，时移出四君。
苍茫怀古意，群丑漫纷纭。

【注】洪迈，南宋著名文学家，主要作品有《容斋随笔》《夷坚志》。

### 邢台驿

[南宋] 范成大

太行东麓照邢州，万叠烟螺紫翠浮。
谁解登临管风物？枯荷老柳替人愁。

【注】范成大，南宋名臣、文学家、诗人，著有《石湖集》《揽辔录》《吴船录》《吴郡志》《桂海虞衡志》等。他的《四时田园杂兴（其一）》被收录到小学课本中。

### 南乡子　邢州道上作

[清] 陈维崧

秋色冷并刀，一派酸风卷怒涛。并马三河年少客，粗豪，皂栎林中醉射雕。
残酒忆荆高，燕赵悲歌事未消。忆昨车声寒易水，今朝，慷慨还过豫让桥。

【注】陈维崧，明末清初词人、骈文作家，阳羡词派领袖。

### 大陆澄波

[元] 李京

汪洋千顷势何雄，九水同归一泽中。
波静天光分上下，浪翻地影失西东。
鱼龙吞吐争春雨，鸟雀惊飞向晚风。
明月蒹葭杨柳岸，渔舟人唱藕花丛。

【注】李京，今河北河间市人，元朝将领，官至吏部侍郎。

### 大陆泽

[清] 刘永锡

鲤鱼风起苇花秋，点点归鸦古渡头。
柳岸日斜人晒网，满天黄叶下西洲。

【注】刘永锡，清代举人，邢台任县环水村人，清代任县著名的"父子诗人"之一。他流传至今的多首脍炙人口的诗篇，都是对风光旖旎的水乡生活的生动写照。

## 模块四【探究平台】

1. 选一篇你喜欢的古诗文，了解诗文含义，说说诗文中都提到了古邢台哪些历史遗存？并谈谈你的感受。

2. 诵读不同时期的关于邢台的文章，根据文中信息，你能否感受到邢台的变化？请举例阐述。

# 第六节　邢台方言

## 模块一【寻找归属】

在邢台有"三里不同音，五里不同俗"之说，邢台区域内每个县，甚至每个村都有不同的语言特色。请你用自己的家乡话说一句话或一个词，看看大家是否能明白它的意思。

## 模块二【知识坐标】

### 一、邢台方言在历史上的影响力

古典诗词韵文等以文辞优美、韵律悠长成为我国历史文化瑰宝。它们在创作过程中遵循了一定的韵律，才产生独特的意蕴和美感；但是在现代，有些诗词用普通话读出来似乎并不合辙押韵，用方言诵读反而更能读出韵味。这是因为那些诗词韵文创作时期的语言与现代语言发生了很大的变化，而方言却一定程度上保留了古汉语的某些语言特征。方言是一座丰富的文化宝藏，堪称古汉语的活化石。

元代时，音韵学家周德清以河北、河南的方言为基础，编写了《中原音韵》，以北曲杂剧作品为对象，总结发声规律，将声韵规范为十九个韵部，每个韵部之下又分为平声、上声、去声。

清代时，邢台隆尧人樊腾凤又根据北方语音，尤其是邢台方言语音，编纂出我国第一部音韵学字典《五方元音》。《五方元音》运用反切法，用十二个韵母和二十个声母来拼音，清代至民国初盛行全国。

《中原音韵》和《五方元音》的盛行，在某种意义上也促进了河北方言，包括邢台方言在全国语音中的融合推广。

### 二、邢台方言的方言归属

根据《中国语言地图集》《汉语官话方言研究》，河北方言指的是河北省现行辖区以内分布的现代汉语方言。河北省围绕着北京，河北方言是普通话的基础方言，最接近标准音。河北方言分为四个方言区：北京官话区、冀鲁官话区、中原官话区、晋语区。比较而言，北京官话区最接近普通话，冀鲁官话区次之，中原官话区又次之，晋语区因为有入声，与普通话差异最大。

冀鲁官话区又分沧景片区和石邢片区，邢台大部分属于石邢片区。由于邢台历史上处于直隶山东交界地带，且有两省六县的"飞地"夹杂其间，地理复杂，风俗特殊，所以邢台方言具有"源流驳杂、语汇丰富"的特点。邢台虽距北京较近，但与普通话在发音上差别很大，语汇也有一定差别，但语法差别不大。语音与山东西北部方言接近，某些语汇明显带有山西方音。具体来说，临西、威县、清河、南宫、新河、宁晋、柏乡、隆尧、巨鹿、广宗、平乡、任县、内丘、临城 14 个县市以及南和县部分乡镇属于冀鲁官话区；沙河市以及南和县部分乡镇、邢台县西部山区，属于晋语区，这些地区方言中保留了古入声字。

### 三、邢台方言的特点

#### （一）邢台方言在语义构成方面的特点

与普通话相比，在语义构成方面，邢台方言最大的特点是：邢台话没有"子"，也就是所谓的"邢台无子，保定多儿"，指的是邢台方言中，凡是普通话中带"子"的都不用"子"的音，而改用 e、le、de 的音，如包子，叫包"e"、包了或包的。保定方言中很多带"子"的都改用"儿"，如面条儿、小勺儿、老头儿等。

#### （二）邢台方言在语音方面的特点

1. 声母方面

（1）zh、ch、sh 与 j、q、x 不分。如巨鹿县把"猪"读成 ju；把"吃"读成 qi，把"鼠"读成 xu 等。把"拿起笤帚打老鼠，一打一抽抽"读成"拿起笤 ju 打老 xu，一打一 qu qu"。

（2）尖团音并存，在尖音中 j、q、x 与 z、c、s 不分。现代普通话里，只有"团音"没有"尖音"，而邢台方言里尖音、团音并存。主要表现在以"j、q、x"做声母的一些字上，普通话由舌两侧或舌根部发音，而邢台有些地方却由舌尖发音。如一些以 j 为声母的字，如"尖、挤、积、绩、接、姐、借、椒、焦、就、酒、尖、贱、剪、进、尽、奖、匠、静、净、聚、绝"等发"尖音"。一些以 q 为声母的字，如"齐、钱、切、秋、亲、枪、取、全"等发"尖音"。一些以 x 为声母的字，如"写、小、修、先、想、星、需、雪"等也发"尖音"。具体如把"俊、骏、峻、竣"的 jun 读作 zun；把"逡巡"读作"cun 巡"；把"选"读作 suan，把"寻找"读作"sun 找"等。"尖音"是古老的语言遗存，目前只存在于方言和古典戏曲里。

（3）r、l、y 不分。如，有的县把"肉"读成 lou 或 you；把"日"读成 yi，"日头"读成"yi 头"；"人"读成 yin；"入"读成 lu；"扔"读成 leng 或 ying；"乳"读成 lu；"润滑"读成"yun 滑"；"光荣"读成"光 yong"；"绒毛"读成"yong 毛"；"如果"读成"lu 果"等。

（4）zh、ch、sh 和 z、c、s 混读。如将"三"（san）"山"（shan）均读为 san；

"四"（si）"市"（shi）均读为 si；"吃"读成 ci；"色"读成 shai；"所以"读成"shuo 以"；"由浅入深"读成"由浅入 chen"；"森林"读成"shen 林"等。

（5）与普通话相比，邢台方言里 n 与 i、ü 开头的韵母相拼时，鼻音 n 变成方言特有的混合型舌面浊辅音声母 [nj]，两音混合，发舌面前音，双唇张开，口型扁平，气流从舌两侧挤出。如"你、泥、拟、年、念、鸟、尿、捏、宁、拧、牛、扭、女、虐"等。而这些字在普通话里，口型张开，大多发舌面后音。

2. 韵母方面

（1）单、复韵母混淆。邢台方言中有部分词语单、复韵母混淆使用的情况：

①u 和 uo 混读。如"塑料"读成"suo 料"，"唾沫"读成"tu 沫"。

②o 和 ao、ai、ei 混读。如"薄"读成 bao，"大伯"读成"大 bai"；有的地方把"唾沫"读成"唾 mei"，"没"读成 mo 等。

③把韵母 e 读成 ai。如把"颜色"的"色"读成 shai，把"泽、择"读成 zhai，把"册"读成 chai 等。

④把 e 和 ei、uo 混读。如"德、得"读成 dei，"棵"读成 kuo，"和气"读成"huo 气"等。

⑤任县、邢台县、南和县部分地区把 an 读成 e。如"燕子"读成"ye 子"等。

（2）不同的复韵母混读：

①把 en 读成 ei。临城县部分地区把"文化"读作"wei 化"。

②把 ui 和 ei 混读。如"谁（shui）"读成 shei，"推"读成 tei，"累、类、泪"读成 lui；"内、馁"读成 nui 等。

（3）文白两读。邢台方言中有些字有文白两读现象，即在读书时和方言中发音不同。如普通话读"ue"韵母的"觉""雀""学""跃"等，在读书时念成"ue"韵母，方言中说成"iao"韵母。如"上学"普通话读"上 xue"，方言读"上 xiao"。又如，有些地方把 uo 读成 ao，如把"若、弱"读作 rao。

（4）普通话里独立成字的开口呼韵母"e、an、ou、ao、en、ang"，也叫零声母字，在邢台方言里会加上舌根浊鼻音"[ŋ]"，充当声母，如"爱、矮、挨、饿、鹅、安、俺、藕、鸥、熬、袄、恩、摁、肮"等。

（5）邢台方言里的"er"字，会在前面加"l"读音，如"二、耳、儿"等。从局部看，邢台部分县市的方言里韵母与普通话韵母有很大差别。如：

①邢台方言区的沙河全市、南和县大部、邢台县西部山区没有"a"音，由"o"替代。如"爸"读成 bo。

②沙河、南和、隆尧等县市尚有为数不少的古入声字，读入声韵母。入声与去声相比，声音更为低沉、短促，有时还带有辅音韵尾。口型较小，喉塞尾音比较明显，像从嗓子眼里发音说话。如把"黑"读成 he 等。

（三）邢台方言在声调方面的特点

在声调方面，邢台方言与普通话的差别体现在调类差异和调值差异两个方面。

1. 调类差异

普通话中有阴平、阳平、上声、去声四个调类，邢台方言中只有三个调类，没有普通话中的"阳平"，如"才""学""没"在普通话中读作阳平，在邢台方言中读作去声。

2. 调值差异

邢台方言虽然有阴平、上声、去声三个调类，但是调值与普通话非常不同。如"我""打""北"在普通话中调值均为215度，但是在邢台方言中读作阴平，即调为55度。

另外，邢台方言由于各地说话习惯、语流音变和词语重音部位不同、发音口型大小等因素，形成了"三里不同音、五里不同俗"的方言语调。

（四）邢台方言在词汇方面的特点

由于各方言区的历史发展、地理环境、生活习俗、思考方式及发音方式不同，形成了丰富而特殊的方言词汇。邢台方言词汇历史悠久，具有几个特征：与普通话词形的差异、词义的差异、词语构成方式的差异以及特殊词汇。

1. 名词

草鸡—母鸡　长虫—蛇　汉们—丈夫、男人　娘儿们—已婚妇女

盖地—被子　麻烫—油条　哈喇喇—口水　明儿旦（连读为"门旦"）—明天

2. 动词

隔欺—打架　结记—牵挂、挂念　骨低—蹲着　浪叫—哭或喊　眼气—羡慕

3. 形容词

费—淘气　硌料—脾气古怪　展挂—舒展、漂亮　闯莽—敢说敢干　使累慌—累

4. 副词

专意、单意—故意　满共或共满—总共　敢兴—可能　严好—正好

5. "圪"头词

圪垯儿、圪针、圪节、圪巴、圪捻等。

6. 合成词

丫—人家　嫑（biao）—不要　甭（beng）—不用

无论中国的语言专家还是自称"中国通"的"老外"，面对满口土语、侃侃而谈的老农，往往也是"望土兴叹"，不知所云。邢台方言和这一带的文化、风俗就好像一件件出土文物，既土里土气，又高深莫测，是我国语言文化的"活化石"。

# 模块三【知识拓展】

### 普通话的发展历程

与"方言"相对的，是产生于周代的"雅言"，"雅言"又是"普通话"的前身。

1. 雅言

中国由于幅员广阔，山川阻隔，常常造成十里不同音的语言交流的尴尬。而很早我国古人就很重视这个问题，将各地方言统一起来，于是出现了"雅言"。"雅言"就是我国最早的古代通用语，在意义上相当于现在的普通话。

据史料记载，我国最早的雅言以周朝地方语言为基础，周朝的国都西岐（今陕西宝鸡市东岐山县）地区的语言为当时的全国雅言。

公元前770年，周平王迁都洛邑（今河南洛阳市）。自此，洛邑的语言就成为整个东周时期雅言的基础。孔子在鲁国讲学，他的三千弟子来自四面八方，孔子正是用雅言来讲学的。

关西秦声，在古代亦被称作雅言并作国语使用，成为国家正音，人人学范，学说秦声雅言成为当时附庸风雅之风尚。为此，周王朝定期召集各诸侯国雅言推广人员进行语言文字教范和语音训练，统一通用文字和发音标准。

雅言的历史长达1500多年。周以后，历代正统汉族王朝，都随着国都的迁移，以其首都的语言为标准，对雅言的基础方言进行修正，并不遗余力地推广。雅言在唐宋时期发展到了最高峰，达到了一字一音，唐诗宋词作品大量涌现，各周边国家皆争相学习雅言。

2. 官话

现代普通话的历史最直接的史料可以追溯到清朝末年，"国语"一词是清朝末年提出来的，之前叫"官话"。

官话的前身又叫共同语。汉代时，共同语有了进一步的发展，当时把共同语叫作通语。各地讲不同方言的人可以用通语进行交流。从汉末到唐末藩镇之乱，黄河沿岸的中原人陆续向南方迁移，把河洛古语带到东南沿海。

晋代五胡乱华、衣冠南渡以后，中原雅言南移。北方朝代一般以洛阳话为标准音，南方一般以建康（今南京）话为标准音。汉族知识分子以南方的建康话为正统。隋朝统一中国定都长安，编著《切韵》，音系以建康话为主。

唐代制定《唐韵》作为唐朝标准音，规定官员和科举考试必须使用唐韵。此外，江南开始成为中国经济最发达的地区，因此苏州话和当时的首都长安话一道，也成为一种通行语。宋代制定《广韵》。元代以首都大都话为标准音。

明代以南京话为正统，南京话也是南方官话的代表。南京官话指的是以南京语音为基础的中国官方标准语。春秋时期南京属于吴地，本土语音称为吴语。晋代中原汉民南渡定都南京以后，中原雅言成为南京上层社会的用语。南京语音中包含了较多的中原古音。清初以南京官话为正统。1728年，雍正皇帝确定北京官话为官方用语。清末民初，北京官话成为在全国范围内流通最广的语言。

3. 国语

清兵入关以后，满语完全不能适应新的生活需要，不得不学习和借鉴汉语。但是，满族人不能区分尖团音，也不会发入声，因此，满洲贵族所说的北京官话是满族化了的汉语，也被戏称为"五音不全"的汉话。

19世纪末，中国的文化生活发生较大变化，"国语"这个名词得到传播。由于太平天国农民战争，江南经济开始衰落，北京白话开始成为唯一的标准音。1911年，清王朝的最高教育机构——学部召开了中央教育会议，通过了"统一国语办法案"，并建议成立"国语调查总会"，审音标准以京音为主。至此，北京官话在政治上初步确立了汉语标准音的地位。

1913年2月，民国政府教育部在北京召开读音统一会，审定6500多个字的标准读音，即"老国音"。直到1918年教育部才正式公布了"国音"字母，1920年国音字母发声唱片灌注成功。至此，"老国音"才正式在全国推广。辛亥革命后，为了发展中国的经济文化，开始推广国语。"国语"成为民族共同语的一个正式称呼。

随着文学革命的爆发，留学生中"废除汉字"的言论也随之兴起。一大批留过洋的知识分子纷纷发表汉字拉丁化的文章，掀起了"国语罗马字运动"的浪潮。

在国语罗马字运动的推动下，1924年国语统一筹备会决定以北京语音为标准音。1932年，教育部公布《国音常用字汇》正式确定"新国音"为标准读音。

"新国音"确立后，南京国民党政府借助学校教育和电影、广播等手段，大力推行国语统一运动，取得了非常显著的成绩。然而，1937年抗日战争全面爆发，沦陷区的国语统一工作陷入停顿。抗战结束后，紧接着又是三年国内战争。因而，直到国民党败退台湾，政府在全国统一国语的目标仍远未实现。

4. 普通话诞生

近代的"普通话"一词，是朱文熊于1906年首次提出的。经"五四"以来的白话文运动、大众语运动和国语运动，北京语音的地位得到确立并巩固下来。

中华人民共和国成立后，在1955年举行的全国文字改革会议上，为了体现民族平等，研究确定叫普通话。这次会议决定采用投票办法，从覆盖汉语区的15种主要方言中，选出一个作为普通话的基础方言。

投票结果是，北京官话（以北京官话为基础方言，以北京语音为标准音）以52票位居榜首；西南官话（以西南官话为基础方言，以成都语音为标准音）获51票，名列第二；第三名是吴语（以吴语为基础方言，以苏州或上海语音为标准音），获46票；粤语（以粤语为基础方言，以广州语音为标准音）获25票，名列第四。

1956年2月6日，国务院发布的《关于推广普通话的指示》中，对普通话的含义做了增补和完善，正式确定普通话"以北京语音为标准音，以北方话为基础方言，以典范的现代白话文著作为语法规范"。这个定义从语音、词汇、语法三个方面明确规定了普通话的标准，使普通话的定义更为科学、更为周密。目前，普通话以《现代汉语规范词典》为准。

5. 普通话的推广

1982年，在第五届全国人民代表大会第五次会议上，将"国家推广全国通用的普通话"写进《中华人民共和国宪法》，使推广普通话成了国家任务，有了法律依据。

2000年，第九届全国人大常委会第十八次会议通过并于新世纪第一天起施行《中华人民共和国国家通用语言文字法》，史无前例地规定了普通话作为国家通用语言的法定地位，并对公民学习和使用普通话的权利以及推广普通话的主要领域、主要对象、基本要求等做出明确规定。

当今中国大陆将汉语通用语称为"普通话"，台湾仍旧沿用"国语"这个名称，而在新加坡和其他一些国家的华人社区，将普通话称为"华语"。三种称呼名称不同，但实质相同，相互补充。几十年来，推广普通话卓有成效，全国能听懂、会说普通话的人越来越多，媒体的普通话质量也越来越高。

国家通用语言文字的使用有利于维护国家主权和民族尊严,有利于国家统一和民族团结,有利于进行社会主义物质文明建设和精神文明建设。

## 模块四【探究平台】

1. 每人说一个家乡话与普通话发音不同的字或词,并说说不同之处属于哪种类型。
2. 搜集整理你的家乡独特的词汇和语句,并用普通话注释。
3. 请你选一首诗,用方言和普通话分别读一遍,并感受和讨论哪种读法更能体现诗歌的韵律和美感。

# 第五章　邢台历史上的教育、体育和卫生事业

## 第一节　邢台历史上的教育事业发展

### 模块一【寻找归属】

邢台自古以来文化发展繁荣，涌现了一大批全国闻名的教育机构，培养了一代又一代享誉全国的杰出人才。说说你知道的邢台历史上出现过的学校。

### 模块二【知识坐标】

清末至民国时期，邢台的教育较为发达，一度成为冀南之冠。到1937年抗日战争全面爆发前，邢台城区已有省立四师、省立三女师、邢台县简易师范、省立十二中、宏道中学和高小6所、初小13所、幼稚园2所、职业学校1所、私立小学6所以及公共教育场所等共40多所学校。邢台城区教育以新式学校为主，农村教育处于新式学校与私塾并存的转折期。日伪统治时期，邢台只有邢台师范、邢台农职、私立义德中学以及4所高小、6所初小，在校生1 600人。

#### 一、邢台高等教育变迁

邢台高等教育始于后赵石勒在邢台设立的太学、辟雍；宋末元初，邢州紫金山书院全国闻名；明清时期，顺德府龙岗书院文风昌盛；清末，直隶第四师范学堂（今邢台学院）在邢台设立；1940—1943年，中国人民抗日军政大学总校迁到邢台；1945—1948年，在邢台市建立北方大学；1958—1962年，在邢台建立了邢台大学、邢台师范学院、邢台眼科大学等院校；1973—1979年，华北农业机械化学院迁至邢台；2002年邢台师范高等专科学校升格为邢台学院；2006年经省政府批准建立邢台技师学院。

（一）紫金山书院

在中国古代，书院是指封建社会特有的一种教育组织和学术研究机构，一般为著名学者私人创建或主持的高等学府。

元代，闻名全国的紫金山书院，以位于邢州西部的紫金山上而得名。图5-1-1为紫金山书院旧址。据《元史》记载，我国元代杰出的科学家郭守敬，曾拜元朝开国功臣刘秉忠

为师,并与当时的名流张文谦、王恂、张易等人同学于紫金山书院,史称"紫金山五杰"。

图5-1-1 紫金山书院旧址

紫金山书院是我国数学、天文、历法的重要发祥地之一,培养出了刘秉忠、郭守敬、张文谦、王恂等一批在天文、数学、水利工程、土木建筑和政治领域有伟大建树的人才,在我国文化、科学史上占有重要地位。它形成了一个科研群体,史称邢州学派。其中,刘秉忠是元朝的主要设计者之一,并开创了佛教曹洞宗刘太保系一派;郭守敬是中国古代八大科学家之一,他的科技成果有十多项遥遥领先世界水平。紫金山也因对中国历史发展有重大贡献而被列入史册。

### (二)邢台历史上的师范教育

1. 省立第四师范学校

清宣统二年(1910年)9月13日,直隶第四初级师范学堂在顺德府成立。图5-1-2所示为直隶第四初级师范学堂旧址。民国元年(1912年)更名为直隶第四初级师范学校。图5-1-3所示为直隶第四初级师范学校同学录。1914年,学校更名为直隶第四师范学校。1928年6月,学校更名为河北省第四师范学校。

图5-1-2 直隶第四初级师范学堂旧址
(今邢台学院内)

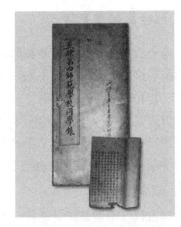

图5-1-3 直隶第四初级师范学校同学录

1935年年底，邢台简易师范并入后，学校更名为河北省邢台师范学校。1943年，伪河北省教育厅恢复河北省立邢台师范学校（校址在邢台市西门里原基督教会所在地）。

1945年9月24日邢台解放，抗日民主政府接收河北省立邢台师范学校，校址迁到原三女师旧址；1945年10月，改名为太行区公立邢台师范学校。1949年，学校改名为河北省立邢台师范学校。图5-1-4为河北省立邢台师范学校校舍、徽章、刊物及文件。

图5-1-4　河北省立邢台师范学校校舍、徽章、刊物及文件

1952年，学校改名为河北邢台师范学校；1961年邢台师范学院改建为邢台师范专科学校，1962年邢台师范专科学校撤销；1969年河北邢台师范学校更名为河北省邢台地区师范学校；1981年河北省邢台地区师范学校更名为河北邢台师范学校；1984年河北邢台师范学校升格为邢台师范专科学校；2002年邢台师范高等专科学校升格为邢台学院。

2. 河北第三女子师范学校

1923年，邢台建立直隶省第三女子师范学校，校址在顺德府文庙街府文庙旁。1933年，更名为河北省立邢台女子师范学校，是当时冀南仅有的一所女子师范学校。该校设施完善，战前有学生520余人，13个教学班，并有附属女子小学1所，学生220人，附属幼稚园1所。1946年并入太行区公立邢台师范学校。

（三）中国人民抗日军政大学

中国人民抗日军政大学，简称"抗大"，是在抗日战争时期，由中国共产党创办的培养军事和政治干部的学校。其前身是西北抗日红军大学，1937年初改为此名。

1940年11月4日抗大总校进驻河北邢台县浆水一带，校部设在前南峪村。图5-1-5所示为位于前南峪村的中国人民抗日军政大学纪念馆。1943年起，校长徐向前兼任中共中央处理委员会主任、抗大总学习委员会书记。毛泽东任抗大教育委员会主席，他为抗大制定了"坚定正确的政治方向，艰苦朴素的工作作风，灵活机动的战略战术"的教育方针，主张形成"团结、紧张、严肃、活泼"的校风。图5-1-6所示为抗日军政大学校门口两侧的八字校风。

图5-1-5 位于前南峪村的抗日军政大学纪念馆

图5-1-6 抗日军政大学校门口两侧的"团结、紧张、严肃、活泼"校风

抗大从1936年创立到1945年结束,共办学9年。办学期间总校共培训了8期干部,创办了12所分校、5所陆军中学和1所附属中学。在艰苦复杂的战争环境中,抗大总校辗转迁移,校址几经变更。抗大的建设、发展,与国民党黄埔军校大搞分校建设展开对垒,国共双方都在积极扩充军校,准备军事干部。

(四)北方大学——中国人民大学发祥地之一

1. 北方大学的发展历程

解放战争初期,邢台是晋察冀边区文化中心。当时邢台所在的晋冀鲁豫边区是最大的解放区,人力物力相对充盈;而且邢台所属的太行区是革命老区,群众基础比较好。另外,邢台城内的天主教堂、城外的基督教堂、日军占领时期的新兵营等建筑是规模较大、设施较为完善的公共场所。邢台又是冀南交通枢纽,交通便利,这些都有利于北方大学的筹建发展。图5-1-7为北方大学旧貌。

第五章 邢台历史上的教育、体育和卫生事业 | 99

图 5-1-7 北方大学旧貌

1946年1月5日，在邢台市西关基督教堂正式成立了北方大学。北方大学分设行政学院、工学院、农学院、医学院、文教学院、财经学院等六院。校部设招生委员会及秘书、总务两处，招生委员会负责招生事宜，秘书、总务两处则负责修建校舍、搜集图书、购置教具、聘请教职人员等工作。不久，成立大学预科及财经、行政两个学院，共有学员550余人，教员30多人。购置与捐献图书5 000多册。图5-1-8为北方大学的学生在上课。

图 5-1-8 北方大学的学生在上课

1946年7月，北方大学利用暑假组织学生参加邢台、沙河两县的农村工作团，帮助贫下中农进行土地改革。还成立了"翻身剧社"，到农村演出，受到农民欢迎。

北方大学是中华人民共和国成立前在邢台诞生的第一所高等学校，它在邢台仅仅存在了九个月，下半年迁往了山西长治解放区。1948年迁往正定，与华北联合大学合并。1949年年底迁往北京，即后来的中国人民大学。邢台是中国人民大学的发祥地之一，北方大学也是邢台历史上一笔宝贵的精神财富。

2. 北方大学的师资力量

北方大学汇集了一批学界名流，师资配备阵容强大。如担任校长的中国最早用马克思主义研究中国历史的历史学家范文澜，历史学家尚钺、刘大年、荣孟源、王冶秋等；著名哲学家艾思奇，经济学家黄松龄，知名农学家乐天宇，生活教育家、南京晓庄师范副校长张宗麟，著名的《黄河大合唱》词作者光未然，知名作家陈荒煤，从事表演艺术研究的吕班，画家罗工柳等。还有晋冀鲁豫边区的文教界名流，如罗青、张柏园、王振华、张萃中、孟夫堂等。

特别值得一提的是韩丁、杨早（阳早）两位著名美国友人。抗战胜利后，他们在联合国救济总署工作，因同情中国革命，于1947年来到北方大学农学院工作。韩丁试制"开山犁"，杨早在农场开展牲畜人工受精试验，他们都为中国农业做出重要贡献，并为增进中美友谊不懈努力。中央电视台曾制作纪录片《阳早和寒春》，讲述阳早夫妻和中国人民一起经历的风风雨雨，以及为中国奶牛事业做出的毕生奉献。

3. 北方大学的学员

北方大学的学员约70%来自解放区，30%来自国民党统治区，学员籍贯几乎涵盖了全国各地，包括台湾省，其中以河北、山西、山东、河南等省居多。也有慕名而来的东南亚华侨。图5-1-9为北方大学文教学院全体师生合影。

图5-1-9　北方大学文教学院全体师生合影

4. 北方大学对中国教育的贡献

北方大学在两年半的时间内为中华人民共和国培养了1 400多位革命干部。这些学生一批批走向社会，有的牺牲在战场上，有的成为经济、文化、科学技术领域的专家学者，有的为社会主义事业默默奉献一生，他们在不同的岗位上奋发努力，做出卓越贡献。

北方大学对中国的高等教育产生了重大而深远的影响，从北方大学衍生出一批现代著名大学和科研院所。

北京理工大学——北方大学工学院和晋察冀边区工业专门学校合并成立华北联合大学工学院，之后发展成为北京工学院，即今日的北京理工大学。

中国农业大学——北方大学农学院和清华大学、北京大学农艺系合并，发展成为今日的中国农业大学。该校前校长乐天宇，即为原北方大学农学院院长。

中国歌剧院、中国舞剧院——北方大学艺术学院后来和华北联合大学艺术班合并，发展成为中国歌剧院、中国舞剧院。

华北医科大学——北方大学医学院和晋察冀白求恩医大合并，成为后来的华北医科大学；诞生于邢台的白求恩国际和平医院成为华北医科大学附属医院。

中国社会科学院——中国近代史研究所，由北方大学历史研究所发展而来。原北方大学校长范文澜生前一直担任该所所长。

中国人民大学——北方大学和华北联合大学合并发展成为中国人民大学。

5. 北方大学的实践意义

通过全体教职学员的努力实践，北方大学的教育教学工作形成一些新的特点，为创办新型的大学提供了宝贵经验。这些特点是：以国家建设为基本点，既有地方性，又面向全国；校长负责，教员治校，学生自治，构成民主集中制的新体系；发扬民主，思想自由，形成良好的学术气氛和新型的同志关系；教学实践与边区建设实践相结合；普及为主、提高为辅的人才培养模式；学术研究与教学工作相一致，群众路线，集体组织；教、导合一，自学与辅导结合；实事求是，艰苦朴素。这些特点在许多方面都反映了教育教学规律，很有借鉴意义。

北方大学这所在解放战争中创办的新型学府，是中国解放区第一所综合性大学。她的诞生是中国共产党对即将到来的中华人民共和国教育事业的有效尝试，在中国近代教育史上起到举足轻重的作用。

（五）历史上的邢台眼科大学

邢台眼科大学，创建于1958年，1961年停办，是一所专门培养眼科专业人才的学校，也是当时全国唯一的一所眼科高等学校。

1958年6月2日，邯邢地委决定，在邢台创建5所大专学校，其中一所为医学专科学校。由于邢台有一所全国著名的眼科医院，它历史久，床位多，病人范围广，技术水平高，便于临床实习，于是决定开办眼科专科大学。

1958年8月12日，邢台眼科大学正式建立。校址在邢台市大通街路北原邢台专署供销合作社旧址，占地40余亩。临街有一座二层小楼，往北依次有几排平房（现为邢台市桥东区新华里188号小区南段位置）。图5-1-10为河北省邢台眼科大学师生合影。

图5-1-10　河北省邢台眼科大学师生合影

1959年8月26日，邢台眼科大学改名为邢台眼科专科学校。1961年，因粮食供应困难，邢台眼科专科学校撤销，改建为邢台专区卫生干部进修学校。当时教职工近百人，在校学生近500人，在校生一律"暂时休学"，回家"支援农业"，教师另行分配工作。

1964年，邢台眼科专科学校（部分资源）并入刚创建的河北省邢台卫生学校。1969年，因"文化大革命"停办。1970年复校，更名为河北省邢台地区卫生学校。1971年迁址于大通街原地区合作学校。1974年迁址于邢台市钢铁北路83号。1993年，邢台地市合并，更名为邢台市卫生学校。2001年，启动迁址扩建项目，定址于邢台市钢铁北路618号，原邢台市卫生职工中等专业学校并入。2002年，学校被国家教育部批准升格为邢台医学高等专科学校。

### （六）华北农业机械化学院

创建于1952年的北京农业机械化学院（今中国农业大学前身之一），当时为全国重点大学。

1975年，在战备疏散过程中，因其前身可追溯到创建于邢台的北方大学农学院，所以被河北省邢台市毅然接收。邢台市无偿划拨500亩土地，并积极建设教学场地。学校搬迁到邢台后，改名为华北农业机械化学院。1979年迁回北京市办学。

华北农业机械化学院迁走后，在其邢台校址成立了邢台农业机械学校。

1982年，邢台农业机械学校更名为机械工业部邢台机械工业学校。1983年更名为中国人民解放军军需工业学校。1994年升格更名为中国人民解放军军需工业高等专科学校。1997年更名为邢台职业技术学院、中国人民解放军军需工业学院。

2002年移交河北省，定名为邢台职业技术学院，如图5-1-11所示。

**图5-1-11 邢台职业技术学院**

### （七）河北机电职业技术学院

其前身为河北省机电学校，1956年创建于承德市，1972年搬迁到河北省邢台市。河北机电职业技术学院隶属于河北省教育厅，是一所以工科为主、文管兼备、门类齐全的国办全日制普通高等院校，是国家机电行业的一所骨干示范性学校。2014年3月，河北省教育厅同意河北机电职业技术学院与邢台学院、邢台市装备制造行业协会共建邢台学院机电工程学院，同意将自动化专业列入首批招生的本科专业，标志着河北机电职业技术学院步入培养应用技术型本科人才的行列，并于2014年正式开始本科二批招生。

### (八) 邢台技师学院

邢台技师学院（邢台市职业技术教育中心）是人力资源和社会保障部序列的国家重点技工院校，也是目前河北省办学规模和职业培训规模最大的技师学院和职教中心，如图 5-1-12 所示。

图 5-1-12　邢台技师学院（邢台市职业技术教育中心）

邢台技师学院始建于 1978 年，前身是邢台市劳动技工学校和邢台地区劳动技工学校，经河北省政府批准于 2006 年 6 月 16 日挂牌成立。2011 年，邢台市职教中心、邢台市经贸学校并入。

原国家领导人李岚清同志为学院题名，布赫同志为学院题词"办好技师学院，服务经济建设"。学院是国家高技能人才培训示范基地，世界技能大赛项目中国集训基地，技工院校高技能人才培养联盟理事长单位，全国 28 所职业训练院建设试点院校之一，是邢台市的支柱型技能职业教育院校。

邢台技师学院于 2015 年起代表中国参加了第 43 届、第 44 届和第 45 届世界技能大赛，获得一银、一铜、四个优胜奖，是河北省唯一参加世界技能大赛的院校，为邢台市、河北省和国家赢得了荣誉。

除了以上设在邢台市区的高等学校，解放战争初期，邢台还出现过很多区域性高等教育机构。据 1946 年 7 月统计，晋察冀边区有大学 2 处，学生 1 086 人；专门学校及学院 5 处，学生 831 人。1945 年 11 月 28 日在南宫成立的冀南建国学院，由冀南行署主任孟夫唐兼任院长。当时，邢台区域内有 2 所大学、1 所学院，占晋察冀边区高校的一半左右，是晋察冀边区文化中心。这是邢台近现代历史上高等教育最发达、最繁荣的时期，也是邢台历史上第二次高等教育高潮。

## 二、邢台基础教育发展历程

商代祖乙在邢设庠，周代邢侯建序，后赵石勒在襄国设太学和小学，隋唐邢州设立州学和乡学。宋元以后，书院盛行；明清邢台一带建有四十余所官办书院，明嘉靖十五年顺德府设立龙岗书院。至 1903 年龙岗书院改为顺德府中学堂，这成为邢台近代中学教育的开端。

1. 民国时期河北省立第十二中学（河北省立邢台中学）

明嘉靖十五年（1536年），顺德府知府高迁捐资创办龙岗书院，历经明清，为顺德府重点书院。清光绪二十九年（1903年），顺德府知府梁丹铭将龙岗书院改立为顺德府中学堂。1914年，顺德府中学堂更名为直隶省第十二中学（在现北长街邢台县招待所白云宾馆位置）。1928年，直隶省第十二中学改称河北省立第十二中学。1933年，河北省立第十二中学改为河北省立邢台初级中学。1934年，河北省立邢台初级中学改称河北省立邢台中学。1937年10月，邢台沦陷后停办。

2. 邢台市第一中学变迁

1943年，太行邢台专区在所辖赞皇县成立晋冀抗日中学，为区重点中学。1945年9月，学校迁回邢台，在原日军司令部位置建校（今一中校园），改名为太行联中干部学校。

1950年，太行联中干部学校恢复名称为河北省立邢台中学。1956年，河北省立邢台中学更名为河北省立邢台一中。图5-1-13为河北省立邢台一中师生合影。1974年前后，学校曾被命名为太行中学。1976年，邢台一中由邢台地区辖属改为邢台市辖属，校名改为邢台市第一中学。

图5-1-13　五十年代河北省立邢台一中师生合影

3. 民国邢台的教会中学——义德中学

义德中学（市三中前身）开办于1932年，原名义德学校，为小学6年制，学生约60人，由波兰籍神父秦报吉创办，后由北平美专毕业生顾宏均任校长，华籍教员有李孟福、申文同、申文彬等，地址设在北长街主教公署院内。1938年在义德学校基础上开办了义德中学，校址南迁至北长街现市三中院内，设有男女两部，教友与非教友子女皆可入学。校内楼房18间，平房81间，是当时邢台市最大的一所中学，校长由华籍神父乔志义担任。1947年学校被收归国有。

世界上天主教、基督教有办学校、办教育的传统。直到现在，在欧美各国，也有很多教会学校。早在民国时期，邢台市在教会学校方面已经和国际接轨，这也是世界天主教和基督教当时在邢台传播的结果。民国时期，邢台不但工商业发达，教育也很发达，外籍人员很多，已经具有相当的国际范了。

#### 4. 民国至中华人民共和国成立初邢台的小学教育

民国时期，邢台城内有6所高小、13所初小、2所幼稚园、6所私立小学。日伪时期，邢台有4所高小、6所初小。邢台解放后有4所完全小学，其中，第一完小为现在的南长街小学，第二完小为原清风小学（现已拆除），第三完小在西大街王家巷，第四完小在靛市街（现邢台二中南校区院内）。

第一完小曾办2个初中班，1947年搬至北长街义德中学，成立邢台市三中。第四完小后发展成为邢台市二中。

## 模块三【知识拓展】

### 消失于邢台历史的几所大学

在邢台成立过的大学有：邢台大学、邢台眼科大学、河北农机学院、华北农业机械化学院、北方大学、中国抗日军政大学、冀南建国学院、邢台师范学院、邢台教育学院。这些大学有的在很短时间内改名，有的迁出邢台，有的被合并，有的随着形势发展而消失。

## 模块四【探究平台】

1. 说说邢台历史上都建立过哪些大学？你印象最深刻的是哪所大学？
2. 简单介绍一下你熟知的邢台的中学。
3. 了解了邢台历史上的文化教育发展后你有什么感想？写一篇学习心得。

# 第二节 邢台历史上的体育事业发展

## 模块一【寻找归属】

近年来，邢台连续承办国际公路自行车大赛，并在中央电视台直播。这种积极参与体育运动的行动既体现了邢台对体育事业的热爱和重视，也极大地提高了邢台在国内外的知名度。你参加过邢台国际公路自行车大赛的志愿服务活动吗？观看过邢台国际公路自行车大赛的电视直播吗？

## 模块二【知识坐标】

### 一、古代、近代邢台体育事业的发展

我国体育运动历史悠久。作为群众性强身健体活动，可追溯到秦汉时期乃至更早一些。只是到了近代，许多民间体育项目才逐步演变为竞技运动。

现代奥运会有一个项目——射箭，即箭术，借助弓的弹力将箭射出，在一定的距离内比赛准确性的体育运动项目，又称射箭运动。

射箭在中国有着久远的历史，可谓是中国古代体育项目的鼻祖。远古时期，人们以狩猎为生，在狩猎过程中需要奔跑、投掷、搏击等，很多运动项目就从生产、生活中演变而来。相传在上古黄帝时期，张氏始祖"挥公"发明了当时的"弓箭"。据《新唐书·宰相世系表》所记载，"黄帝少昊青阳氏弟五子挥为弓正，始制弓矢，赐姓张氏"。由此可知，挥公就是弓箭的发明者。相传挥公骁勇善战，武艺高强，辅助黄帝统一了其他部落，被封在邢台清河县。因此，邢台清河成为天下张氏祖庭，也是最早发明和使用弓箭的地方。

周朝时建立贵族教育体系，周王官学要求学生掌握六种基本才能，即礼、乐、射、御、书、数，其中，"射"为射箭技术，"御"为驾驶马车的技术。射、御都与运动相关，后发展成为运动项目，并成为进入仕途或促进个人发展的技能。

战国时期，赵武灵王在邢台的信宫发布了"胡服骑射"的命令，邢台人便继承了赵国胡服骑射的尚武传统，有"燕赵自古多慷慨悲歌之士"的美誉。

唐代武则天设立了武举制。在武举制里规定了九项选拔和考核人才的标准，其中五项是射箭，包括长垛、马射、步射、平射以及筒射等。从唐代到宋代，射箭在民间更为普及。据有关文献记载，在当时的河北一带，民间组织的"弓箭社"就有六百多个，参加的人员有三万多，这可以说是中国历史上最早的专业运动员组织了。

古代的科举取士制度是选拔武术人才的最好竞赛形式。凡以武功取得功名的，都精通刀、弓、石、马及各种武术。据史料不完全记载，从唐武德五年（622年）至清光绪三十年（1904年）的1 282年中，邢台市共出了500多位文武进士，其中包括14位文武状元、5位文武榜眼、2位文武探花。其中，唐代（735年）邢台清河县人崔圆考中武状元（射策科），后拜中书令，封赵国公。

清代晚期是顺德府考中武秀才、武进士、武状元最多的一个阶段，据统计有276人。其中，1856年，邢台南和人王世清，是御笔钦点的武状元，在清末台湾平叛过程中，大破叛军立下战功；1852年，邢台市沙河市东崔人张虎臣考中武榜眼；1861年，邢台市宁晋县人刘英杰考中武榜眼；1877年，邢台市内丘县大孟村人马尚德考中武榜眼；1748年，邢台市宁晋县孙家庄人孙仪汤考中武探花。

清代末期，西方近代体育尚未触及邢台，传统体育项目，尤其是武术具有最广泛的群众基础。义和团运动就是在传播拳术的基础上发展起来的。义和团首领景廷宾在广宗、平乡、巨鹿、威县举办了十三处武术馆社，开创了顺德府把武术列为表演和竞技项目的先例。

邢台市作为梅花拳和谭腿的故乡、太极拳的重要传承地，武馆等武术教育机构盛行。另外，少林拳、洪拳等也很流行，建立了不少新式武术教育机构。清代邢台武术教育机构（部分）有：

①国粹武术院：清代京津南会友镖局镖师卢玉璞在邢台的广宗、巨鹿、平乡创办了国粹武术院。

②民进武校：清代顺德府广宗人乔德元创办了民进武校，后被入选神机营，获赐蓝翎侍卫。

③顺德府拳脚场：清代乾隆年间，顺德府知府徐景在顺德府设拳脚场，由威县名家赵珠

传授梅花拳。

④顺德府武术学堂：清代，官至河南巡抚的广宗人郑元善，回家乡后，在顺德府开办武术学堂。

由于义和团运动，传统武术受到封建统治阶级镇压。民国时期，为强健体魄，顺德府行政署长推崇武术，主张强民卫国。1918年，邢台师范学校校长提倡学生习文练武，成立了邢台师范学校国技队。1926年，在北洋政府倡导支持下，顺德府各级学校推行中华新武术作为正式体操课。1927年，顺德府各级行政机构相继设立国术组织——国术训练处或国术训练所。1930年春节，组织700余名小学生表演了太极操。这期间，武术团体"大刀会""小刀会""白枪会""红枪会"等层出不穷。自1932年起，大部分学校将武术太极操、拳术操、器械操等列为体育课内容。截至1933年，顺德府一府九县共设国术处（所）34个。至1936年，受训者达870余人，柏乡、南宫、威县、巨鹿等县组织全县运动会，将武术纳入运动会项目，对推动武术科学化、规范化起到积极作用。

图5-2-1为直隶省立第十二中学（今邢台一中前身）运动会奖品，图5-2-2为河北省立邢台女子师范学校民国二十五年秋季运动会第二名奖章的正面和背面。

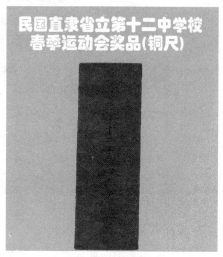

图5-2-1 直隶省立第十二中学运动会奖品（铜尺）
（约1914—1928年）

图5-2-2 河北省立邢台女子师范学校民国二十五年秋季运动会
第二名奖章的正面（左）和背面（右）

1830年,竞技体育如田径、篮球、排球、足球、网球等传入顺德府,与传统体育并行发展。国民党统治时期、抗战时期、解放战争时期,官府和民间也组织了一些田径、篮球、网球等竞技项目。

1915年,广宗县书法家杜志堂留学日本,接触了近代体育项目训练,开设私立"民进小学",把篮球、足球引进顺德府,增设"体道课"和"早锻课"。杜志堂是最早把近代体育引入顺德府的一代先驱。1920年前后,邢台地区开设河北省第二师范学校等一批中小学校和师范学校,现代体育开始推广,但师资力量薄弱。1932年起,建立起体育行政机构,在地区教育局成立邢地体育委员会,设体育督学。

总之,民国时期,邢台近代体育水平很低,也不普及,处于刚刚传播、兴起阶段。

## 二、邢台现代体育事业发展

1951年,邢台团地委发动邢师、邢中学生拆毁大段南城墙,拉城墙土填平韩家坑,经平整为操场,建成邢台体育场(现新世界广场位置)。图5-2-3为原邢台体育场。

图5-2-3 原邢台体育场

自1959年起,邢台市每4年举办一届邢台市运动会。

1991年,邢台体育馆建成,建筑面积8 050平方米,馆名由中国奥委会名誉主席、前国际奥委会副主席何振梁题写。场馆内有座位3 800个,设有1 400平方米的标准比赛大厅,可满足篮球、排球、羽毛球、体操、柔道、拳击等各类体育赛事使用,是当时全省一流场馆,许多大型体育赛事都在此举办。

邢台体育馆投入使用当年,中国篮球4强赛便在这里举行,姚明、巴特尔等球星曾在此一展风采。一大批体育明星,如邓亚萍、丁松、王治郅的身影都出现在这里。

随着国家推动全民健身事业,从2009年开始,邢台体育馆以公益性免费或低收费的形式向市民开放,并设立了客服专线。

2014年,邢台市投资6 900万元,建设了七里河体育主题公园,向社会全面开放。

2016年,邢台市制定《邢台市全民健身实施计划(2016—2020年)》,打造互联网+体育行业发展模式,引导社会资本促进体育高科技产品开发和全民健身科技创新。

2016年,邢台市成功举办"美丽邢台·绿色太行国际公路自行车赛",向全国乃至世界展示了邢台厚重的历史文化、秀美的自然风光,成为全省"体育+旅游"融合发展的一大亮点,汇聚起经济社会发展新动能、新力量。图5-2-4为国际公路自行车赛。

图5-2-4 国际公路自行车赛

2017年,邢台市在市区七里河体育公园南侧建设了一条长650米、宽1.5米的红色塑胶智能步道,它由健康测量小屋、全彩户外大屏幕、能耗指示牌、智能灯杆等装置组成,为群众健身提供了量化依据、科学指导。

后来,邢台市又在新华南路342号,投资100余万元购置了20多件专业设备,建设了两个智能服务中心,即国民体质监测中心、全民健身与全民健康深度融合中心,收集市民群众体质样本,为国家、省、市制定全民健身计划提供基础依据。此外,还投资40多万元建设邢台市体育融媒体中心,为邢台市体育事业提供更丰富、更精准、更有价值的信息资源。

2017年,邢台市引进社会资本,利用废旧厂房建设开发体育综合体——邢台博远运动中心。场馆内涵盖健身馆、乒乓球馆、羽毛球馆、篮球馆、游泳馆等,附设茶室、便利店、营养餐厅等,是河北省第一家体育综合体。

2017年,邢台市制定《邢台市体育产业发展"十三五"规划》,重点发展竞赛表演业、健身休闲业、体育用品业、体育培训业、体育彩票业、冰雪运动产业、足球产业、体育场馆服务业,推进形成"一心、两带、多点支撑"的发展新格局。

2018年,河北省第十五届运动会邢台市代表团共获51枚金牌、57枚银牌、82枚铜牌,奖牌总数190枚,成绩远超上届。金牌、奖牌、总分榜均列全省第七,创造了1996年省运会以来的最好成绩。邢台市运动员尹军花在雅加达亚运会女子57公斤级拳击决赛中获得冠军。2018年邢台市向国家越野滑雪集训队输送跨界跨项运动员2名。篮球运动员赵岩昊入选国家男篮12人大名单,代表中国出征2019年男篮世界杯赛。

2018年,邢台市成功举办了上合组织国家国际象棋国际公开赛和2018"邢台大峡谷杯"环邢台国际公路自行车赛。其中,上合组织国家国际象棋国际公开赛为国内首创,2018"邢台大峡谷杯"环邢台国际公路自行车赛在中央电视台CCTV5、CCTV5+进行了全程直播。

2019年，邢台市举办了"2019环邢台国际公路自行车赛"。这是国际自行车联盟和国家体育总局批准的UCI2.2级男子精英国际B类体育赛事，是2019年在华举办的19个自行车国际赛事之一。

### 三、邢台市体育类非物质文化遗产

随着国家对非物质文化遗产的重视和搜集整理，传统体育、游艺和竞技项目被纳入体育类非物质文化遗产。

截至2018年，邢台市有国家级体育类非物质文化遗产4项，在河北省排名第二；有省级体育类非物质文化遗产13项；有市级体育类非物质文化遗产22项。

1. 邢台国家级体育类非物质文化遗产

邢台梅花拳（平乡县、广宗县）、沙河藤牌阵、威县梅花拳、任县王其和式太极拳。

2. 邢台省级体育类非物质文化遗产

沙河藤牌阵、邢台梅花拳（平乡县、广宗县）、梅花拳（威县）、通臂拳（南宫开河少林散手通背门）、谭腿（临西县）、清河曦阳掌太平拳、太极拳（沙河孙式太极拳）、十字八方拳（威县青少年活动中心）、王其和式太极拳（任县）、洪拳（巨鹿县）、内丘梅花老架、隆尧吴氏太极拳、邢台查拳。

3. 邢台市级体育类非物质文化遗产

沙河藤牌阵、邢台梅花拳、任县董氏太极拳、清河曦阳掌太平拳、清河葛传武氏太极拳、临西临清谭腿、南宫开河少林散手通背门、邢台县串黄河、桥东区查拳、威县十字八方拳、广宗县二贵摔跤、沙河市孙式太极拳、王其和式太极拳、洪拳、梅花拳、隆尧县大洪拳、隆尧县吴氏太极拳、内丘县梅花老架、邢台市桥西区随手、沙河市武当太极拳、沙河市少林洪拳老架、临西县洪拳。

### 四、邢台体育名人

1. 路金栋

路金栋（1923—），直隶（今河北）临城人。1939年加入中国共产党。曾任中共太行一地委党校教育科、组织科科长，和东县一区区委书记，中共临城县委宣传部部长，中共太行一地委青委副书记、书记，中共合江省委青委副书记，中共中央东北局青委委员，共青团东北工作委员会组织部副部长、部长。1952年后，历任青年团中央组织部副部长、部长，共青团中央书记处候补书记、书记，国家体委副主任，全国体育总局、中国奥委会副主席。他是第三届全国人大代表，曾获奥林匹克勋章。

2. 尹军花

尹军花（1990—），邢台拳击运动员。2014年，尹军花获得仁川亚运会冠军；2016年，在里约奥运会上，尹军花获得银牌，追平了中国女子拳击的最佳战绩，实现了邢台奥运历史奖牌零的突破，也是河北省拳击史上第一枚奥运奖牌获得者。2017年，在越南胡志明市举办的女子拳击亚锦赛上，尹军花获得57公斤级冠军；2018年，尹军花代表中国拳击队出征雅加达亚运会，成功卫冕。

第五章 邢台历史上的教育、体育和卫生事业 | 111

## 模块三【知识拓展】

### 《邢台市体育产业发展"十三五"规划》发展新格局

邢台市体育产业发展"十三五"规划的发展新格局,即"一心、两带、多点支撑"。

"一心"指以"一城五星"为全市体育产业的核心发展区域,以人才、科技、金融集聚、区位优势、场馆设施完善和产业条件良好为基础,重点推进体育健身、竞赛表演、体育培训以及体育会展、体育创意等领域发展。

"两带"指以七里河健身绿道、七里河体育公园、七里河水上运动公园、森林公园、达活泉公园、历史文化公园六个运动休闲区为主的"城市运动健身休闲带"和以登山、拓展运动、自行车、滑雪、滑草、攀岩、漂流、动力伞等为主,包括7个环京津健身休闲基地、1个青少年户外营地和赛训基地的"太行山百里运动健身休闲带"。

"多点支撑"指培育更多新的体育产业增长点,鼓励民营资本、境外资本以多种方式投资体育产业;鼓励社会力量联办市优秀运动队,支持创建职业体育俱乐部,大力发展各种类型的运动健身团体;加快体育产业、行业协会建设,培育多层次、多形式的体育协会;推动"体育+"产业融合发展,大力发展"体育+旅游""体育+康体"。

## 模块四【探究平台】

1. 你喜欢哪项体育项目?取得过什么成绩?
2. 你的家乡是否有体育类非物质文化遗产?你是否参与和了解过?请你写一份简单的调查报告。
3. 发挥同学们的体育特长,上一节体育技能展示课。

# 第三节 邢台历史上医疗卫生事业的发展

## 模块一【寻找归属】

在历史上,邢台与名医扁鹊有深厚的渊源。在特定的历史时期,邢台的医疗卫生事业,曾经在全国有深远影响力,尤其是眼科医院,是中国建院最早、规模最大的眼专科医疗机构之一。说说你知道的邢台的医院有哪些?各有什么特色?

## 模块二【知识坐标】

### 一、名医扁鹊

扁鹊(前407—前310),原名秦越人,春秋战国时期人。他医术高超,被认为是神医,人们借用上古神话黄帝时期的神医"扁鹊"来称呼他。扁鹊精于内、外、妇、儿、五官等科，应用砭刺、针灸、按摩、汤液、热熨等方法治疗疾病，被尊为医祖。扁鹊创造了望、闻、问、切的诊断方法，奠定了中医临床诊断和治疗方法的基础，开启了中医学的先河。相传著名的中医典籍《难经》为扁鹊所著。

相传，扁鹊为赵简子治好病后，为答谢扁鹊，赵简子便将邢地内丘蓬山4万亩土地赐封予扁鹊。扁鹊接受赐封后在此居住下来，上山采药，入乡巡医，邢台内丘便成为他的第二故乡。

扁鹊游历虢国时，治好了虢太子假死的病。后扁鹊到秦国，秦太医令因嫉妒派人刺死扁鹊。虢太子将扁鹊头颅找回，葬在今邢台市内丘县蓬山，并立庙祭祀，由此这个山村便更名为"神头"，庙被称作扁鹊庙。

从司马迁的《史记》以及先秦的一些典籍中，可以看到扁鹊既真实又带有传奇色彩的一生。

## 二、邢台的眼科医疗发展

1886年，天主教法国传教士包儒略（Brugnicre）来邢台传教。他在直隶顺德府北长街建立五间经堂，专为百姓治疗眼病，作为传教慈善事业。图5-3-1为直隶顺德府原北长街经堂。

1904年，顺德府天主堂设立道济眼科诊所，以治疗眼疾为主；1910年，更名为顺德府仁慈医院，如图5-3-2所示。

图5-3-1　直隶顺德府原北长街经堂　　　　图5-3-2　顺德府仁慈医院

1929年，波兰籍神父宣蔚仁受罗马教皇之命，由巴西来顺德府公教仁慈医院工作。1932年，正式扩建成立顺德府公教仁慈医院。同年，波兰修女金兰英奉罗马教皇之命，来到公教仁慈医院任院长。图5-3-3为宣蔚仁和金兰英。

1935年，北京中央医院（即后来的北京人民医院）开设眼科，派人到顺德府公教仁慈医院学习眼科诊疗技术。1937年，北京中央医院邀请宣蔚仁来京传授眼科诊疗技术。1938年，顺德府公教仁慈医院扩建为占地面积15亩、房舍190间的闻名华北的眼科专科医院，并附设医务学校和护士学校。图5-3-4为顺德府公教仁慈医院人员合影。

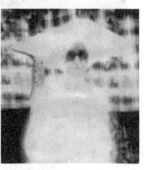

图 5-3-3　宣蔚仁（左）和金兰英（右）

图 5-3-4　顺德府公教仁慈医院人员合影
（背景仁慈医院小楼现存于眼科医院家属院）

1945年9月24日邢台解放，成立邢台市，市政府颁布法令，保护公教仁慈医院。1946年9月，由晋冀鲁豫军区卫生部部长钱信忠请示刘伯承、邓小平后，由华北局主持财政的薄一波拨二亿七千万元冀南币，买下顺德府公教仁慈医院，收为国有，并改为部队编制。

1947年1月18日，原顺德府公教仁慈医院正式更名为邢台眼科医院，结束教会医院历史。1956年更名为河北省邢台眼科医院。2013年更名为河北省眼科医院。图5-3-5为收归国有的眼科医院。

### 三、民国年间的邢台福音医院

在邢台古城西南角，有一个叫西街阜外的地方，这里曾是一片占地130余亩的西洋别墅建筑群落，有数十座风格迥异的楼宇和上百间平房礼堂。这就是当年北美长老会投资兴建的基督教顺德府教区。附设在教区内的邢台福音医院更是蜚声海内外，古城乃至1949年前中

图 5-3-5 收归国有的眼科医院

国许多地方的第一代西医从这里走出来。

1917年，美国基督教长老会在邢台西关外创办了一所医院，也就是邢台福音医院（位置即现在的邢台军分区大院）。

医院刚成立时，分为男患部和女患部，男患部叫邢台福音医院，女患部叫邢台德泽医院。1927年两部合并，统称邢台福音医院。图5-3-6为1949年前的邢台福音医院。

图 5-3-6　1949年前的邢台福音医院

邢台福音医院建成后，汉密尔顿医生担任第一任院长，直到1927年回国。继任院长是中国留日博士张子泉，但不久即辞职。其后，北美长老会又聘请美国著名外科医生恒祺为院长。图5-3-7为民国年间，外国友人在邢台福音医院。

1941年太平洋战争爆发后，美国人撤退，日本的院长、医生和护士进驻福音医院，将

图 5-3-7　民国年间，外国友人在邢台福音医院

医院更名为联合医院。1945年日本投降后，邢台伪军头子高德林把医院贵重药械抢掠一空，将医院解散。1947年，中共太行行署一专署在原福音医院的旧址上成立了邢台市民医院，并将原福音医院的部分人员吸收到邢台市民医院工作。

1951年年初，邢台市民医院合并到邢台地区人民医院。

当年，福音医院在邢台以及整个华北地区颇有影响。它与北平道济医院、协和医院、同仁医院、潞河医院（通州区）以及保定思罗医院、天津大众医院，共同构成了华北地区的西洋医学网。图5-3-8为邢台福音医院内景。

图 5-3-8　邢台福音医院内景

### 四、白求恩国际和平医院

1945年秋，邓小平自延安返回太行前，曾向毛主席申请要20名医生，以解决前方医疗技术力量缺乏和质量较低的问题。毛泽东批示中央组织部部长李富春办理，抽调鲁子俊、何

穆等到晋冀鲁豫军区卫生部工作。何穆提出以办医院为依托，逐步形成培养基地，既起到部队后方总医院的作用，又可作为卫生干部培养基地。

1946年7月1日，在晋冀鲁豫解放区的邢台市，诞生了一座当时华北闻名的医院，这就是晋冀鲁豫军区白求恩国际和平医院总院，如图5-3-9所示。何穆兼任总院院长。地址在邢台北关河伯祠的邢台师范学校，原直隶第四师范学堂旧址。1948年筹办医科专门学校。

图5-3-9　晋冀鲁豫军区白求恩国际和平医院总院

后来晋冀鲁豫军区白求恩国际和平医院总院改为晋冀鲁豫边区白求恩国际和平医院。医专也改为晋冀鲁豫边区白求恩国际和平医科专门学校。1949年，白求恩和平医科专门学校与山西大学医学院合并。晋冀鲁豫边区白求恩国际和平医院后逐渐发展成为设立在河北省石家庄市的白求恩国际和平医院。

### 五、今日邢台的医疗卫生事业

目前，邢台市主要医疗单位有：邢台市人民医院（三级甲等）、河北省眼科医院（三级甲等）、河北省民政总医院（三级）、邢台市第三医院（三级）、邢台医专第二附属医院（三级）、冀中能源邢台矿业集团总医院（三级）、邢台市中医院（二级甲等）、邢台医专第一附属医院（二级甲等）、邢台市第二医院（二级甲等）、邢台市第五医院（二级）、邢台市第七医院（二级）。截至2015年年末，邢台市共有卫生机构8 792个，其中，医院、卫生院316个，卫生防疫、防治机构20个，乡镇卫生院173个，社区卫生服务中心（站）143个。

1. 河北省眼科医院

河北省眼科医院（原邢台眼科医院），是中国建院最早、规模最大的眼专科医疗机构之一，现已成为以眼科为重点，以耳、鼻、咽喉、头颈外科和口腔科为特色，集医、教、研和急救、预防、保健于一体的公立三级甲等眼科医院。眼科被评为河北省重点学科和河北省临床重点专科；中医眼科为国家"十二五"重点中医专科、国家临床重点专科和重点学科建设单位；耳鼻喉科为河北省重点发展学科和河北省临床重点专科培育单位；口腔科为邢台市重点学科。

2. 邢台市人民医院

邢台市人民医院始建于1945年，是邢台市规模最大的集医、教、研、急救、康复为一体全面发展的综合性三级甲等医院，担负着全市780万人民的医疗保健任务。

邢台市心血管病防治研究所、邢台市脑血管病防治研究所、邢台市肿瘤防治研究所等多家科研机构设在邢台市人民医院。医院多次被评为国家、省、市文明单位，荣获省医德医风先进集体等荣誉称号。2011年被河北省政府确立为冀南区域性医疗中心，是国家脑卒中筛查与防治基地医院、全国博士后科研工作站、全国胸痛中心、全国高级卒中中心、国家级住院医师规范化培训基地。2018年成立李兆申院士工作站。

2015年10月31日，邢台市人民医院新院区正式开工建设。新院区规划用地335亩，总建筑面积42万平方米，设置床位2 700张，一期建设21万平方米，床位1 600张，目前已经完成主体结构封顶，预计2019年投入使用。

3. 邢台的生物制药业

邢台的生物制药业也发展迅猛。目前，邢台的制药企业有河北国金药业有限责任公司、河北巨龙药业有限责任公司、河北通络药业有限公司、河北省邢台市牛城制药厂、河北赛克药业有限公司、河北邢台制药厂、邢台市明神制药厂、河北金兴制药厂、河北恒祥医药集团扁鹊制药有限公司、河北邢台冶金镁业有限公司、河北君临药业有限公司、河北东盛英华制药有限公司、河北人民药业有限公司、邢台市第二制药厂、河北恒利集团邢台市制药厂、任县医用制氧厂、清河凯福乐药业有限公司、河北省邢台中兴药业有限公司、河北省邢台中兴制药厂、邢台市东新特种气体有限公司、邢台古邢阿胶有限公司、上海复星临西药业有限公司、河北海龙药业有限公司等。

## 模块三【探究平台】

1. 简单叙述一下河北省眼科医院的发展历程。
2. 请利用课余时间探访眼科医院旧址，并写一篇探访日记。

# 第六章　邢台历史上的商业发展

## 第一节　邢台老街巷与明清邢台经济发展盛况

### 模块一【寻找归属】

你是否去过邢台的老城区？是否发现邢台老城区的街巷和民居的特点？是否想到过老邢台在经济上曾经是一座在全国乃至世界具有影响力的大都市？

### 模块二【知识坐标】

邢台商业由来已久，早在西汉时就与国外有贸易往来。唐代时，由于邢台地处太行山东麓的山前交通要塞，东面为隋唐大运河，在清河有"天下北库"，又有邢白瓷誉满天下，为丝绸之路上的交易商品之一，因此邢台成为当时的贸易中心。大约在七世纪中叶，一些波斯和阿拉伯商人经海路和陆路来到内陆地区，在邢台的唐代墓葬中，曾出土以此为形象的陶俑即为证据。

宋元时代，古邢台作为北方重镇，已是中国北方进行商业贸易的主要市场。至明代定都北京，邢台更是欣欣向荣，日益昌盛。

#### 一、"以行立市"的街巷命名方式

邢台古城由邢台内城和邢台外城两部分组成。小城商业繁荣，皮毛业昌盛，银号林立，店铺如星。城内市场大多交易贵重物品，如金银、珍珠、首饰等，沿街更是有很多牌坊。顺德府外城——南关则拥有赫赫有名的土布行、皮毛行、杂货行、洋布行、银钱行五大行。其中，东大街以麻行、山货、药材行为主，西大街以烟行、粮行、皮店、银号和日杂为主，北大街以绸布、土布行为主，羊市街和羊市道分列上百家皮毛作坊，是南关各行业的龙头老大。图6-1-1为老邢台街景。

明清时期，邢台作为京畿南部重地，城内的人口并不太多。方志记载，至清末，"城内居民稀少而南关之民多至两倍。城中渐空，南关渐众。民居多不在城"，"惟南关烟户稠密，东西北三关皆寥落"。这就是所谓的"邢台好南关"。

邢台毛皮加工业发达，是华北地区重要的毛皮集散地，极大促进了城市的发展。邢台很

图 6-1-1 老邢台街景

多街道以贸易立市、以行业命名。南关如羊市街、马市街、牛市街、花市街、靛市街、蜜市巷,城内的驴夫营、珍珠街、西仓巷、卫衙街、书班营巷等,都与当年所处地段的商业贸易或住地人群的职业有关,显示了当年经济的繁荣。

再如靛市街。在封建社会,衣着用色有严格的等级制约,染制土布需要大量的染料,染坊由此产生。邢台西山自古生橡实,它的外壳可以做染料,所产染料"蓝有大小,统曰靛"。靛市街因用靛开设染坊而得名。

随着西方化学颜料的进口,传统染料失去销路,南关染坊逐渐衰落。抗战爆发后,靛市街仅余两三家染坊,并随岁月变迁而消亡,但其街道名称沿用至今。从靛市街现存长度看,从前南关染坊独立成行,具有相当大的规模。

同时,邢台某些行业的不断拓展变化,也能从街巷的发展、建设及衰落上体现出来。如,一里多长的羊市街,两侧高门林立,铺面鳞次栉比。羊市街被占满以后,又在西面和北面,衍生出东西南北四个羊市道。羊市街和羊市道这两条街道,主要是从各地收取羊皮,然后再进行加工、出售。邢台这些商贸区与东、西、北三条大街确定了其经济活动的主要格局。

## 二、"因商起院"的房屋建筑模式

羊市街和羊市道上,两侧店铺后有不少冀南独特的民居——布袋院。布袋院为"因商起院",一般是多进院落,商住两用,前店铺、后作坊,兼具仓库和住宅功能。因临街店面较窄,布袋院一般纵深设计,为圆券大门洞砖石结构,院落狭长幽深,两侧是窄而长的厢房,整体上布局了销售、生产、仓储、待客、生活等区域,巧妙设计、合理布局,在有限的空间里满足商住两用功能。

这些大院是邢台富商的皮毛作坊,像李家、张家、郑家、翟家、刘家等,都是邢台南关有名的皮毛富商的店铺和宅院。

邢台皮毛市场不断与国际市场加强联系,带动了其他行业的进步,邢台城市化进程加快。皮毛业鼎盛时期，市场年熟皮交易额曾达三百万两白银、皮革业交易额达一千五百万两白银。皮毛运销与加工行业的兴旺，又刺激带动了纺织业、洋广杂货（经营广货和洋货的百货零售业）贸易、金融业、饭店、旅店、食品店、杂货店、戏楼等服务业的发展与繁荣，从而使邢台发展成为天津重要的畜产品出口重要源地和洋广杂货的重要销售市场之一，也使邢台逐步成为冀南第一商业重镇。其中，还有专门用以接待外商的高档宾馆，如羊市街西头路南的宏泰酒楼等，常有外国人出入。图6-1-2所示为邢台南关西大街现状。

图6-1-2 邢台南关西大街现状

中华人民共和国成立以后，老邢台城的面貌悄悄地发生了变化，填埋了护城河，推倒了城墙，翻盖了成片的土坯屋和砖瓦房。从20世纪70年代中后期开始，城市中心加速向京广铁路以西转移，老城区日渐萧条，繁华的南关失去了延续几百年的风光。

## 模块三【探究平台】

1. 用查阅资料和实地调查相结合的方法，写一篇关于邢台民居的调查报告或描述性文章。
2. 利用你的专业知识，分组合作开发一款关于老邢台的展示型作品。

## 第二节　邢台历史上的皮毛业

## 模块一【寻找归属】

你了解老邢台（顺德府）的经济发展是由哪个行业带动起来的吗？它的发展形势是怎样的？

## 模块二【知识坐标】

邢台皮毛业兴起于元代,这里曾是我国皮毛集散贸易中心之一。明清以来,皮毛业作为邢台主导产业,给近代邢台经济社会带来诸多积极影响,皮毛业可以称为近代邢台经济社会发展的原动力。

元代时,蒙古族所迁居民多居住于邢台城外,逐渐形成了以回族为主的民居聚落。回族擅长畜牧业和经商,以及皮毛加工。明万历年间,邢台南关的牛市街、羊市街一带成为皮毛交易主要市场。

至抗日战争前,邢台城内有生皮店70家、工人840名,熟皮店15家、工人180名,皮毛作坊80家、工人2 200名,生熟皮作坊165家、工人3 220名。

### 一、邢台皮毛业由内产内销向外向型发展

邢台城西南各乡土地贫瘠,不宜耕种。邢台农民为了谋生,于农闲时鞣制毛皮出售,所得收入补贴家用。最初摆摊交易,随着皮毛生意收入的增加,出现皮店,愈来愈多的人被吸引并投入此业。此后随着本地制品供不应求,皮毛商品开始由外地贩运到当地出售,皮毛集散市场逐渐在邢台成形并发展成一定规模。至于贩运皮毛,路途近者由骡马或人力运回,远者由邮局运回,或由转运公司代运。大商贩则于每年固定时间赴西北各地,委托当地商店代买,进行现金交易,运输方式主要通过邮局、转运公司或铁路。

皮毛业的发展,使得大批的生皮原料汇集于此,皮毛交易日益活跃,并逐渐形成规模,邢台的皮货市场逐步发展成为全国闻名的皮毛交易中心。清康熙年间,皮毛店铺最出名的有万顺、广泰、德昌等顺德府十大皮店。清代同治年间,邢台更是成为全国最大的皮毛集散市场。

随着天津开埠,内陆腹地大量皮毛产品向天津聚集转销。而邢台是山西南部皮毛运往天津的重要枢纽,这更使邢台皮毛市场规模日渐扩大,并开始逐步向外向型发展。

清光绪十一年(1885年),德商洋行开始来邢台收购生皮,然后转销欧美各国,获利颇丰。这吸引了美国商人建立的新泰兴洋行、和平洋行相继来邢台收购生皮,并扩大收购灰鼠皮、貂皮、猞猁皮、扫雪皮等珍贵皮毛。

每逢皮毛购销旺季,国内外皮商云集邢台,交易繁忙,盛况空前。每年内外销成交总额可达1 500多万两白银,其中熟皮货成交总额常在二三百万两白银以上,邢台皮毛业达到兴盛时期。仅宣统元年一年,邢台通过外国洋行销往国外的山羊板皮就达35万张。图6-2-1为老邢台皮毛收购及制作。

1903年,京汉铁路建成通车,为外商洋行来华购买皮货提供了极为便利的条件,邢台皮毛业又有新发展,仅羊市街皮店就达50多家。1917年,第一次世界大战后,邢台城紧连羊市街的东西南北4条羊市道逐渐发展成为邢台皮毛贸易中心,形成邢台皮毛集中区。

1929年,邢台城内皮店达72家,其中欧美等外籍洋庄成交额占40%以上。

图6-2-1 老邢台皮毛收购及制作

邢台城中的城隍庙大会、火神庙大会等三大庙会对皮毛行业的发展和市场的形成,也起到了积极的促进作用。庙会在春、秋、初冬各举办一次,各地皮货商在庙会期间订货、发货、储货,也推动了各行各业的物资交流。

1937年,邢台沦陷,日本成立株式会社,规定大仓洋行、满蒙洋行、蒙疆洋行为日本驻邢商行,垄断邢台皮毛业。从此,有几百年历史的邢台皮毛业逐渐被日本侵略者摧毁。

## 二、邢台皮毛业分工更加精细

由于皮毛加工历史悠久,邢台集中了大量皮毛技术人员,也积累了丰富的皮毛加工经验。皮毛市场在当地形成后,由于经济利益的刺激,皮毛工人不断改进皮毛熟制工艺,大量皮毛商品集中到邢台进行加工再运销天津等地。因此,邢台的皮毛市场主要有三大行业,分别是生皮店、熟皮行和熟皮作坊。生皮店到外地自采生皮,或收购外地运来的生皮,为熟皮作坊提供原料;熟皮作坊只管生产,其成品由熟皮行收购;熟皮行负责向外销售,国内外客商一律向熟皮行购买。三者虽分工不同,却互相依赖,联系密切,共同形成皮毛商品经济不可分割的完整体系。

由于当时大洋行、大商行照例都是到邢台成批订货,所以不仅陕、甘、晋、绥等省的皮货集中到邢台,离天津极近的冀东唐山、遵化等地的皮毛,也要先集中到邢台,再回卖到天津。当地有顺口溜描绘邢台皮毛业兴盛时期的盛况:"宁夏滩羊俏,甘肃绵羊肥;榆林黑化秀,西宁紫羔美;口羔似天成,象羔如麟生;狐狸黄鼠狼,猞猁扫雪稀;聚我顺德府,入我皮池里;男丁缸中翻,妇人灯下缝;细鞣作轻裘,化为御寒衣;美欧连洋庄,华夏走南北;

贵妇红狐围，官人细毛衣；紫羔滩二毛，如珍藏箱底；穷汉少银钱，老羊遮寒体；顺德皮毛盛，四海共赞誉"。当时的繁荣景象可见一斑。

邢台皮毛业的老字号：

同慎和皮店（康熙年间开设）、美新太兴洋行（德商）、和平洋行（欧美商家）、大仓洋行（日）、满蒙洋行（日）、蒙疆洋行（日）。

邢台（康熙年间）十大皮店：

万顺皮店、福大皮店、广泰皮店、永茂昌皮店、永茂盛皮店、日盛皮店、德益皮店、德昌皮店、永泰兴皮店、兴太隆皮店。

### 三、邢台皮毛业产生辐射带动作用

邢台城关的经济区还逐渐向周边农村呈辐射状扩展，仅熟皮作坊即达400余家之多，熟皮工人及务工乡村妇女达三四万人之多，每名工人每日可得工资铜元百枚，皮革做工收入已成为邢台城内居民及周边农户一项重要的收入。

由于本地人手不够用，邢台皮革商到辛集、大营等地招募工人，当时来邢台的外地人员达两万以上，这些外来皮革工人逐渐将邢台的熟皮技术向外传播，带动了外地皮毛业的发展。图6-2-2所示为民国年间邢台商人居住证。

**图6-2-2 民国年间邢台商人居住证**

## 模块三【探究平台】

1. 邢台（顺德府）的皮毛贸易中心在哪些街道上？
2. 通过邢台的皮毛业感受一下当时邢台的对外贸易盛况，并将你的感受写出来。

# 第三节　邢台历史上的金融业

## 模块一【寻找归属】

随着邢台皮毛商业的发展，适应商业贸易发展的银钱汇兑业开始发展起来。近代邢台设有中国银行分行、河北银行支行、邢台银号、维生银号、信丰号、同顺号、裕泰隆等10多家银行银号，金融业甚为发达，这也是皮毛业发达的结果。各银号存放款项，以皮毛业占十分之七八。让我们一起了解一下邢台历史上金融业的发展。

## 模块二【知识坐标】

### 一、中国金融业的发展

中国金融业的起点，可追溯到公元前256年以前，周代出现的办理赊贷业务的机构，《周礼》称之为"泉府"。南齐时（479—502）出现了以收取实物作抵押进行放款的机构"质库"，即后来的当铺，当时由寺院经营，至唐代改由贵族垄断，宋代时出现了民营质库。

银行在我国起源于唐。在唐宣宗时期（847—858），苏州就有"金银行"出现。《太平广记》中有"行首率其党，纠集徒，迎拌赛社，所献无匹"，可见其资力之雄厚和店铺与匠人之多。

北宋惠佑二年（1057年），蔡襄知福州时，作《教民十六事》，其中第六条为"银行轧造吹银出卖许多告提"。

这是"银行"一词最早单独出现的时间。到了南宋乾道六年（1170年），建康（今南京）城内不仅有物资交易市场，而且"银行、花行、鸡行、镇淮桥、新桥、筐桥、清化桥皆市也"。可见，银行那时在南京就已存在，而且成"市"。到了景定元年（1260年），竟成了一条"银行街"，其街市非常繁华。

明朝中叶出现了钱庄，明朝末期钱庄（北方称银号）曾是金融业的主体。清代出现了票号、官银钱号等其他金融机构。钱庄和票号，实际都具有银行的性质。

中国的第一家民族资本银行是1897年成立的中国通商银行。它是由全国督办铁路事务大臣盛宣怀奏准清廷后，在上海成立的，由宁波商人集资创办。

1905年，清政府成立"大清户部银行"，是中国最早的国家银行，也是最早的官办银行，总行设立于北京。清光绪三十二年（1907年），大清户部银行在济南设立济南分行。1908年，大清户部银行更名为大清银行。图6-3-1为大清户部银行的货币。

此外，民间还有典当、镖局等金融机构。典当是收取粮食、衣物等动产和不动产作为抵

图 6-3-1 大清户部银行的货币

押,对押当人进行放款的高利贷机构。在票号产生之前,为适应越来越扩大的货币交割需求,货币运转频繁,这使镖局得以发展。镖局就是专门的运现机构,能使金钱、货物安全与快速运转。

## 二、邢台历史上的金融业

### 1. 春秋战国时期的铸币中心

货币在邢台流通历史悠久,春秋战国时期流通的有刀币、布币(铲布)、圜钱和楚币。邢台柏人城即是当时赵国的铸币中心之一。这是战国时柏人城经济繁荣、商业发达的重要标志。图6-3-2所示为战国时期流行于邢台的赵国刀币。

### 2. 明清时期镖局兴盛

明清时期,由于经济日益繁荣发达,邢台南关西大街上逐渐形成了"五大行"之一的"银钱行",专门负责金钱物资流通。

镖局,是中国古代金融发展史上的独特产物,也是古代金融流通的重要环节。

明代,为运送物资、货币,官私保镖盛行,出现了镖局,最早称作标局、标行、标客。而标兵是职业保镖的源头,明代军伍中也有专门护送粮饷的标兵。明清时期,邢台的南宫县是旱路码头,号称金南宫、小北京,临西县是大运河水路码头,商业发

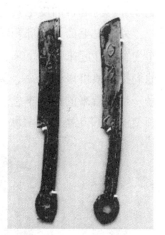

图 6-3-2 战国时期邢台的钱币——柏人刀

达,因此也是盛产镖局、镖师的地方。据史料记载,镖客最早出现在邢台的南宫、临西等地,说明镖局这个行业和邢台经济发展具有密切关系。

清代镖局盛行。1687年,南宫县张怀武在北京开办的镖局,被康熙大帝御封为"永胜镖局",是中国比较早的镖局。晚清北京城8大镖局中,永兴镖局、正兴镖局专门走"北京—南宫"专线。会友镖局为京汉铁路保送建筑钱款。邢台也开办了天友镖局、荣庆镖局等。一些邢台籍的镖师如刘瀛洲等都在北京会友镖局等知名镖局工作。图6-3-3所示为清代会友镖局。

图 6-3-3　清代会友镖局

### 3. 清末民国钱庄银号林立

清代至民国，邢台商业繁荣，皮毛业昌盛，银号林立，店铺如星。

清朝康熙时期，邢台出现了典当形式的金融事业，清末时期出现放账庄。由于邢台皮毛交易数额巨大，而当时商品交换主要以白银计价，长途携带现款非常不便。同时，随着大批外商涌入，银号、钱庄应运而生，专门从事存款、发放贷款以及办理异地之间商品贷款的汇兑业务，为邢台的皮毛贸易提供了方便。

外地皮毛商人来邢台购买皮货，一般以汇票支付。熟皮行将收到的汇票交给银号、钱庄作为存款存起来。接下来，银号、钱庄把汇票再转给百货庄、洋布庄、杂货行、颜料行等，他们持汇票可以到北京、天津、上海、汉口等地购货，运回顺德府销售，用现金还清从银号、钱庄借来的汇票本息。这样，就把原来外地客商所带汇票变成现金。图 6-3-4 所示为顺德府"同和裕"银号账本。

图 6-3-4　顺德府"同和裕"银号账本

银号、钱庄的存在不仅有力支持了熟皮作坊的生产，而且也促进了邢台工商业的迅速发展。

清末民初，邢台流通的货币以银两、银元为主币，辅之以纸币，有钞贯、官票宝钞和兑换券。民间商号、银号、当铺、票局还发行私票，如邢台商会印制的铜元票卷流通于城关。1935 年 11 月，废除银本位制，实行货币制度，以中央银行、中国银行、农民银行和交通银行发行的货币为法定货币。

清末民初，地主和资本家在邢台境内较大的集镇设立经营货币机构——放账庄。设在邢台城关的金融机构有"宝全公"银号、西大街"天奉泰"银号和府前南街的"裕顺公"票局。"裕顺公"票局8个股东均是邢台有名的大商号。图6-3-5所示为咸丰五年（1855年）南和县户部官票三两。

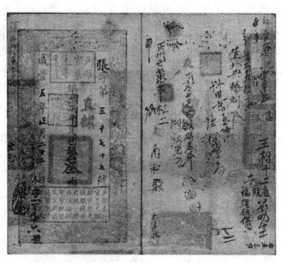

图6-3-5　咸丰五年（1855年）南和县户部官票三两

1912年，中国银行总行成立，大清银行停业。1914年8月18日，中国银行在邢台建立中国银行邢台汇兑所，隶属天津分行，货币仍沿用清制。市场流通货币为银元、铜元和纸币。该所有职员28人，总所在府前东街。1914年左右，邢台有钱庄（后叫银号）十多家，经营汇兑存款，发放贷款（高利贷）。图6-3-6所示为1912—1937年邢台城内的金融机构。

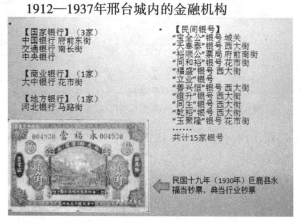

图6-3-6　1912—1937年邢台城内的金融机构

1928年邢台花市街成立"同和裕"银号。1934年邢台银号发展到15家，银行业务主要是民间存放款和汇兑，汇兑款项主要是皮毛、洋布、杂货行业等。

当时邢台还有交通银行邢台汇兑所，总所地址在南长街。中央银行也在邢台设立分支机构。这些银行主要业务包含国内外汇兑、存款、贷款、国库证券、兑换外币、买卖金银等业务。1931年,邢台成立大中银行(商业银行),地址在花市街。1932年,邢台成立河北银行(地方银行),地址在马路街。

1937年10月15日,邢台沦陷,日本在邢台成立"中国联合准备银行"邢台支行,搜刮民财,进行经济掠夺。

沦陷期间,大部分银号随政府南迁或改营他业,只剩下"福盛""立业"两家银号。同时,邢台城还增添了"裕兴""裕光""协记""恒生久""福记"等银号,另有银号"福通",从石门市(今石家庄)迁至邢台。当时邢台有八家银号。日伪后期又合并五家银号为三家(裕兴恒、裕通、福聚),滥发纸币,利息高昂。图6-3-7所示为民国直隶邢台县商会发行的铜元券,图6-3-8所示为任县邢家湾广裕花店滥发的纸币。

图6-3-7 民国直隶邢台县商会铜元券十枚

图6-3-8 任县邢家湾广裕花店贰角纸币

抗战时期,中国共产党在邢台西部山区和冀南解放区成立冀南银行。

4. 邢台解放后的金融业

1945年9月,邢台解放后成立邢台市,市政府接收中国联合准备银行邢台分支机构,建立冀南银行邢台支行,又恢复了部分银号,成立裕华银号、汇丰银号。邢台市区部分商人组织起来成立福顺银号。群众运动时期,福顺银号逃往石门、天津。

1946年,邢台成立瑞华银行,行址在羊市道,直接受人民政府领导。同年,成立裕公银号,黎屏街(马路街)、尚德坊(站前街)的居民成立信用使用社。

1948年,邢台市接管裕兴银号,成立邢台信用总社。到1949年中华人民共和国成立,邢台的所有银号停业解散。

1948年，冀南银行与晋察冀边区银行合并成立华北银行。12月1日，华北银行与西北银行、北海银行合并成立了中国人民银行，第一版中国人民银行币发行，冀南银行币停止流通。冀南银行是八路军的银行，是抗日根据地的银行，是中国人民银行的前身。2005年，薄一波为冀南银行题词："冀南银行——新中国金融的摇篮"。图6-3-9所示为冀南银行发行的纸币。

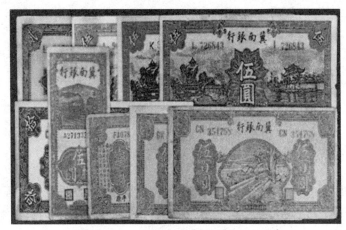

图6-3-9　冀南银行发行的一组纸币

## 模块三【知识拓展】

### 西方金融业的发展

金融业起源于公元前2000年巴比伦寺庙和公元前6世纪希腊寺庙的货币保管和收取利息的放款业务。公元前5—前3世纪在雅典和罗马先后出现了银钱商和类似银行的商业机构。

在欧洲，从货币兑换业和金匠业中发展出现代银行。最早出现的银行是意大利威尼斯的银行（1580年）。1694年，英国建立了第一家股份制银行——英格兰银行，这为现代金融业的发展确立了最基本的组织形式。此后，各资本主义国家的金融业迅速发展，并对加速资本的积聚和生产的集中起到巨大的推动作用。19世纪末20世纪初，主要资本主义国家进入垄断资本主义阶段，以信用活动为中心的银行垄断与工业垄断资本相互渗透，形成金融资本，控制了资本主义经济的命脉。

## 模块四【探究平台】

1. 中国最早的民族资本银行是哪家银行？中国最早的国家银行是哪家银行？是什么时候成立的？

2. 从清末民初的邢台金融业发展可以看出老邢台的经济是一种什么样的形势？说说你的感受。

3. 被誉为"新中国金融摇篮"的是哪家银行？

## 第四节 邢台历史上的服务业

### 模块一【寻找归属】

清末民初,由于皮毛业国内外贸易发达,邢台聚集了大批中外客商。为了满足这些客商以及邢台达官贵人的生活、娱乐需要,邢台市肆荟萃,服务业也异常繁荣。你听说过邢台哪些服务业老字号?

### 模块二【知识坐标】

自元代至清末民国,邢台经济繁盛,成为冀南经济重镇,皮毛业一定程度上带动了其他商贸形式及相关行业的出现和发展。根据1929年的统计,邢台县当时有饭馆84家,杂货店151家,货栈业37家。

#### 一、邢台历史上的餐饮业

由于达官贵人、鸿商巨贾云集邢台,带动饭馆、旅馆业异常繁荣,戏园茶室热闹非凡。其中,餐饮业尤为发达,如城内有恒丰楼饭庄,南关有卫生饭庄,酒菜鲜美,不在平津各大饭庄之下。本地和外地特色名吃和老字号遍布邢台,有些名吃甚至享誉全国。

自元代起,邢台南关成为回民聚集区。据民俗专家考察,南关一带饮食极有特色,以牛羊肉加工,如正义号牛肉,牛肉麻子面、馅烧饼、油炸面食等形成独特的饮食文化。

清末民初,邢台南关一带的几条大街上很快建起一批钱庄、饭店、旅店、食品店、杂货店、戏楼等,其中还有专门接待外商的高档宾馆,如羊市街西头路南的宏泰酒楼等,常有外国人出入。南关一带店铺林立,买卖兴隆,车水马龙,灯红酒绿,呈现一派繁华景象。邢台南关的北大街以西,护城河沿岸,被称为"市场",是当时邢台最热闹的地方,这里有最完善、最高档的生活设施,剧场、饭庄、澡堂一应俱全。

清末,邢台尚德坊(站前街)一条街,也是当时的消费休闲一条街,这里有桐泰祥糕点、义兴张烧鸡等知名小吃店,也有烟草公司等洋店,外来人口很多。

民国年间,邢台餐饮业规模空前,产生了很多老字号,也研制出了很多特色菜品,成为现在"邢襄菜系"的先河。当时,邢台饮食业的"邢菜"精品有:海参蝴蝶汤、内丘挂汁肉、田园香肘、天桥酱肉、铁锅炖鱼、酒香红焖鸭、椰茸蛋黄卷、红梗绿叶葡萄鱼、油炸黄焖香酥鸡等。邢菜口味的特色是咸鲜微酸。

2019年,创建于清末的"内丘申家挂汁肉"、创建于中华人民共和国成立前的"内丘石一厨羊汤"、创建于明清时期的"任县留垒酱菜"、创建于清末的"南和卢氏带鳞酥鱼"、创建于清代的"隆尧魏庄熏鸡"等"邢菜"被列入河北省第二批"燕赵老字号""古代贡品"

保护名录项目。

1. 邢台餐饮老字号

(1) 六合居饭庄

1917年由南宫人张涪俊创办,以经营水饺、锅贴为主,代办酒宴,其中"邢台锅贴"闻名四方,尤受欢迎。店名取自佛教用语"天地四方六合敬"之意,意思是客迎四海、宾敬天下,祈求生意兴隆。旧址在老市场西侧一座砖木结构二层小楼上。二十世纪五六十年代,这里还宾朋满座,顾客盈门,后改为国营饭庄。

(2) 馨华酒楼

馨华酒楼创建于民国时期。当时小河子一带建有馨华戏院、和平戏院等娱乐场所,馨华酒楼就建在这个繁华地带,是一座回民清真酒店,以经营涮羊肉为主,其涮羊肉尤受欢迎。

(3) 光真楼大酒店

原名光珍楼,迄今已有上百年历史。它是民国年间邢台城内最大的一所清真饭店,在回汉两族群众中有着极高的声望。光珍楼原址在邢台南城门小桥上,后迁至马路街路南。它的西侧是专门经营涮羊肉的馨华酒楼,东侧是蜚声海内外的中义合茶庄。

光珍楼经营回民饭食,面食有火烧、烧饼、小笼包、水煎包,还有各式炒菜和米饭,其中李文魁打制的水煎包最为有名。1945年9月23日,解放邢台战役中,守城汉奸垂死挣扎,为清除城门外的障碍,纵火烧毁了包括光珍楼、馨华酒楼、中义合茶庄在内的六百多间民房。

1956年后,公私合营时光真楼与黑家饺子馆、回民二食堂等几家回民饭店合并组建为邢台市公私合营回民饭庄,地址设在新市场。图6-4-1所示为现在的光真楼外景。

图6-4-1 现在的光真楼外景

(4) 卫生饭庄

清末民国时期,卫生饭庄是邢台最大的汉民饭庄。卫生饭庄的位置,大致在原人民影剧院前广场,与人民影剧院隔街相望,为平房大院。里面有三四十个雅座,生意火爆,买卖兴隆,来这里就餐的人络绎不绝,多是达官贵人、巨富豪贾。

出身于卫生饭店的大厨师常小三,对邢台市后来餐饮业的发展颇有影响,而常小三的师傅刘结巴子更是一位宫廷御厨。庚子事变后，慈禧太后返京路过邢台，刘结巴子亲手为慈禧太后做了两道菜，一道是红梗绿叶葡萄鱼，另一道是油炸黄焖香酥鸡。慈禧太后吃后赞不绝口，一时高兴将刘结巴子收为御厨。自此，这两道颇具邢台风味的菜肴进入大内，传遍京城。

（5）黑家饺子馆

黑家饺子的创始人为黑振斌。二十世纪三四十年代，黑振斌只是馨华酒楼专门切肉片的伙计。饭店忙时，他全身心地投身饭店工作，享受着全店厨师的最高薪资。淡季，他就领着家人在小河桥头摆摊卖饺子。1932年，黑家饺子馆创建。黑家饺子成为回汉两族群众皆喜爱的风味食品。改革开放后，"黑家饺子"获得国家清真食品金奖。2019年被列入河北省第一批"燕赵老字号""古代贡品"保护名录项目。图6-4-2所示为现在的黑家饺子馆。

图6-4-2　现在的黑家饺子馆

（6）聚丰饭庄

聚丰饭庄坐落在原南关红影壁巷内路西，店名取"聚义丰收"之意。1956年公私合营时期，与六合居饭庄合并，组建邢台市公私合营聚新饭庄。

（7）建新饭庄

建新饭庄又叫二食堂，店址在大通街路北，店名取"建设新中国"之意。公私合营时建新饭店与国营饭庄二食堂饺子馆合并，组建为邢台市公私合营建新饭庄。图6-4-3所示为原二食堂饺子馆，现已拆除。

图6-4-3　原二食堂饺子馆

（8）复信昌回民饭店创建于1949年前，店址在回民聚居区的邢台南关马市街路东。由李姓老板筹资兴建，店名取"依靠信义、繁荣昌盛"之意。

清末民初，邢台城还有同义楼饭庄；清风楼以南（现在邢台县文化馆处）有玉海楼饭庄；府前东街路南有保全德饭庄。日伪统治时期，在府前西街路北有愉快楼饭庄等。这些大型饭庄均是达官显贵包办酒席、宴请宾朋之地。

20世纪70—90年代，邢台国营饭庄在人民剧场东侧开设饭店，因建有一座天桥，故称天桥饭店。天桥饭店主要经营锅贴和小笼包。1995年、1998年，天桥饭店兼并亏损的国营饭庄和顺德饭店，成立邢台市天桥饭店有限责任公司。如今，它是邢台唯一一座以邢台名人、名事、名胜古迹为文化背景的一流酒店，多功能高档次，是能吃、能住、能看的博物馆。

2. 邢台茶点副食老字号

①鸿记茶庄坐落于南关花市街，取"鸿途远大、财源广进"之意。

②德春茶庄地处南关花市街繁华地带，取"德行为重、春光明媚"之意。

③正泰茶庄坐落在城郭结合部的北大街，取"正直信义、安泰吉祥"之意。

④福泰茶庄地处南关北大街商业店铺聚居之地，取"福至泰来"的吉祥之意。

⑤玉春祥徽子创建于1890年，当时邢台南关李老美开始生产"邢台徽子"。1920年开设玉春祥店，主营"玉春祥"徽子。自此，邢台徽子名闻四方。

⑥桐泰祥糕点创建于1891年。1929年，邢台城最大的糕点店铺桐泰祥重新开张，经营酱菜、糕点、茶叶等数十种商品。由于糕点制作精细、口味好，兼有南北方特点，名噪一时，成为邢台当时最有名的糕点品牌。2019年被列入河北省第二批"燕赵老字号""古代贡品"保护名录项目。图6-4-4所示为桐泰祥糕点连锁店。

图6-4-4　桐泰祥糕点连锁店

⑦稻香村糕点铺坐落于府前南街路东，由崇礼街吴姓老板创办，是一座经营各种糕点的大型店铺。

⑧鼎兰和、鼎兰魁糕点铺坐落在南关西大街路南，两个店铺由西郊张东村张氏弟兄二人分别开办，专门制作经营各种糕点。

⑨穆盛斋糕点铺坐落于西大街东端路南，是一处大型糕点店铺，这家店铺存在于二十世纪七八十年代。

⑩华信泰糕点坐落于西大街东头路北，是一位靳姓老板创办的副食商店，这一店铺存在

于公私合营以后的六十年代。

⑪天顺成酱园地处清风楼前、府前西街路南，是一家前店后厂，腌制经营各种酱菜和生活调料的大型私人股份企业。

⑫天义成酱园在府前南街，是一座专门腌制、销售各种酱菜和生活调料的大型私营企业。

⑬德盛泰酱园在南关马市街，店名取"遵守商业道德、求取昌盛安泰"之意。

⑭富贵祥肉店在马市街北头路西，是一处制作、经营熟肉及下水的店铺。

⑮瑞丰油店坐落在西大街路北、红影壁巷西侧。掌柜是邢台县谭村进步人士王启疆。他经营的豆油质高价廉，是六合居饭庄、聚丰饭庄、建新饭庄、黑家饺子馆等几家大型饭庄和桐泰祥、稻香村等糕点店的必备原料。

此外，邢台还有大井茶馆、中义合茶庄、华丰糕点（原名谷丰糕点，图6-4-5为现在的华丰食品有限公司）等老字号。1949年前，邢台城内从事糕点制作的店铺有21家，做酱菜的有6家，生产调味品的有14家。

图6-4-5 华丰糕点（现在的华丰食品有限公司）

## 二、邢台历史上的旅店业

由于经济发展，邢台南来北往的客商蜂拥而至，推进了旅店业的高度发展。清末民初，邢台的旅店有：二合客店、如意客店、华北客栈、联华客店、雅园客店、向阳旅馆、利民客店、东风旅馆等。邢台解放前，在府前西街路南还设有冀南旅馆和冀顺旅馆，是日伪统治时期的大型旅馆。图6-4-6为西关旅馆（已拆）。

图6-4-6 西关旅馆

## 三、邢台历史上的休闲娱乐业

清末到民国,邢台南城门外护城河"市场"一带建有馨华戏院、和平戏院等娱乐场所。这些戏园经常有平津名角登台演出,盛极一时。城内及南关还有馨华池、雅园澡堂等休闲场所。同时,邢台正月十六开元寺庙会、五月十七城隍庙会、十月十八火神庙会等,都是邢台物资交易和休闲娱乐的大会。

日本侵华邢台沦陷期间,顺德府衙对过的建筑被改为兴亚会馆,是日本人和汉奸们寻欢作乐、喝酒唱歌、跳舞和看电影的地方。

中华人民共和国成立初期,邢台有大众戏院、群众戏院、中河戏院、人民戏院四所戏院,有邢台影院、人民影院两所电影院。其中,大众戏院在原纳凉园(现为邢台解放纪念公园),人民影院为原来的兴亚会馆。人民影院前的广场被称作人民会场,是群众集会的地方,为现在的清风游园位置。图6-4-7为邢台沦陷时期的兴亚会馆。

**图6-4-7 邢台沦陷时期的兴亚会馆**

到20世纪90年代,邢台的休闲娱乐场所有:新华影剧院(邢台县政府南邻)、清风影院(已拆)、人民剧场(已拆)、工人文化宫、邢钢俱乐部、棉纺俱乐部、邢台剧场、邢台影剧院(已拆)、百花影剧院(现福华肥牛位置)、中兴影院(现辰光集团位置)、青年影院(现老东家饭店位置)。在邢台剧场旁边还有新华浴池(现已改为宾馆),南关有工人浴池等。

而今,旧时代的电影院已经是一个时代的缩影,3D豪华电影院、时代国际影城已经"拉近了人与世界"的距离,众多放映厅、众多国内国外大片任由选择。

1. 馨华戏院——人民剧场

1911年,邢台皮毛商人合股在邢台南关龙王庙杂草丛生的小河子一带,搭建起一个规模庞大的土坯垒墙、木板当座的简易戏园子,命名为馨华大戏院,邢台人称大戏院儿。1937年"七七事变"时馨华大戏院被炸毁。当年10月,邢台被日寇占领后,日伪强征人力物力在原址修建砖木结构的新民大戏院,供日伪娱乐消遣。1945年9月邢台解放后,馨华大戏院更名为中国大戏院。1951年,河北省文化厅拨专款1 800元对戏院进行了修缮。1959年,大戏院儿以新名人民剧场被评为全国"红旗剧场"。名角、世家纷至沓来,丰富了邢台人民的精神世界。1991年,更名为人民影剧院。图6-4-8为人民剧场内景。20世纪90年代被租给"英皇"俱乐部,2009年顺德路南延时被拆除。

图6-4-8 人民剧场内景

2. 和平戏院——邢台剧场

邢台剧场位于邢台西门，西门里与新华路交叉口东北侧70米处，坐北朝南。它始建于1956年，是由原来在南关河里的和平戏院延续迁建起来的。1958年交付使用。

1963年、1966年该剧场曾两次复修扩建。1979年又建三层门面大楼，增添了电影设备，从此开始了放映电影业务。场内有座位1 300余个，并设有化妆室、休息室、演员宿舍、饭厅、锅炉房等设施，面积2 074平方米。

邢台剧场曾接待过京剧著名艺术大师梅兰芳，著名京剧表演艺术家谭富英、张君秋、李多奎、李和曾等。此外还有国家、省、地、市、县不同剧种和不同流派的著名演员来场演出，对活跃邢台人民文化生活做出了一定的贡献。1962年荣获"红旗剧场"称号，1983年被评为河北省双优服务先进单位和地、邢台市先进剧场。

3. 邢台影剧院

邢台影剧院1957年建设，1958年交付使用，位于西大街西头。2018年拆除。剧院曾五次分别更名为邢台礼堂、邢台影院、工农兵影院、邢台影院、邢台影剧院。其任务一是对外放映电影，二是供地委、专署召开大型会议。图6-4-9为拆除前的邢台影剧院。

图6-4-9 拆除前的邢台影剧院

## 四、邢台历史上的日杂业

### 1. 清末民初的洋广杂货

随着经济的繁荣发展和铁路运输的便捷，邢台各行各业店铺林立，呈现出勃勃生机，洋货、广货等日杂零售用品也沿铁路运至邢台，洋广杂货贸易异常繁荣，南关"杂货行"成为五大行之一。其中包括中药行、西药行、广货行、文具行、书籍行、铜货行、锡货行、镜子行、梨货行、钟表行、鞋业行、洋布行、纸烟行、酱园行、粮店、铁匠炉、杂货铺、方弦铺等。

在邢台南关，出现了很多日杂业老字号。如在南关北大街有天增成帽庄、正兴茂、海鑫兰、同丰泰布庄；有体生药房、大生药房、五洲大药房、仁和堂药店等中西药房；有荣华、旭光、玉光照相馆等老字号。

由于洋广杂货贸易的发展，一些近代先进的经济手段也应运而生。如，随着镜子业的产生和照相技术以及印刷技术的发展，广告业也由原来的牌匾、旗幡等固态模式，变为动态流行模式，使商品的推销效果呈现出新的发展水平。这在一定程度上也为邢台经济繁荣留下了弥足珍贵的历史见证。如图6-4-10为民国时期邢台的镜框广告画（带老照片）。图中左侧这个镜框是由老字号"广兴成"制作的，这个老字号主要经营玻璃料器。镜框两侧的广告写的是"开设顺德府南关，花市街路东便是"。

图6-4-10右侧是邢台老字号"三盛和"的广告，镜框两侧为"本号开设顺德府，南关花市街路东"，照片上部题写"货高价广、言无二价"，该镜框上面还有民国的国旗。民国时期邢台的教育很发达，著名的直隶四师和河北第三女师（后来并入邢师，即今邢台学院）都在邢台，照片中的女孩正在看书，应该是个女学生，她手里拿的是铅笔（或者蘸水笔），这在当时是很时髦的。

图6-4-10 民国时期邢台"广兴成"镜框广告（左）和"三盛和"广告（右）

图6-4-11所示是民国时期邢台文兴斋墨工厂生产的一锭老墨。墨锭呈圆柱形，用外包装纸整个包裹住，包装纸上用繁体书写"文兴斋墨工厂"，上方印有头像照片，其下标注

"张怀文监制";右侧为"特制香墨",左侧为地址"邢台镇南关小东街门牌十三号"。

图6-4-12为邢台糖果广告,内容为"开设顺德府城内,中山大街路东便是"。民国年间,鹿钟麟曾经改邢台清风楼为中山图书馆,广告上的中山大街应是正对清风楼的府前街。

图6-4-11 民国时期邢台文兴斋墨老墨及广告　　　图6-4-12 邢台糖果广告

图6-4-13为民国邢台街景,左侧墙上书写着同升和鞋帽店广告。同升和鞋帽店最早开设于京津,此为邢台店。

图6-4-13 民国邢台街景

2. 中华人民共和国成立后的日杂商业

中华人民共和国成立后邢台的日杂商品买卖,除邢台南关东大街、西大街、北大街和老市场外,还出现了邢台地区百货公司(简称"老地百")和邢台纺织品公司,两个公司同一地点办公。改革开放后,邢台县又建设了豫让桥批发市场。老地百主要批发百货和纺织产品,豫让桥批发市场则以杂货为主。老地百原位于现在的新华里188号南端,现搬迁至车站南路。

1990年4月15日,邢台百货大楼开业,这是邢台的第一座大型百货商场,经营百货零售业。原址在现在中兴路邢台市人社局和邢台银行位置。据说开业当天人头攒动，自行车都排到了一招岗路口正中央。现已倒闭。图6-4-14为原百货大楼。

图6-4-14　原百货大楼

此外，还有清风楼步行街南口东西两侧的襄都商场、新亚商城和中兴路上的中兴大厦、新亚购物中心（现北国商城位置）等综合性商场先后兴废。

现在，邢台桥西区的北国商城、逗号立方和桥东区的天一城、万达广场成为邢台市商业发展新地标。

## 模块三【探究平台】

1. 说一说目前在邢台大街上还能见到哪些餐饮业老字号？
2. 找机会去体验一下邢台餐饮业老字号，感受一下"邢菜"特色。
3. 利用周末去探访邢台古玩市场，看看能发现哪些老邢台的日杂商品。根据发现写一篇描述性文章。

# 第五节　邢台历史上的农产品加工业

## 模块一【寻找归属】

作为北方人，我们的主食以面食为主，基本上每天要吃到各类面食。邢台凭借得天独厚的地理条件、丰饶的农业物产，成就了"舌尖上的邢台"，赢得"棉海粮仓"的美誉。让我们一起来了解一下邢台的农产品加工业。

## 模块二【知识坐标】

邢台拥有各类食品加工企业3 000多家，市级以上农业产业化龙头企业410家，形成粮食、食品、饲料等八大类农产品加工业。食品工业跃居第二大主导产业，成为邢台活力最足、势头最好的发展新引擎。

## 一、民国之前邢台的农产品业状况

自古代至清末，邢台靠近山区，粮食产品尤其是面粉加工和制面业都是自给自足，靠人工或畜力磨面、擀面、压面。农副产品及山货以杂货形式零散销售。到民国时期，邢台建设了发电厂，以电力为动力的面粉公司出现，食品工业肇始。随着邢台经济的繁荣和食品服务业发展，面粉公司成为邢台的重要食品工业，积聚了大量的磨面工人。据史料记载，1945年邢台解放后，电灯公司、面粉公司等90多家工厂重新开业，上万名失业工人重新就业，为邢台人民提供生活需要的物资。

## 二、邢台现代农产品加工业发展历程

除传统面粉加工和制面业以外，自20世纪80年代我国引进日本油炸方便面生产线和技术后，邢台现代制面业最有特色的是方便面生产企业迅速崛起。邢台现代史上生产方便面比较有名的企业有两家，一个是国营邢台市方便面厂生产的佳美牌方便面（鸡汁面为代表），另一个是民营邢台隆尧华龙方便面厂生产的华龙面（华龙面、108、小康、今野、今麦郎）。曾经红火的还有中旺集团的三太子面（三太子、五谷道场）、邢台枣花佳饮料、巨鹿"二月花"枸杞珍饮料等。

1. 国营邢台方便面厂——佳美牌鸡汁面

邢台市方便面厂前身系1985年从邢台市二轻局制钉厂分设出的一个厂子。1986年1月正式经营。最初称邢台市副食品厂，后更名为邢台市方便面厂。

邢台市方便面厂为国营企业，位于邢台市桥东区新华南路中段路东侧，以生产方便面、糕点为主。年产方便面2 500吨，糕点300吨，年产值600万元，利税75万元。

1989年12月底，由邢台市二轻局划归邢台市粮食局所属，油炸方便面生产线由1条增加到3条，职工由原来的80多名，增加到240名。到1992年，固定资产达到666万元，年生产能力达到10 000吨，年产值为2 952万元，利税155万元。

邢台市方便面厂注册商标为"佳美"，"佳美"牌系列方便面有鸡汁面、排骨面、香辣面、红烧牛肉面、蔬菜面、加豆营养面等。图6-5-1为邢台市方便面厂的鸡汁面。该厂产品赢得消费者的信赖，畅销山西、内蒙古、黑龙江等10多个省、市、自治区、直辖市，并远销英国和独联体国家。1988年获首届中国食品博览会银奖，1992年获香港国际食品博览会银质奖等。因经营不善，现已倒闭。

2. 民营华龙集团——华龙面

河北华龙面业集团有限公司是一家股份制民营企业，位于河北省隆尧县，1994年创建。华龙集团占地面积100万平方米，有员工12 000人，拥有十五个分公司，年处理小麦150万吨，其制面、制粉规模位居全国第一，是集方便面、面粉、调味品、饼业、包装、彩印、运输于一体的功能齐备、设施先进、管理现代化的大型食品企业集团，总资产达30亿元。该公司是一家集生产、销售、科研开发于一体的现代化综合食品企业，凭借一流的方便食品生

图 6-5-1 邢台方便面厂的鸡汁面

产水平和"今麦郎""华龙"等知名品牌而享誉华夏。现已发展成为综合性企业"今麦郎集团"。早期绿色的红烧牛肉面深受欢迎,"华龙面,天天见"成为其经典广告词。

1999年12月"华龙"商标被国家工商总局认定为"中国驰名商标"。2000年12月,华龙集团顺利通过ISO 9002国际质量体系认证。目前,十四个系列、七十多个口味、二百余个规格的华龙牌系列方便面已畅销全国30多个省、自治区、直辖市。

3. 金沙河面业集团

创建于1996年的河北金沙河面业集团,是全国最大的挂面生产企业,有邢台金沙河面业有限责任公司、河北金沙河物流有限责任公司、承德金沙河面业有限责任公司、沙河市佛照山荒山综合开发有限责任公司四家全资子公司。拥有员工3 000余名,3个生产基地,6个制粉生产车间,日处理小麦4 600吨,41条挂面生产线日生产挂面1 700吨,2014年度产值37.5亿元。2014年,中国小麦粉加工50强企业排名中,金沙河排第九位,中国挂面加工企业10强排名中金沙河排第二位。

该公司相继通过ISO 9001质量管理体系认证和ISO 14001环境管理体系和食品安全管理体系认证,并先后获得"中国名牌产品""中国驰名商标""绿色食品"荣誉称号,2010年被农业部评定为"农业产业化国家重点龙头企业"。

### 三、邢台现代涉农产业发展现状

在邢台,因为农产品加工业发达,农业生产日益呈现"工厂化"趋势。邢台市出台了《推动健康食品产业发展政策二十条》等文件,强力推进健康食品产业转型升级、做大做强做优。邢台市从粮油加工品、调味品、酒类到保健品、生态农产品、宠物食品也形成产业链。

除今麦郎集团和金沙河面业集团两家综合型农业企业外,南和县先后培育御芝林、奥丁两个中国驰名商标,全国宠物食品十强企业两家,全国市场占有率超过60%;临西县引入上海光明集团,建成全球单体最大的工厂化食用菌生产基地;巨鹿县打造10万亩金银花种植基地,成为全国"金银花之乡";柏乡县借助"汉牡丹"品牌,积极发展油用牡丹及深加工产业；威县建成10万亩梨产业基地，"威梨"品牌广受赞誉；隆尧县"隆尧大葱""泽畔莲藕"通过国家地理标志认证，"怡硕"牌7个系列蔬菜产品通过有机食品认证；临城县有"绿岭核桃"，内丘县有"富岗苹果"；邢台县成功注册"浆水苹果"区域公用品牌，还有板材制造以及以邢台蓝鸟家具为代表的家具制造业等。

目前，邢台市拥有13个涉农中国驰名商标，17个地理标志农产品，国家级重点龙头企业5家、省级73家。

## 模块三【探究平台】

1. 组织学生到今麦郎集团或金沙河面业集团参观考察，了解企业文化和企业规章制度，开展职业素养教育。

2. 交流讨论你知道的一些方便面企业，了解一下这些企业的背景和发展现状。

# 第六节 邢台历史上的制革业和制鞋业

## 模块一【寻找归属】

随着邢台皮毛业的发展、繁荣，制革业、制鞋业也开始兴起。20世纪90年代，邢台辛庄路还有制革厂，东围城路上有邢台鞋厂（现开元寺位置）。我们一起来了解一下邢台的制革业和制鞋业。

## 模块二【知识坐标】

### 一、邢台的制革业发展历程

清光绪十一年（1885年），邢台厌纯德、纪恩科创办三义会（同盛德）制革厂，日产皮百张，行销本地和东北。到19世纪二三十年代，邢台城内制革厂已经发展到50多家。1926年，西大街路北开设的车马辕具店改为制革厂，采用英国传入的新法生产法兰皮，行销京津沪等地。

1937年，邢台沦陷，日本在邢台成立株式会社。邢台城内义和隆、义盛祥、礼合信、恒达、九江五个作坊，各用工30多人，除生产法兰皮外，还生产鹿皮花奇皮（从日本传入生产工艺）。此外，义和信在邢台牛市水坑制作面革，用工60多人。

1945年邢台解放，八路军接管义和隆、礼合信、恒达、九江等制革厂，中华人民共和国成立后，迁往天津成为天津制革厂。

民国年间邢台的制革业老字号有：

三义会皮革店（后改名同盛德）、义和隆皮革店、义盛祥皮革店、礼合信皮革店、恒达皮革店、九江皮革店、义和信皮革店、永生号皮革店、永兴厚皮店（府前南街，1939年成立）。

## 二、邢台的制鞋业发展历程

清光绪元年（1875年），邢台城内已经有制鞋作坊数家。在北大街有瑞盛源鞋庄、老双盛鞋店、庆云斋鞋店等。清朝末年，邢台布鞋远销长江沿岸、四川、东北、内蒙古一带。图6-6-1为老双盛鞋店现址。

图6-6-1 老双盛鞋店现址

1914年，直奉大战，邢台成为各军阀军需补给地和兵员集中地。冯玉祥、孙传芳、胡景翼和本地驻军萧耀南等部，纷纷在邢台批量订购军鞋，总数达几百万双。当时，邢台城内有170多家加工军鞋的厂子，带动周围数千农民参与来料加工，邢台鞋业繁荣一时。

民国年间，邢台城内制鞋作坊林立，"邢台布鞋"行销天下。在抗日战争、解放战争、抗美援朝战争中，邢台布鞋供给国军和人民解放军，为战争胜利立下汗马功劳。

1947年，邢台前进鞋厂诞生，为人民解放军赶制布鞋，正式用工达800人，而从事辅助的劳力散布周围城乡，年产军鞋十多万双。

1949年后，"邢台布鞋"进入京津，北京王府井有"邢台布鞋"专柜。1954年，邢台开始生产皮鞋。1958年，邢台开始生产凉鞋、棉靴，销往苏联、蒙古。1960年，全国布鞋生产机械化现场大会在邢台召开。1969年，邢台研制成功"解放"胶鞋。1972年，邢台研制成功轻便雨胶鞋、球鞋，成为市场热销货，年产量40万双。1981年，邢台尚年产布鞋近50万双，皮鞋260万双。

邢台鞋业知名老字号：

(1) 庆云斋鞋店

庆云斋鞋店成立于光绪十四年（1888年），由刘殿俊开设，为民国年间冀南最大的制鞋店铺，也是后来邢台能生产皮鞋的唯一厂家。

(2) 义德局鞋店

1917年，石老大带4台西洋缝纫机在邢台开办义德局机器房，专门加工制鞋，从此，邢台制鞋工艺开始转向机械化生产。

(3) 邢台前进鞋厂

邢台前进鞋厂1947年成立，以千层底、香巾布面鞋为主。曾为人民解放军赶制布鞋，正式用工达800人，年产军鞋十多万双，在人民解放战争和抗美援朝战争中立下汗马功劳。后改名邢台鞋厂。

当年，邢台制鞋业的热门产品有：邢台布鞋、邢台胶鞋（解放胶鞋、轻便雨胶鞋、球鞋）、邢台皮鞋。

## 模块三【探究平台】

请利用假期或周末时间到邢台北大街、西大街一代开展调查，看看能找到哪些老字号。

# 第七节 邢台历史上的纺织业

## 模块一【寻找归属】

现代社会经济发达，物质极大丰富，我们的生活富足圆满，凡是手工制作都是高品质生活的象征。但在经济匮乏的过去，尤其是封建社会，生产力低下，人们的生活处于纯手工时代，比如人们穿的衣服，从种植棉花到生产、加工全靠人力，物力艰难，生活贫瘠。这与现代生活中"手工制作"完全不是一个概念。你的家乡现在还有织布的习俗吗？

## 模块二【知识坐标】

明清以来，邢台南关有五大行。五大行中包括土布行和洋布行，而南关北大街是绸布、土布行的主要聚集地。由此可见当年邢台纺织业之兴盛。

### 一、邢台历史上的棉纺织业

自清末至1945年邢台解放初期，邢台先后开业停业的棉纺织作坊中，以织白土布、白细布、条格布等为主的棉织作坊约15家，以生产提花线毯为主的作坊约18家，生产毛巾、腿带、腰带等小商品为主的作坊约20家。图6-7-1为民国时期往邢台运送棉花的车队。

清末民初，邢台南关靛市街有"宝寿庵"孤儿院织工厂（大致位置在邢台市二中南校区内）。同时期，在南长街路西（今南长街小学北邻）开办了穆家棉织作坊。1956年，由"民生棉织互助组"一组、二组、三组合并而成"邢台市棉织社"。

图6-7-1 民国时期往邢台运送棉花的车队

民国初年,在府前西街东头路北有和氏毛巾作坊,并采用漂白粉来漂白纱线。1918年,"日升恒织工厂"在城内驴夫营街开办,织造线毯、毛巾、腰带、粗布等。

1919年,"顺和祥"毛巾作坊在邢台南关肉市街开办。顺和祥停业后,它的"亲戚"顺兴祥于1935年改为福义祥织工厂,厂址在马市街路东,原为织腿带,逐渐发展到五台织布机,1950年后改为织棉布。1956年公私合营时,"福义祥"等8家有雇佣关系的作坊合为合营棉织厂,也就是邢台市织染厂的前身。1957年迁到南羊市道南头路东,即邢台市织染厂现址。

1924年,卫衙街有家庭棉织作坊。同时,在邢台南门城门道路南开办焕然堂织工厂,经销毛巾、粗布、线货等,兼看外科。产品除批发零售之外,还远销赞皇、磁县、彰德府(今安阳)等地。自1940年后,因日伪政府对棉纱棉布实行统制,日军和汉奸大肆抢掠,焕然堂织工厂被迫于1943年停业。此外,邢台当时还有民生织工厂、织毯作坊、贫民习艺所及其他棉织作坊等。

据1937年6月统计,邢台有铁工厂3家,每年生产弹花机、轧花机20部。当时全城区共有小型织工厂12家,工人250名;共有织机116台,其中提花机26台,铁织机7台,木织机1台,毛巾机45台,袜子机27台,汗衫机4台,腿带机3台,毛衣机3台。这些小型织工厂(或称作坊)的涌现,为促进邢台纺织工业的发展迈出了可喜的一步。

1937年10月,日军入侵邢台城后,城区纺织作坊有的迁往西安,有的停业。日伪政府还规定,棉花、线麻、羊毛、估棉等为军用物资,全部由顺德府皮毛株式会社(有限公司)经营。棉花成为违禁物品,全部实行统制,不准私人经营。这使刚刚兴起的邢台纺织业遭到严重摧残。

1945年9月邢台解放后,在党和政府的领导、扶持下,邢台长期停顿的手工纺织业得到恢复,并逐渐建立起私营、合私、公营等类型的纺织工厂。

## 二、邢台历史上的丝绸业

据清光绪《邢台县志》记载,"丝能织绸、织绫、织带,有花有素……所织汴绸,销售颇广"。自清末至抗日战争前，邢台已有较大的丝绸作坊6家，这些作坊大都是前店后坊，自产自销。

1881年，福兴德丝店创办，曾用名复兴得，厂址在原南门外围城河、桥口路西。1911年，丝店有木织机5台，共有掌柜、伙计、学徒10人，产品有提花缎面头巾、腰巾、手绢、汴绸。

1885年，久成魁丝店创办，店址位于花市街，有木织机8台，共有掌柜、伙计、徒工近40人，主要产品为绫、缎。

久成德丝店创办于1923年以前，店址位于西大街40号。到1941年有手工木织机7台，铁织机1台，全店人数约40人，产品有哈达、鸡皮布、汴绸、绫、缎。产品上织有"顺德府久成德汴绫老店"的字样。1948年，店员组织个体劳动者成立邢台丝织手工业联社。

1936年，同泰恒丝店创办，店址位于西大街191号，为自东自掌，规模不大，主要生产丝线、发网。之后加入丝织业联社。1957年并到邢台市公私合营棉丝织厂。

1956年，福兴德丝店与鸿源合线厂、利民合线厂、裕华合线厂、大同鞋带厂五家私营企业组成邢台市公私合营棉丝织厂。有职工44人，木织机5台，电力合线机1台，手摇合线机2台，鞋带机40台。产品有丝手帕、丝腰巾、鞋带、松紧带、花线绳、民用线等。1961年邢台市公私合营棉丝织厂由学道街迁至东围城路路东，即邢台丝绸厂地址。后由公私合营改为国营企业，更名为邢台市丝织厂。1986年又改名为邢台丝绸厂，隶属于邢台市纺织工业公司。

此外，还有福兴恒丝店、杨万祥丝店等。

### 三、邢台历史上的土布纺织业

邢台东部地区是一望无际的平原，威县、巨鹿、广宗、南宫等县域有大面积种棉传统，无论贫家富户，妇女都纺线织布。到了冬天，妇女在地窨子里日夜操劳。地窨子一半在地上，一半在地下，冬暖夏凉。相邻数家，机杼之声响彻昼夜。图6-7-2为土布纺织技艺。

图6-7-2 土布纺织技艺

邢台纺织业源远流长，早在西汉时期，巨鹿所产蒲桃锦、散花绫就为高级布品，供皇室御用。《西京杂记》称"绫出巨鹿陈宝光家"。锦绫实际上就是明清以来带有色彩图案的邢台土布。汉代，邢台有四个以纺织闻名的老城：锦绣襄国、绵纩房子、缣緫清河、锦绫巨鹿。

邢台老土布纺织工艺形成于元末明初，距今已有700多年的历史。明清以来，邢台商业中纺织业甚为发达。由于当时邢台皮毛最主要的供应地是西北地区，皮贩赴西北各地时，携带布匹、线带、土布、火柴等商品作为担保，筹借购买皮毛的资金。所以，随着皮毛业发达，纺织业、洋广杂货也逐渐兴盛。

邢台老土布销售北至张家口、内蒙古，西至山西平定、榆次、太谷等地。京汉、正太铁路通车后，南关土布行更是声名远播。民国三十二年冀南大灾，很多乡下妇女携土布由邢台站或内丘官庄站登车北上康庄口外，逾太行、下山西，以布换取粮食。

随着纺织业的发展，邢台南关产生了五大行之一的"土布行"，在南关的北大街有天增成帽庄、正兴茂、海鑫兰、同丰泰布庄等土布老字号。

邢台市靛市街地名来历以及邢台省级非物质文化遗产威县土布纺织技艺等，都在一定程度上印证了古邢台纺织业的繁荣发展。

老土布纺织工艺非常繁杂，分多道工序，主要有搓花结、纺线、打线、浆线、染线、络线、掏缯、闯杼、绑机、织布等。按布匹的纹路，能织出平纹布和斜纹布；按图案可织出方格布、汉字布和花鸟鱼虫布。方格布又分斗式方格布、竹节式方格和水纹方格布；条纹布可根据经线的颜色分为多种不同条纹布；汉字布可分为王字布、土字布、工字布、双喜字布；花鸟鱼虫布是把代表喜庆、吉祥、富贵的石榴花、荷花、蝴蝶、鹿等织成图案。

邢台老土布纺织工艺是劳动人民长期实践和智慧的结晶。它融合了中国传统文化及纺织技艺，承载着自元末明初以来各个时期的科技、艺术、民俗、信仰等传统文化信息，具有较高的历史文化价值，对研究中国纺织技术的发展脉络有着重要作用。

目前，邢台有威县土布纺织技艺、沙河四匹缯布制作技艺、沙河豆面印花技艺等省级非物质文化遗产，是老邢台传统纺织、印染技术的传承和保护项目，亟需加大宣传和保护力度。2019年，产生于清光绪十二年的"沙河塔子峪老粗布"被列入河北省第二批"燕赵老字号""古代贡品"保护名录项目；产生于民国的"任县双仙里手工老粗布"被列入河北省第三批"燕赵老字号""古代贡品"保护名录项目。

## 四、邢台历史上的印染业

近百年来，邢台的印染业从手工印染发展到机器印染，从小手工染房发展为机器印染工厂，染法从土到洋，染料也从使用靛蓝、五倍子、槐树豆等土染料，发展到使用人造染料和外国进口的化学染料，印染技术日臻完善。

据不完全统计，自清末至1949年以前，仅在邢台城区，先后开业、停业的大小染坊就有20多家。按时间统计，清末之前开业的至少有3家，"七七"事变前开业的有12家，1945年前开业的有2家，1949年前开业的有3家。按规模大小或从业人员的多少统计，大型（11至20人）的3家，中型（5至10人）的5家，小型（2至4人）的9家，人数不详的3家。小型的染坊大部分为家庭作坊，靠家人劳动。

1945年邢台解放后，成立印染互助组、合作社，分设四个网点，染坊总部设在牛市街黄家巷。后全部迁至西仓巷、肚子街、西口大院，成立邢台市洗染店，隶属于邢台市服务公司。

邢台的古印染技术也有不同工艺。一是土法印染。使用植物性的染料，采用煮染或品染的方法着色。二是古老的轧光工艺。邢台染坊内一般都设有染色和轧光两部分。轧光的工艺也由砑、碾，演进为踹布。至今在牛市街南墙根还有废弃的"元宝石"，这是当年用来踹布的工具，现在它已成为历史的见证。三是古老的印花术。旧时代，男人青衣蓝衫，女人穿红着绿。印花制品有头巾、围裙、枕头花、包袱、被单、褥面、婴儿布等。印花布以蓝底白花或白底蓝花布为主，俗称"豆面花"。

纵观清末至1945年邢台解放期间，邢台纺织业虽然规模较小，设备简陋，生产力落后，停留在手工业状态，但客观上它为促进和繁荣邢台经济社会发展起到了不可忽视的作用，为邢台现代化纺织工业的发展奠定了基础。

### 五、邢台现代纺织、服装产业

现代邢台的纺织、服装产业优势突出，羊绒、纺织业集中分布在宁晋县、威县、巨鹿县、南宫县和广宗县，成为邢台市的经济支柱产业。在《邢台市服装产业转型升级行动方案（2018—2020年）》中提到的发展目标为：到2020年，培育2个特色产业集群（清河羊绒、宁晋休闲服装），力争打造一个国家级纺织服装创意设计试点示范园区（清河县羊绒小镇）、一个精品羊绒面料园区（南宫精品羊绒面料产业园），办好一个展会（中国·清河国际羊绒及绒毛制品交易会），使邢台市服装产业时尚设计能力和智能制造水平明显提高，品牌引领作用和产业发展质量明显增强。邢台市服装产业规模以上企业主营业务收入年均增长10%左右。

其中，宁晋纺织服装产业起步于20世纪80年代，目前已拥有生产企业376家，配套企业5家，从业人员14 117名。先后荣获"河北省中小企业重点产业集群"和"中国休闲服装名城"称号，被评为"河北省纺织服装基地县"、中国北方牛仔服装生产基地、中国最大的灯芯绒生产基地和国家灯芯绒产品开发基地。2017年，宁晋服装行业荣获"河北省中小企业示范产业集群"称号，具备集纺织、印染、牛仔、水洗、服装加工、辅料生产于一体的完备产业链。

邢台清河的羊绒及绒毛制品交易量世界第一。作为邢台清河县的支柱产业，清河羊绒已由"中国羊绒之都"发展为"中国羊绒纺织名城"；由单一的分梳原料升级到纺纱、织布、织衫，还引进国内外顶尖设计师团队入驻，搭建清河羊绒设计研发中心、工业设计创新中心、原创设计与展示中心等平台，原创的时尚设计将邢台清河羊绒推上了时装舞台。

## 模块三【探究平台】

1. 查阅资料，看看你的家乡是否有纺织传承项目，如果有，特点是什么。
2. 根据你的专业特点，找一个切入点为邢台纺织技艺传承开展宣传保护，并写一份宣传保护策划书。

## 第八节　邢台历史上的制瓷业

### 模块一【寻找归属】

在中学学习《中国历史》时会学到瓷器品类，其中提到了邢白瓷。你知道邢白瓷就是邢台的一个名窑产品吗？

### 模块二【知识坐标】

邢窑在中国古陶瓷史上占有十分重要的地位，邢州白瓷窑址先后列入国家重点文物单位、国家重点大遗址保护规划、十大考古发现。邢窑的范围跨州连郡，是一个庞大的窑区，内丘、临城、邢台的窑址均为邢窑不可分割的组成部分。图6-8-1为邢窑遗址。

图6-8-1　邢窑遗址

#### 一、邢窑白瓷的发展历程

"邢州白瓷甲天下"，邢窑是河北四大名窑之首，是中国白瓷发祥地。邢窑创烧于北朝晚期，邢窑白瓷始于隋，到唐朝达到鼎盛阶段，邢窑成为中国早期生产白瓷的中心。

隋代烧制成功的邢窑透影白瓷，在我国陶瓷史上是一个重要的里程碑，这个发现填补了我国陶瓷史的一页空白。邢窑透影白瓷胎质坚细、釉色洁白、光润晶莹、气孔率低、影透性强，与现代高级细白瓷的胎质、釉色相比绝无逊色。研究发现，这种白瓷的胎釉中加入了钾长、石英两种硬度很高的脊柱原料，这种现象在我国古代陶瓷史中是绝无仅有的特例，具有很高的科学研究价值和文化价值。

邢窑是我国古代著名瓷窑，因首创"类雪类银"的精细白瓷而著称于世。其烧制成功结束了我国自商周以来青瓷一统天下的局面，与以越窑为代表的青瓷并驾齐驱，争奇斗妍，形成了唐代"南青北白"的两大体系，为唐代以后白瓷的崛起和彩绘瓷器的发展奠定了基础。

邢窑白瓷胎体坚硬细薄，叩之声清悦耳，釉面光润，釉色洁白、均匀、干净而微闪青灰或淡黄，有"类银类雪"之誉。较之越窑青瓷的类玉似冰，亦别具特色。邢窑白瓷朴素大方，极少装饰，但也有不少模压和捏堆以及蓖片划出的纹样，十分简朴，玲珑别致，光彩照人。邢窑造型上偏重器物的实用性，线条单纯洗练，简洁爽利，具有一种质朴自然的天趣。图6-8-2为邢窑白瓷制品。

**图6-8-2　邢窑白瓷制品**

邢窑至唐中后期已自成体系，并与越窑青瓷分庭抗礼。邢越两窑所产瓷器，一白一青，在地域上一南一北，代表了唐代瓷器生产的两大主流。

五代时，邢窑仍烧造。宋代，邢窑虽还生产少量贡品，但其制瓷规模已不能和唐代相比。元代时，仅烧制一些民间用瓷，不见精细产品出现。后由于制瓷原料匮乏等原因，邢窑逐渐衰落。

现在，邢窑白瓷的制作工艺，经专家研究试验已摸索研究出来，并在其主要产地之一的临城县被仿制成功，千年名瓷重新放出迷人的光彩。邢窑白瓷的另一主要产地内丘县则建设了邢窑博物馆、邢瓷文化体验馆、邢窑遗址博物馆等，为传承和发扬邢窑烧制技艺做出努力。

## 二、邢窑白瓷的普及性

邢窑以产品种类丰富、胎质坚实细腻、装饰技法精美而成为唐代名窑，其产品大多为碗、壶、盏托、瓶、罐、钵、盒、瓷俑等生活用器，涉及人们生活的各个领域。唐代人对饮茶颇为讲究，要求茶具的颜色同茶的色泽和谐统一。陆羽在《茶经》中写到"邢州瓷白，茶色红"，茶与邢瓷红白相间，格外赏心悦目。

邢窑在烧制技术和工艺处理上比较成熟，很少产生因过火而产生变形的弊端，所以深受文人雅士及平民百姓的喜爱。

邢州白瓷在唐代极负盛名。唐李肇《国史补》说"内丘白瓷瓯，端溪紫石砚，天下无贵贱通用之"。唐太宗李世民亲笔为邢台大盈瓷窑院（邢州官窑）题词：大盈浑涵，中外咸通。这说明，邢州白瓷不仅是民用的器皿，还是给朝廷的贡品。图6-8-3为唐贞观三年虞世南、褚遂良书《中邱邑署重修御铭石刻匾额》残件。

唐代大盈瓷窑院和进奉瓷窑院均位于邢台清风楼附近。两者均属皇帝直属的官窑机构，

**图 6-8-3　虞世南、褚遂良书《中邱邑署重修御铭石刻匾额》残件**

前者为唐初至唐代中期机构,生产大盈款瓷器;后者为唐代中期至北宋的机构,生产翰林款瓷器。

1985年和2003年,内丘县两次出土了"盈"字款和"翰林"款白瓷及刻印花瓷、唐三彩等,还首次出土了"官"字款白瓷残片。

### 三、邢窑瓷器享誉海内外

除上贡朝廷外,邢窑白瓷还远销埃及、印度、叙利亚、日本、伊朗、斯里兰卡、巴基斯坦等十几个国家和地区。

1998年,德国打捞公司在印尼海域发现了一艘唐代沉船"黑石号"。唐代"黑石号"沉船运载的350件西亚风格白釉绿彩器,经考证确认,属于唐代皇家大盈库专烧产品,是唐朝皇帝直接赏赐波斯湾国家的国礼,非民间交易,是"瓷器之路"中官方国际政治的重要见证。图6-8-4唐代沉船"黑石号"部分出水的邢州官窑瓷器。

**图 6-8-4　唐代沉船"黑石号"部分出水的邢州官窑瓷器**

## 模块三【探究平台】

1. 你认为古邢台经济繁荣体现在哪些行业？列举3个。
2. 古邢台的商业发展与现在相比有什么特点？请说说你的感受。

# 第七章　邢台历史上的工业发展

## 第一节　邢台历史上的冶炼业发展

### 模块一【寻找归属】

中学时，《中国历史》课本上提到在湖北出土了春秋战国时期的一把宝剑，那就是被誉为"天下第一剑"的"越王勾践剑"。

对于热爱武侠的人来说，可能都知道中国上古时期有十大神剑，其中有两把剑是许多影视剧中的常会用到的，这就是——干将、莫邪剑。在志怪小说《搜神记》中，干将是春秋时期的一位铸剑的名匠，在为吴王造剑过程中，为把精铁铸融，和妻子莫邪相继投入熔炉，最后铸成了两把剑，起名为干将剑和莫邪剑。

可见，在冷兵器时代，古人对刀剑的重视程度，因为刀剑就代表着战斗力。其实，在古邢台，武器的冶炼铸造技术也很高超，在当时也闻名全国，让我们一起来了解一下。

### 模块二【知识坐标】

#### 一、邢台古代的冶炼技术

中国是世界上最早使用铁的国家之一，而邢台也是中国最早的铁冶中心。邢州铁冶对中国社会历史的发展与进步起到了不容忽视的推动作用。

商周时期，邢台是河北省内唯一能铸造皇家大型青铜器的地区。西周时，邢国留下大量青铜器，比如邢侯簋等。春秋战国时期，邢台是赵国的武器和钱币制造中心。早在两千年前，邢台人就知道"山上有赭者，其下有铁"，襄国是汉武帝时三大冶铁基地之一。北朝时期，邢州冶炼专家綦毋怀文发明灌钢技术，这是17世纪之前世界上最先进的炼钢方法。唐代，邢州宿铁刀为上等贡品。北宋时期，邢州是全国最大的冶炼中心，元丰年间产铁量居全国第一。

目前，邢台沙河市仍存邢台市级非物质文化遗产——綦阳冶铁遗址。邢台市沙河綦阳镇，自古为邢州冶铁中心，有小邢州之称。宋代时，邢州冶铁量全国第一，占到河北路的40%，其中綦阳镇又占到邢州的90%，邢台自古就流传"綦阳铁、窑坡炭，叶河水，沾一沽"的民谚。

1958年，文物工作者在綦阳村西沟内发现了十多个古代炼铁炉遗址，炉型多为圆锥形，炉旁还残存有两大堆铁块，合计十七八块，每块有几吨重。之后又发现了古代采矿老洞，洞内还有大量采矿工具如图7-1-1和图7-1-2所示。同时，发现《大宋重修冶神庙记》石碑，该碑刻于宋宣和四年（1122年）八月，碑中详记了当时冶铁情况，有珍贵的史料价值。另外，在村南观音寺后发现掩埋的石碑，上刻"顺德等处铁冶提举司，大德二年九月立石"的字样。大德是元成宗年号，可知元代在此处一直设有铁冶司。

图7-1-1　沙河綦阳采矿老洞

图7-1-2　出土的铁冶工具

到1977年，该沟内仅遗存一残炉，暴露红烧土、铁块、煤渣等物，建筑方法是沿黄土断面往下切挖，削成半圆形的筒子，再用石块垒砌内壁而成。1991年，该处最后一个残炉也被选矿厂的渣石埋没。如今，只有"映铁冶"匾额犹存，桥门大体完好。图7-1-3为沙河"映铁冶"旧址匾额及"映铁冶"阁楼。

图7-1-3　邢台沙河"映铁冶"旧址匾额（左）及阁楼（右）

史书记载，沙河冶铁业历史悠久。早在汉魏时期，沙河境内的冶铁业已经十分发达。唐《元和郡县图志》在沙河县条目下记载"磬口山，在县西南九十八里，汉魏时旧铁官也"，"黑山在县西四十里，出铁"。唐代沙河是全国重点产铁地区之一，又是刀、剑的主要产地，民间至今还流传着尉迟敬德在黑山一带炼铁的传说。

綦阳旧存的宋代碑刻《重修冶神庙记》中，记载了顺德府綦村铁冶的情况。宋《元丰九域志》在沙河条目下记载"有綦村一镇，铁冶一务"。宋皇祐五年，在綦村开始设置铁冶事务，设官吏专管。綦村因铁冶业的发展而成为全国重镇，据《宋会要辑稿·食货》记载，綦村冶额定租额占全国总租额的三分之一，而元丰元年（1078年）綦村冶上缴的铁，占全国总上缴额的百分之四十，赫然名列全国铁冶点的榜首。从中可见，綦村铁冶的规模和产量在全国占有举足轻重的地位。

到元代,綦阳仍然设有铁冶司,由县主簿兼铁冶司提举。当时,綦村一带冶户达2 764户。元代邢州大治时,广开铁冶,为邢州升格为顺德府起到推动作用。

明清以后,当地铁冶业衰落下去。民国时期,曾在綦村一带进行勘察,但未开采。綦阳冶铁虽已衰败数百年,但是到中华人民共和国成立后,綦阳一带仍留下大量冶铁遗址。

历史上,邢台沙河市綦村一带不仅是我国古代最早的冶铁重镇,而且南北朝时期著名道人綦母怀文在这里创造出天下最先进的灌钢法,炼成当时最优良的钢,制成名震天下的襄国宿铁刀。石勒的建平大刀、开元寺的金大定钟都是邢州铁冶的精品。图7-1-4为邢州冶炼技术的代表作品——开元寺的金大定钟。

图7-1-4 开元寺的金大定钟

## 二、当代邢台的钢铁冶炼发展

邢台铁冶文化延续两千多年,目前邢台城内有钢铁路、冶金路等城市主干道,从这些能看出铁冶文化对这个城市的影响。

1. 中钢集团邢台机械轧辊有限公司

今日的中钢集团邢台机械轧辊有限公司(简称中钢邢机)仍是国家冶金行业的重点单位,是世界最大的轧辊生产企业。

1958年,为改变我国钢铁工业装备落后面貌,增强全国冶金设备及备件的专业制造能力,党中央、国务院决定在华北建设一个支撑中国钢铁工业建设和发展的冶金装备制造企业,从此邢台冶金机修厂(中钢邢机前身)落户邢台。它目前是世界上产销规模最大、市场占有率最高、资本实力最强的冶金轧辊专业研发与生产厂家。

2. 邢台钢铁有限责任公司

邢台钢铁有限责任公司(简称邢钢)成立于1997年,是国内最大规模的高端线材专业化生产企业,跻身全国工业企业500强、河北省企业100强,荣获全国五一劳动奖状。2004年,邢钢由国有独资企业改制重组为中外合资企业,现已成为外国法人独资企业。经营范围包括钢铁冶炼、轧制压延,钢铁产品深加工,高档五金件、建筑五金件开发生产,汽车关键零部件制造等。

### 3. 德龙钢铁有限公司

德龙钢铁有限公司是德龙控股有限公司的全资子公司，成立于2003年，于2005年在新加坡联合交易所上市，是集烧结、炼铁、炼钢、轧钢于一体的大型钢铁联合企业，系中国钢铁协会会员、河北省重点冶金企业。

此外，邢台还曾有龙海钢铁集团公司（已搬迁），以及颇具规模的汽摩配件基地、再生硬质合金基地、自行车零配件基地、轴承基地、再生玻璃基地等，体现了钢铁冶炼相关产业的发达程度。

## 模块三【探究平台】

1. 邢台最早的冶炼基地在什么地方？
2. 举一个例子证明古邢台冶铁业发达。

# 第二节 邢台历史上的煤炭业发展

## 模块一【寻找归属】

邢台古代冶铁业十分先进，但为了达到熔铸钢铁需要的高温，需要能产生持续高温的燃料。古邢台之所以成为冶铁中心，正是因为邢台有丰富的煤炭资源支持。让我们了解一下邢台的煤炭业发展历程。

## 模块二【知识坐标】

河北省是全国主要煤炭供应基地之一，全省总储量80%以上分布在唐山、邯郸和邢台。邢台的煤炭资源储量丰富，主要分布在沙河市、邢台县、临城县、内丘县一带。

古代，邢台煤炭开采兴盛。邢台冶铁遗址的发现和制瓷业的兴盛是重要佐证。《宋会要辑稿·食货》记载，1078年，邢州綦村铁产量2 173 201斤[①]。据专家分析，当时冶1斤铁耗煤5斤，再加上制瓷业用煤和其他用煤，即使有外来输入煤炭，当时邢台煤炭年开采量也不会低于1 000万斤。古代邢台煤矿开采既有官窑开采，也有民窑开采，排水技术落后限制了煤炭业的发展。

### 一、民窑开采

古代邢台煤炭开采可追溯到唐代。宋代邢州的临城、祁村一带煤炭开采大盛，在李阳河

---

① 1斤=500克。

系沿岸发现 28 座古煤窑遗址，分布在临城、祁村煤田内，为制瓷业发展提供了保障。根据《沙河县志》记载，早在北宋仁宗皇佑四年（1047 年），沙河窑坡村附近就有煤矿开发。当时把煤叫作"石炭"，章村、三王村、窑坡、显德汪一带，到处都有前人开掘煤矿留下的废矿井与矸石堆。

明代煤矿时开时禁。明洪武十五年（1382 年）皇帝禁煤，影响了煤炭开发，沙河的冶铁业遭受打击。神宗万历二十四年至明末，朝廷禁止采煤，一直到清同治年间，煤炭开采仍没有发展。

据有关资料记载，在清道光年间，山东两个官员在沙河章村煤矿开过矿。清朝咸丰年间也有人井采过。光绪初年，有官员曾采用机器在章村煤矿区域吸水采煤，至光绪四年因连绵大雨，井筒淹没，煤窑报废。据《沙河县志》记载，当时官府对煤矿捐税很重，三王村同心坡煤矿因抗交捐税在道光元年被官府封禁，后于光绪二十二年才恢复生产。

古时开煤矿，提升排水都是用人绞辘轳，遇到流沙层和大量涌水便无力抗拒。由于这一带煤炭储量多、面积大，地表覆盖薄，没有流沙层，凿井比较容易，所以小煤窑星罗棋布，比比皆是。

1922 年，沙河矿区开始大量采用近代化的蒸汽机作动力。北京资本家在沙河境内投资开办煤矿，定名"公孚葆矿"，这是沙河章村煤矿的前身（俗称公司煤窑）。此时，这一带有民办小窑三十多处，都是人绞辘轳，手工开采。

1925 年公孚葆矿正式产煤，采用蒸汽绞车，速度快，效率高，日产原煤 24 吨左右。此后，新矿井不断增加，到 1935 年，先后建成柏树地、宋家岭、上小窖、麦子地、孝子台、高楼窑等十六处矿井，平均日产原煤一百吨以上。1931 年至 1938 年最盛时期，工人达一千多，日产原煤 400 余吨，是当时沙河、邢台一带最大的煤矿。

1945 年，日寇投降，沙河章村煤矿由抗日政府所属的太行工商管理局接管，定名大众煤矿，此后生产迅速发展。现属于冀中能源邢台矿业集团有限责任公司。

## 二、官窑开采

19 世纪 60 年代，上海、天津、广州、武汉等地先后建起不同规模的军用企业。洋务派迫切希望用煤炭供应保障军用企业的发展，而手工煤矿生产已经不能满足社会需求。直隶总督李鸿章极力主张开办新式煤矿，使用机器开采。

清末至民国早期，邢台的煤炭开采，特别是临城煤矿开采，出现了工业化迹象。

1878 年至 1881 年，直隶总督兼北洋通商大臣李鸿章委派湖北试用通判钮秉臣前往临城、内丘一带勘察矿点，集资试办临城煤矿。1882 年钮秉臣组办直隶临（城）内（丘）矿务局（后称临城矿务局），筹集资金陆续在临城岗头、石固、胶泥沟、杨家湾、辛庄、竹壁和内丘西邵明等 22 处地方开办了煤矿，俗称"钮家矿"。图 7-2-1 为临城煤矿位置说明图和民国初期绘制的临城煤矿地质图。1884 年，开凿祁村北井。因集资不多，全用土法开采，遇水停工，临城煤矿屡兴屡废。

清光绪二十四年（1898 年）清政府从比利时借款修筑卢汉铁路（卢沟桥至汉口，后改为京汉铁路）。比利时人在邢台境内勘测路基时，发现临城优质的煤炭资源，便有意开办煤矿。

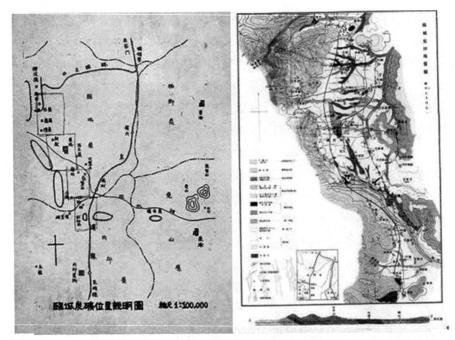

图7-2-1 临城煤矿位置说明图（左）和民国初期绘制的临城煤矿地质图（右）

此时，正值临城煤矿经营亏损资金紧张，清政府便主动与比利时合资办矿。1898年8月，临城矿务局总办钮秉臣、会办龚照屿和比利时商人沙多签订了合同。这是中比首次合办煤矿。1901年李鸿章去世，袁世凯出任直隶总督北洋大臣，袁世凯将合同废止，首次合办失败。

1903年中比第二次合办直隶临城煤矿，袁世凯派津海关道（天津海关管理机构）唐绍仪与比利时商人谈判。唐绍仪离职后，梁效彦继任，继续与比利时商人谈判，于1905年签订了合同。经两年多施工，主、副井于1907年先后建成，并开始出煤，煤质优良。

临城煤矿矿区横跨临城、内丘、高邑、赞皇四县，面积45平方公里。临城煤矿1908年产煤8万吨，居开滦、华地、抚顺之后，为中国第四大煤矿。1911年，临城煤矿产煤20万吨，在全国占有举足轻重的地位。1912年，该煤矿年产量已达25.7万吨，居全国七大煤矿第五位。

1905—1919年，中国和比利时合资兴办时期，临城煤矿从比利时引进资金和技术，采用西方先进的机器设备进行生产，实现了从传统手工开采向近代机械化开采的转变，加速了临城煤矿的近代化。中比合办时期的临城煤矿，不论技术设备、生产规模，还是原煤产销量，在全国都居于前列，在中国近代煤矿发展史上占有重要地位。图7-2-2为临城煤矿。

图7-2-2 临城煤矿

临城煤矿是中国近代著名的煤矿企业,是我国近代的七大煤矿之一,是继开平煤矿之后,晚清洋务派在直隶兴建的第二个大型煤矿,也是中国第一家中外合资的煤矿,建成时间仅晚于直隶开平煤矿、山东华德煤矿、辽宁抚顺煤矿。

这在一定程度上证明了近代洋务运动在煤矿工业上的重要成就,也是李鸿章、袁世凯、唐绍仪、钮秉臣等重要历史人物活动的重要见证。

1919年,比利时忙于欧洲战事,首先提出终止合办合同,北洋政府接管继续生产。1929年开始,国民党河北省政府在祁村村南筹建南井,1931年投产,成为河北省重点煤矿。1935年年底,矿井被淹。1937年抗日战争全面爆发,国民党河北省政府及临城矿务局官员弃矿南逃,日本侵略者肆意破坏建筑物并将生产设备全部运走。1942年临城煤矿沦为废墟。图7-2-3为民国时期官员视察临城煤矿的合影。

图7-2-3 民国时期官员视察临城煤矿的合影

临城煤矿在提升、通风、排水三个生产环节上使用以蒸汽为动力的提升机、通风机、排水机,其他环节仍用人力和畜力,是区别于古代煤矿和现代煤矿的典型的近代煤矿技术的代表之一。

临城煤矿遗址位于临城县黑城乡祁村村北500米处,于1981年被发现。煤矿南北长500米,东西宽500米,占地面积25万平方米。原主井、副井、绞车房、通风房等地面设施,矿区西部有花园,南部有天主教堂。现仅遗存主井、副井、绞车房残垣,为河北省级重点文物保护单位。

### 三、邢台现代能源发展

1. 冀中能源集团有限责任公司

冀中能源集团有限责任公司总部坐落在邢台市,是一家以煤炭为主业,制药、航空、现代物流、化工、电力、装备制造等多产业综合发展的大型国有企业,下辖7家产煤子公司及5家非煤子公司,产业分布于河北、山西、江苏、河南、内蒙古、新疆等12个省、自治区及香港。

2018年完成煤炭产量8 100万吨,精煤2 147万吨,在全国煤炭企业中排名第十位,营业收入2 723.56亿元，资产总额2 545.8亿元，从业人员11万，综合实力位居世界500强第359位、中国企业500强第81位。2019年7月位列《财富》世界500强榜单第347位。

2. 河北旭阳焦化有限公司

河北旭阳焦化有限公司隶属于旭阳化工集团。旭阳集团于1995年成立于邢台市，经过十几年的发展，成为集煤炭、焦炭、化工、贸易四大业务板块于一体的大型煤焦化工企业集团。旭阳集团总部设在北京，拥有邢台、定州、唐山、沧州四大化工园区，十几家煤化工子公司和合资公司。同时，建立了以位于旭阳邢台园区的河北省煤化工工程技术研究中心和设在北京的旭阳研究院为核心的研发机构。

3. 建滔（河北）焦化、有限公司

为香港建滔化工集团全资拥有的子公司。位于河北省邢台市内丘县，一期工程于2003年7月开始筹建，2005年9月全面投产，二期工程于2007年3月筹建，2008年年底建成。现有职工2 000人，占地面积1 580亩。主营产品包括甲醇、水蒸气、捣固焦、硫酸铵、粗苯、焦油等，已形成200万吨焦炭、20万吨甲醇、50万吨醋酸和5万吨苯甲氢的整体循环生产模式。

## 模块三【探究平台】

1. 古邢台最著名的煤炭开采官窑是哪个？
2. 古邢台民窑煤炭开采主要集中在哪个县？
3. 唯一一家总部设在邢台的世界500强企业是哪家？

# 第三节 邢台历史上的电力工业发展

## 模块一【寻找归属】

当前，社会已经发展到互联网时代，我们每天都在运用信息技术开展工作、安排生活和娱乐，而这一切的实现都需要借助一种能源。在我们现在的日常生活中最离不开的是哪种能源？

## 模块二【知识坐标】

### 一、中国的电力工业发展

中国电力工业从1882年有电以来，至今已经走过了近140年的光辉历程。

1. 清代时期

1875年法国巴黎建成第一家发电厂，标志着世界电力时代的来临。1879年中国上海公共租界点亮了第一盏电灯,1882年英国商人在上海创办了中国第一家公用电业公司——上海电气公司。图7-3-1为中国最早的上海电气公司,图7-3-2为中国电力工业与世界电力工业对比图。

图7-3-1 中国最早的上海电气公司

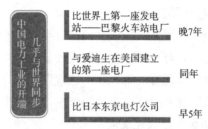

图7-3-2 中国电力工业与世界电力工业对比

2. 辛亥革命时期

1882年上海电气公司开业后,随着1890年八国联军的入侵,上海、汉口、天津、广州、北京以及东北等租界相继开办了一些以解决照明为主的公用电业公司。同年,华裔商人成立广州电灯公司,开始了民族资本创办电力公司的历史。1904年比利时商人与北洋军阀在天津签约成立了电车电灯公司,并于1906年开始了中国交流电的历史。到1911年,全国发电装机容量才有2.7万千瓦,有电的地方仅是上海、广州、北京、香港等中心城市和租界内,中国电力工业处于刚刚起步的幼芽状态。图7-3-3为辛亥革命时期中国的电力工业。

图7-3-3 辛亥革命时期中国的电力工业

3. 民国初期

第一次世界大战爆发后,民族资本工业得到了较快发展。1924年江苏建成了第一条33千伏输电线路,1935年东北出现154千伏输电线路,输电配电网络也相应得到发展。

至1936年年底,全国发电装机容量达到136.59万千瓦(不含台湾)。当时,最大的电力公司为上海电力公司,装机容量达16.1万千瓦。

### 4. 抗战期间

从1937年卢沟桥事变发生到1945年日本投降的八年里，中国电力工业遭受了极大破坏。八年间，全国电力装机容量只增加了9万千瓦。这期间，国民政府主要在四川、云南、贵州、陕西、甘肃等后方地区共筹建了27个小电厂，总装机容量只有2.84万千瓦。日本人基本控制了东北与华北的电力。

### 5. 解放战争期间

从1946年到1949年，中国电力工业基本处于停滞状态，仅于1947年在杨树浦电厂建成了1台180吨/时高温高压锅炉和一台1.765万千瓦的背式汽轮发电机组，这是中国第一台高参数火电机组。

在中华人民共和国成立前夕，全国装机容量只有185万千瓦，发电量43亿千瓦时，人均年用电量只有9千瓦时，装机容量和发电量分别居世界第21位和第25位。

当时仅东北有一条220千伏线路和几条154千伏线路，其他地区只有以城市供电区为中心的发电厂及直配线。中国当时的电力工业处于落后地位。

### 6. 1949年后快速发展期

1949—1978年，在不到30年的时间里，全国发电装机容量达到5 712万千瓦，发电量达到256亿千瓦时，分别比1949年增长了29.9倍和58.7倍，装机容量和发电量分别跃居世界第8位和第7位。电网也初具规模，建成了330千伏和220千伏输电线路533千米和22 672千米，变电设备49万千伏安和2 479万千伏安。1987年，中国发电装机容量实现了历史性的突破，达到了1亿千瓦。图7-3-4为二十世纪八九十年代中国的电力工业。

中国第一座核电站

1991年秦山核电站成功并网发电，中国成为世界上第7个可自行设计、建造核电站的国家。

首批引进外资、成套设备建设的大型发电厂

1986年，华能上安、南通、大连、福州电厂分别与美国GE、日本三菱签署设备供货合同。

图7-3-4 二十世纪八九十年代中国的电力工业

此后，电力工业每年新投产发电机组都超过1 000万千瓦。从1987年开始，仅用7年时间，全国发电装机容量翻了一番，跨上2亿千瓦的台阶。1995年后又仅用5年时间，全国发电装机容量跨上3亿千瓦的台阶。这期间，中国发电装机容量和发电量先后跃过法国、英国、加拿大、德国、俄罗斯和日本等发达国家，于1996年年底跃居世界第2位，仅次于美国。

2002年，新一轮电力体制改革启动，实施厂网分开，成立了2家电网公司、5家发电公司、2家辅业公司，由垄断经营走向竞争，推动了电力工业现代化进程。全国发电装机容量15.3亿千瓦、全年发电量57 399亿千瓦时，均居世界第一位。

## 二、河北省电力工业发展

### 1. 清末民初时期

河北省历史上第一台发电机组,是清光绪二十年(1894年)在北宁铁路唐山工厂内安装的1台40千瓦蒸汽引直流发电机。光绪三十二年(1906年)开平矿务有限公司建成唐山煤矿电厂(1 040千瓦×3台),翌年又建成林西煤矿发电(1 040千瓦×2台)。民国5年(1916年),开滦矿务局林西、唐山、马家海、赵各庄矿变电站相继建成,形成电压30千伏、频率25赫兹的开滦自备小电网。

除唐山开滦煤矿外,河北的临城、井陉、张家口、保定、石家庄、邢台、沧州等地也相继建设了一批工业和民用发电厂。此外山海关、北戴河、高阳、辛集、胜芳、南宫等地也先后建设小型发电厂。

清末,直隶电业行政由清政府农工商部管理,后由邮传部管理。

1912年至1927年,直隶省电业行政由交通部电政司管理。1928年直隶省改称河北省后,电业行政由经济部资源委员会管理。1930年《电气事业条例》颁布后,河北省电业行政由省政府建设厅管理。

截至1937年7月,河北省共有发电厂26家,装机总容量58 068.2千瓦,均为低温低压小火电机组。这一时期,电力主要用户是煤矿、纺织和面粉加工厂以及商号、货栈和军政机关照明。除开滦煤矿形成一小型电网外,其他均为孤立运行,多是昼停夜开,一般市民很少用电。

### 2. 抗战时期

1937年日本帝国主义发动了全面侵华战争,河北各地相继沦陷。日本侵略者出于战争的需要,为掠夺中国资源,相继建了一些发电厂。1944年9月,"石家庄—微水—新井"33千伏输电线路建成,形成石家庄电网雏形。同年11月,由天津塘沽经汉沽至唐山发电所的输电线路升压7千伏运行,初步形成平(北平)、津(天津)、唐(唐山)电网。上述电力设施多是从外地拆迁来的旧设备,加上掠夺式的经营方式,因此事故不断,效率很低。

"七七事变"后,沦陷区电业有冀东电业股份有限公司、华北电业股份有限公司、蒙疆电业股份有限公司、南满电气株式会社承德支店等机构。

### 3. 解放战争时期

1945年抗战胜利后,国民党经济部接收华北电业股份有限公司的发电所,交资源委员会经管;晋察冀边区政府、晋冀鲁豫边区政府接收华北电业股份有限公司、蒙疆电业股份有限公司、南满电气株式会社承德支店的发电所,由当地政府经管。

日本投降后,在国民党统治区的河北电力工业,凋零破败,残旧失修,发电装机容量和供电量均成负增长。国民党军队还出动飞机,对解放区的发电厂进行轰炸。

在中国共产党领导下的解放区,早在1942年由刘伯承、邓小平领导的八路军129师,在涉县清漳河的赤岸村建设了 1 座 10 千瓦木制水轮机发电站，供军工和照明之用。1948 年 1 月，晋察冀边区军民建设的平山县沕沕水水电站投产，装机容量 155 千瓦，由朱德总司令剪彩并亲自开闸放水发电，被誉为"边区创举"。同年，在曲阳县建成葫芦汪火电厂，装机容量 650 千瓦。这些电厂均对支援解放战争做出了贡献。

截至 1949 年 10 月，河北省共有电厂 16 座，其中 500 千伏及以上电厂 11 座。用电区域集中在城市和工矿区，广大农村基本没有电。

4. 中华人民共和国成立后

1949 年后，河北省电业广大职工迅速组织恢复生产，修复城市配电线路。

中华人民共和国建立初期，唐山、张家口、石家庄等地电厂由中央人民政府燃料工业部华北电业管理总局经管。保定、邢台、邯郸、沧县的小火电厂分别由各地专署经管，技术业务、人员配备由河北省工业厅管理。承德地区电业由承德电业局管理。各地水电站由河北省水利厅管理。

1958 年，国家改革电力管理体制，将石家庄、邯郸电力企业下放给河北省。同年，河北省人民委员会成立河北省电力工业局。这一时期，建设了一批热电厂。之后，河北省管理电力企业的机构设置随着中央部属企业的上收和下放，多次变化。

### 三、邢台电力工业发展

1. 清末至民初时期

光绪二十四年（1898 年），临城矿务局装了两台 42 千瓦的发电机，主要用于煤矿开采。1910 年，从临城煤矿往祁村镇架设了照明专线，镇中心大街、店铺安装了照明电灯。

1925 年，顺德电灯公司成立，装了一台 128 千瓦的发电机，发电量 17.4 万千瓦时，排河北省前列，是冀南地区最大、最早的发电厂，也是民国河北省十大电厂之一。该厂于 1924 年建设，1925 年开始供电邢台城，至 1974 年 3 月停产。顺德电灯公司位于邢台老城外西北角，也就是原邢台电缆厂处（即现在的天一城与团结路交叉口西北角）。抗战前夕，邢台城内人口数量达 7 万多人，是冀南地区人口最多的城市，工商业及文化教育等各项事业发达，为冀南第一重镇。

此外，1926 年南宫县也建设了小型发电厂，成立了南宫电灯公司。1937 年 7 月，南宫电灯公司停产。

2. 抗战至解放战争时期

1940 年 2 月，伪华北政务委员会与日本华北开发股份有限公司在北平（今北京）成立华北电业股份有限公司。华北电业股份有限公司成立后吞并了邢台等地电业，设石门支店，辖顺德营业所等，有顺德发电所等 42 个发电所。

1945 年 9 月，晋冀鲁豫军区太行军区六分区派智风、铁流、郭斌 3 人接收顺德发电所，成立了太行实业公司邢台利民电灯公司。电灯公司设工务股、营业股、财务股、材料股、总务股，分锅炉、电机、线路、修理 4 个班。

1946 年 5 月，邢台利民电灯公司易名为邢台光华电灯股份有限公司，设人事股、生产股、计统股、财务股、材料股，分锅炉、汽机、电气、机修、线路、修试 6 个工段和电气承装部,到1949年9月止。

3. 中华人民共和国成立初期

1949年,邢台发电厂三期工程和220千伏的邯郸—南宫—衡水输变电工程,荣获国家优质工程银奖。1950年,邢台小火电企业由河北工业厅管理。

1962年,邯郸成立邯峰安跨省电业局,邯峰安110千伏电网扩大到邢台。1976年,建成石家庄—邢台—邯郸联网线路,初步实现河北南部地区联网(石邯电网),成为当时全国较大的10个电网之一。

1977年,邢台发电厂由省局领导,邢台市革命委员会电力局、邢台地区革命委员会电力局易名为邢台供电局、邢台电力局。

1978年10月,建成第一条马头—邢台—石家庄的220千伏高压输电线路和变压站,增强了河北南部电网的输电能力。1979—1990年,大力发展电力企业,合资建设了一些大型项目,其中扩建了装机容量9万千瓦的邢台发电厂,使其装机容量近130万千瓦,成为大型骨干电厂,国家二级企业。

4. 改革开放至今

1998年,按照现代企业制度要求,邢台发电厂改制为河北兴泰发电有限责任公司。2002年,国家实施新一轮电力体制改革,实行厂网分开,改变垄断经营局面。现在邢台电力相关企业有国家电网邢台供电公司及下辖17县供电公司;发电厂有河北兴泰发电有限责任公司、国投邢台能源开发有限公司邢东热电厂、冀中能源邢矿集团矸石热电厂。另外,还有邢台电力集团南和电厂、河北建投沙河电厂等。

**四、邢台现代新能源、新材料发展**

新时期,邢台能源发展迅猛,尤其是涵盖光电、光热、风电等多领域的新能源产业发展强劲,新项目不断上马,新能源规模以上企业已有12家,产业规模位居亚洲第一。其中,晶澳(邢台)太阳能有限公司入选工业和信息化部绿色工厂名单。晶澳(邢台)太阳能有限公司的经营范围包括太阳能硅片、电池片、组件的生产、销售及研发,自营和代理各类进出口贸易。

同时,邢台平板玻璃市场占比全国第一。其中,沙河市鸿昇新材料光伏电子玻璃生产线是全国第四条、全省第一条"一窑两线"超薄光伏电子玻璃生产线,是工信部"玻璃产业压减产能、提质增效转型发展"试点。年产厚度0.8毫米到1.1毫米的多规格超薄光伏电子玻璃144万重量箱,产品可应用于太阳能基板、高档汽车玻璃、高端显示器、导电膜等多个高新技术领域。玻璃产品由过去单一的建筑玻璃向安全节能、卫浴、装饰、幕墙、工艺品等多方面拓展,向高端家电、信息显示、智能触控等方向提档升级,深加工率超过40%。邢台沙河玻璃产业年产值超过500亿元,正向着千亿元特色产业集群迈进。

## 模块三【探究平台】

1. 中国的电力工业从什么时候开始发展?举例说明。
2. 邢台最早的电力公司是哪家?

# 第四节 邢台历史上的汽车制造业发展

## 模块一【寻找归属】

在科技飞速发展的今天,中国的交通事业领跑世界。家庭轿车已经普及,高铁遍及全国,无人驾驶汽车将很快进入我们的生活。在感叹科技发展的同时,你是否知道,邢台曾经也是一个汽车城,有过一个很大的汽车梦。

## 模块二【知识坐标】

邢台曾经是全国工业重地,有过强大的汽车工业,"两汽一拖"(红星汽车制造厂、长征汽车制造厂、邢台拖拉机厂)是邢台市的支柱产业。

邢台曾经是我国除长春、十堰之外重要的汽车工业基地。邢台汽车工业的发展得益于国家三线建设战略的实施。《邢台历史大事记》记载,1970年5月,北京新都机械厂、天河汽车修造厂迁建邢台,分别改为邢台长征汽车制造厂、红星汽车制造厂。

### 一、红星汽车——东方美人

红星汽车制造厂始建于1964年。1971年,红星牌旅行车正式出厂,产品在市场上极受推崇,曾代表中国参加巴黎汽车博览会,被世界汽车权威人士誉为"东方美人"。当年中央电视台《中国质量万里行》节目组选用的一辆红星车累计行驶3.8万公里没有出现任何故障,受到专业人士的一致好评。图7-4-1为红星汽车制造厂的东方美人旅行车。

图7-4-1 红星汽车制造厂的东方美人旅行车

### 二、长征汽车——80年代中国三大重型汽车之一

1972年,长征汽车厂建成投产。长征汽车厂是当时中国国内唯一采用捷克太脱拉汽车

生产技术的重型汽车厂家,其底盘制造技术和整车质量在全国独一无二。图7-4-2为长征汽车厂的重型汽车。早在二十世纪七八十年代中越自卫反击战时,长征汽车就凭借其独特的风冷发动机、浮动半轴、全驱动和三轴闭锁技术,在越南复杂的山地地形上如履平川,为战争最终取得胜利立下了汗马功劳。

长征汽车厂是八十年代中国仅有的三家生产10吨以上载重汽车的厂家之一,长征汽车遍布全国各个工地、矿山、油田。那时的街道上也经常能见到外国技术专家,这使邢台有了一丝国际化大都市的味道。

图7-4-2　长征汽车厂的重型汽车

### 三、邢台拖拉机——中国第一辆齿轮传动小型拖拉机

邢台拖拉机厂是1968年建成的国有大型二档企业,是中国第一家生产齿轮传动小型拖拉机的企业。最初生产的东方红-12型小四轮异常热销,后改为邢台牌,主要产品有12马力至25马力系列四轮拖拉机,拥有"邢拖""神农""同力"三大系列优秀品牌。20世纪90年代,邢台牌拖拉机以"长城"品牌销往国内外,出口到俄罗斯、乌克兰、保加利亚、摩尔多瓦、芬兰等国家和地区,邢台拖拉机厂曾经是中国最大的农机出口企业,中央电视台多有报道。图7-4-3为邢台拖拉机厂。

图7-4-3　邢台拖拉机厂

与此同时，邢台沙河留村诞生了114汽车厂、邢台汽车厂。邢台市属企业中一部分纷纷转型转产向汽车行业靠拢，出现了邢台市汽车改装厂、邢台市重型汽车修理厂等企业。由此，长征牌汽车、红星牌旅行车、邢台牌改装车源源不断地从邢台开出，走向全国。俗称"小面包"的红星车还成为国家机关的公务用车。这些产生于邢台的汽车引领了那个时代中国汽车工业的风骚。

当时的邢台不光汽车制造业红火，各种配套的产业，如轮胎（鲸鱼轮胎）、轴承（临西轴承）也一样红火。邢台和汽车相关的工业还有邢台车架厂、邢台轮胎厂、水箱厂、车辆厂，就连邢台无线电厂都曾经制造过车用收录机。凭借着汽车工业的坚实基础，邢台曾燃起建设汽车城的激情与梦想。

20世纪90年代，在改革开放大潮中，本该加大油门急速前进的邢台汽车工业，在机制体制制约下，逐渐消沉。

### 四、邢台市新能源汽车产业发展现状

汽车产业是建设创新型国家和制造业强国的重要带动和支柱产业，是一个国家或地区制造发展水平的重要标志。加快发展新能源汽车，是邢台把握国家战略机遇，落实汽车产业发展规划、立足京津冀产业布局调整和产业链重构、实施产业结构战略性调整的重要举措，对推动汽车产业可持续发展，加快汽车产业转型升级，培育新的经济增长点具有非常重要的意义。

目前，邢台有新能源汽车整车生产企业4家，分别是河北御捷车业有限公司、河北红星汽车制造有限公司、河北德动新能源汽车股份有限公司、河北奥捷斯新能源汽车科技有限公司。另有零部件生产企业2家，分别是河北神州巨电新能源科技开发公司，河北中铜锂能电池有限公司。这些生产企业正不断扩大研发投入，完善配套体系，努力将邢台打造成为国内重要的新能源汽车生产基地。此外，河北铭鹿电动汽车有限公司、河北开云汽车制造有限公司等项目，均以低速电动汽车切入市场，初步形成了以小微电动汽车为基盘，逐步向新能源汽车及零部件等高附加值产品延伸的发展势头。

此外，邢台市在经济结构调整中，依托装备制造的基础和优势，着力振兴汽车工业。一方面大力引进相关项目，与中航工业等"国字头"企业开展战略合作，积极开发商用车、专用车、新能源电动车市场；另一方面大力延展汽车产业链条，开发出清河钢索、任县密封件、威县零部件、新河胶板等配件产品。目前，除长征、红星两家整车生产企业外，还有金后盾、福玉、华旗、华通、御捷马、邢汽等多家改装车生产企业，产品包括重型越野车、小型轿车和油罐车、散装水泥车、冷藏车等专用车及低速电动汽车，以及2 500余家汽车配件生产企业。

邢台职业教育发达，素有"南深圳，北邢台"之说。邢台职业技术学院、河北机电职业技术学院、邢台技师学院等院校都开设了汽车和机械制造专业，每年可培养汽车专业技术人才3 000多人，为邢台市汽车产业发展提供了强大的技能人才支撑。

随着经济转型升级和产业结构调整，邢台必将重振汽车工业，再创昔日辉煌。

## 模块三【探究平台】

1. 邢台汽车制造史上的"两汽一拖"是指什么？
2. 对于邢台汽车制造业的发展你有什么感受？班内交流，并写一篇心得体会。

# 第八章　邢台历史上的交通运输发展

## 第一节　邢台历史上的陆路运输

### 模块一【寻找归属】

历史上，邢台之所以能成为河北省建城最早的城市之一和冀南商业重镇，关键是因为它发达的交通。你对邢台的交通了解多少呢？

### 模块二【知识坐标】

#### 一、邢台的地貌特征

邢台地处太行山脉和华北平原交汇处，自西而东山地、丘陵、平原呈阶梯状排列，且以平原为主。西部的山区和山前丘陵区，位于太行山东麓，中部、东部为河北平原（华北平原西北部）的一部分，中部以山前冲积平原为主，东部则为子牙河和古黄河系冲积平原。平原区缓岗、自然堤、废河道随处可见，洼地较多。平乡、威县等东部八县属黑龙港流域，地势低洼平坦，有宁晋泊、大陆泽两大洼地。

由于古邢台地貌类型主要是平原和河流，所以邢台的交通历来以陆路交通和水路交通为主。近年来随着邢台机场的建设，空运得到了长足发展，同时，由于河水干涸，水路运输逐渐退出历史舞台。

#### 二、邢台历史上的驮运

从古代到明清，邢台的运输主要借助邢台古官道，依靠车马等畜力来完成。

邢台古官道的使用时间可以追溯到先秦时期。西周邢国建国时，召公来邢地为邢国选择建城的城址就是走的这条道路，后通过这条道路去燕地为自己的都城选址。

自秦以来，中国的交通运输开始高速发展。秦王朝车同轨，兴路政，仅仅15年就以惊人的努力完成了全国范围的交通和通信网络。驰道是秦朝道路网的主干，它以首都咸阳为中心，"东穷燕齐，南极吴楚，江湖之上，滨海之观毕至"（《汉书·贾山传》）。秦朝驰道十分壮观，路平道宽，沿路驿站、离宫、馆舍和军事设施遍布，在全国形成一个纵横交错的交通网。据历史记载，当年秦始皇曾出动大小华贵车辆，带领大批官员兵丁，在此大道上浩浩荡荡巡行，到达古邢台的沙丘平台离宫。图8-1-1为秦始皇巡行雕像。

图8-1-1　秦始皇巡行雕像

元代以来，北京城为全国中心、辐辏之地。东南方向有各省至京城的驿道，即闻名全国的"九省御道"。"九省御道"连接北直隶、山东、江南及浙、赣、闽、楚等九省，俗称"东大道"。东北方向出古北口，有到达东北辽宁、吉林、黑龙江各省的古官道。西北方向出南口，有到达山西、内蒙古、甘肃、新疆等方向的古官道。西南方向过卢沟桥，南下到达河北、河南、湖广以至南方各省的古官道，俗称"西大道"。

明代文学家袁中道在他的《游居柿录》里比较详细地记录了从"西大道"南下，回老家湖北省的行程，其中包括在邢台古官道沿路各县3天内的旅途见闻。这条古官道，从京城出发南下，沿路要经过卢沟桥、长辛店、涿州、高碑店、保定、望都、正定、石家庄、邢台、邯郸等地，再往南至河南省的安阳、郑州，乃至南方的各省。后来修建的京汉铁路以及107国道、京石高速，大致就是沿着这条古官道的路线修建的。

邢台古城是太行山东麓古官道上东西南北交叉纵贯的交通重镇。古代长安（西安）至巨鹿（平乡）的东西古驿路、东京汴梁（开封）至幽州（北京）的南北古驿道都穿邢而过。尤其是元明清时代，邢台处于京畿重地，古官道穿越邢台老城内的"北关街—北长街—南长街—东门里街—西门里街—清风楼—府前街—北大街—花市街—马市街—东南街"，向北通往正定府、保定府，直达京师，向南通往彰德府，经过四省到达广州府，向东南则经过广平府、大名府，到达山东。

邢台是古代官府由南向北通往京城的主要驿道之一，是华北地区最早形成的南北大通道（古官道）要冲，从古至今车辆不断。古城内的北长街、南长街、东门里街、府前南街是邢台地区古官道、御道的核心部分。清代，乾隆南巡及回归时都从这条官道经过；慈禧出逃时曾暂驻古邢台顺德府府衙，也从这条官道穿行。图8-1-2为邢台古官道历史文化街区示意图。

图8-1-2　邢台古官道历史文化街区示意图

历史发展进程中，每次改朝换代所发生的大事大都与这条古道有关系。和平时期的政治、经济、文化往来也是通过这条古道进行的。

限于当时的生产力发展水平，古代运输主要依靠驮运。古邢台因经济繁盛，运力也形成规模。邢台市现存专事运输行业的两条街道"驴夫营街"和"马夫营街"，都分布在邢台古官道近旁，便于驮运货物进行运输。清代时，这里銮铃叮咚，马嘶驴叫，一派热闹景象。专跑短线的"驴夫营"和主营长途的"马夫营"则标志着古邢台长途运输和短途运输的陆路运力达到一定规模。图8-1-3为邢台市驴夫营街。

明清时期，邢台最发达的行业是皮毛业。而邢台皮毛最主要的供应地是北方和西北地区。皮毛贩运有小商贩贩运与大商贩贩运两种方式。每年秋后，小商贩组成商队或骑骡马，或相伴步行，通过官道赶赴西北，将邢台南关的土布、杂货等商品，销往北至张家口、内蒙古，西至山西平定、榆次、太谷等地；再将张家口、山西、内蒙古的皮毛运回邢台加工、销售。

图8-1-3 邢台市驴夫营街

民国时期，邢台境内车马大道主要有10条，以邢台城关为中心，向四面辐射。

①至任县12.5公里，经辛庄、祝村、石井等村。

②经吴家庄、小吕、河曲等村交任县界。

③至南和10公里，经七里桥、袁家店等村交南和县界。

④至沙河8.5公里，经五里铺、康庄铺等村。

⑤经碾子头、南陈村、西由留等村交沙河县界。

⑥至山西省辽州（今左权县）100公里左右，经韩滨庄（今韩演庄）、周公村、太常井（今太子井）、龙泉寺、路罗等村后，分五条支路西行，到达辽州界。

⑦至山西省和顺县界内90公里，经孔村、火石岗、东川口、板桥、浆水等村后，分三条支路西行到达和顺界。

⑧至山西乐平县95公里左右，经孔村、火石岗、西黄村、放甲铺、将军墓等村后，分三条支路西行。

⑨至山西乐平县，长80公里，经南大汪、皇寺、张安北、石槽、宋家庄、明水、马岭到达乐平县界。皇寺以西为驮运路。

⑩至内丘县12.5公里，经荆村铺（今辛店）至内丘县界。

在明清民国时期，由于邢台南关商业区是冀南地区重要的商品集散地，通往西部山区的驮运异常发达。邢台和山西晋中地区以至陕甘宁蒙的物资交流穿越太行山各个孔道。邢台通往山西的古官道上有五个关口，分别是马岭关、鹤度岭关、支锅岭关、黄榆岭关、峻极关，是秦汉以来中国北部边陲的重要关隘,既是兵家必争之地,又是古代连接河北至山西的官道隘口,常有行人、商旅、官驿途经此地。邢台西部山区的村镇,像羊范、路罗、浆水、宋家庄、皇寺等集镇是东出太行山的隘口,各集镇遍布饭店、粮栈、麻店、山货栈、棉布庄、放账庄等,为商旅采购商品提供了便利。在太行山深山区,清代的古商道保存完好,桃树坪村至今保留着接待客商的骡马店。

邢台平原的粮食和棉花由邢台南关运输到那些隘口集镇,再由驼队和马帮运往山西,山区的中草药、板栗、核桃、黑枣、柿饼、蜂蜜、枣仁等山货在这些集镇集中,然后汇总到邢台南关,经水陆两路运到京津及山东地区,销往大江南北。每逢集日,邢台南关东大街上,旗幌招展,走卒贩夫车推肩扛,人喊马嘶,叫卖声不绝于耳。

### 三、邢台历史上的铁路运输

1. 1949 年前的铁路运输

京汉铁路原称卢汉铁路。国民时期,北京称北平,所以又叫平汉铁路。中日甲午战争以后,清廷要"力行实政",修铁路被置于实政的首位。

1895 年 12 月,清政府发布命令,募集资金修建卢汉铁路,但张之洞在募集商股的过程中受到多方阻挠,最终将修筑卢汉铁路的任务交给红顶商人盛宣怀。盛宣怀承办卢汉铁路的款源主要是借洋债,比利时夺得了卢汉铁路的贷款权。1898 年 6 月,《卢汉铁路比国借款续订详细合同》和《卢汉铁路行车合同》在上海签订,清政府向比利时借款 112.5 万法郎,期限 30 年。京汉铁路于 1898 年开始修筑。

1903 年(清光绪二十九年),顺德府火车站(邢台站)建成通车,从顺德府始发的火车可以直达北京。1906 年,京汉铁路全线通车,顺德府站为京汉铁路上少有的几个大站。1910 年,开始划分车段后,顺德府站隶属于京汉铁路长辛店第一总段,为第四分段。图 8-1-4 所示为顺德府火车站建站,图 8-1-5 为卢汉铁路时刻表。

民国时期,顺德府为一等站,顺德府临城县、内丘县为二等站,顺德府鸭鸽营、临城县、镇内、冯村、官庄、沙河县为三等站。

图 8-1-4 顺德府火车站建站

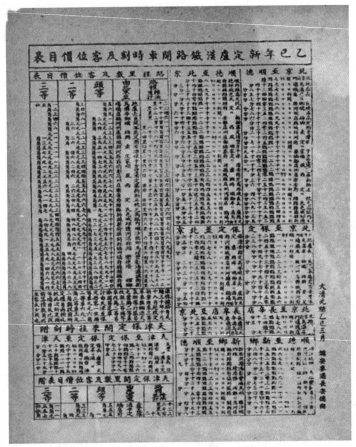

图 8-1-5　卢汉铁路时刻表

由于铁路通车运行，邢台交通更加便利，经济、文化进一步发展，国际交流日趋密切，地理位置更加优越，成为当时北方重要的军事、政治、经济重镇。

2. 1949 年后的铁路运输发展

1949 年以后，邢台火车站隶属于郑州铁路局。不久，邢台站改隶属于太原铁路局。1951 年，邢台火车站隶属于天津铁路局。邢台铁路工务段成立，负责维护京汉铁路鸭鸽营至柏庄间的铁路和邯磁线铁路河北段。1952 年，石家庄工务段合并入邢台工务段，邢台工务段负责维护石家庄、邢台、邯郸三地的铁路。1953 年，石家庄工务段恢复，邢台工务段负责维护鸭鸽营至柏庄间的铁路（含邯磁线铁路）。1956 年，邢台火车站归属北京铁路局石家庄分局。1958 年，邢台工务段驻地迁移到邯郸，更名为邯郸工务段。1963 年，邢台工务段重新成立，管辖京广线高迁（273 公里）至黄粱梦（424 公里）之间线路 322 公里和褡矿线。1974 年，东午支线铺通，归属邢台车务段管理。1975 年，高迁站划归石家庄工务段管理，更名为石家庄南站。邢台工务段负责窦妪到黄粱梦和褡午线的维护。1988 年，邢台工务段归属石家庄铁路分局直辖。2006 年，邢台车务段、工务段撤销，归属邯郸段管理。图 8-1-6 为 20 世纪 20 年代至 70 年代的邢台火车站。

第八章 邢台历史上的交通运输发展 175

图 8-1-6　20 世纪 20 年代至 70 年代的邢台火车站

## 四、邢台历史上的公路运输

清朝末年，中国建成第一条可通行汽车的路，被称作汽车路，又称公路。

1920 年由顺德府至定州御道改建邢台—定州公路。1933 年修建了邢台—南宫—德州公路、邢台—威县公路。1936 年整修了邢台—武邑公路。此外，经过邢台城附近的，还有北平至大名的国家公路等。到 1936 年，邢台市已经有数条公路：

①北平—保定—正定—邢台—磁县公路（今 107 国道）。

②北平（北京）—南宫县—大名县公路（今 106 国道）。

③邢台—南宫—衡水公路（今邢衡线）。

④石家庄—宁晋—新河—南宫公路（今 308 国道）。

⑤邢台—任县—巨鹿—南宫—冀县—故城—德州公路（1921 年定名为邢德公路）。

⑥邢台—南和—平乡—广宗—威县—王官庄—清河—武城—德州公路（大致为今邢临线）。

⑦沙河—章村公路。

按史志记载，国民党政府在邢台修建这些公路，都是以镇压革命为军事目的、强迫人民修建的，但不可否认的是这也在客观上促进了经济的往来。

1937 年 10 月 15 日，日军占领顺德府（邢台市），伪华北委员会在顺德成立伪冀南道，辖华北地区 32 县，道尹驻顺德。在顺德府成立华北交通会社北京铁路局邯郸自动车营业所顺德支所，负责顺德府辖区公路交通。1940年析置顺德道，辖15县，道尹仍驻顺德。邢台及辖县沦陷后，其公路交通被日军、伪军控制，成为侵略、掠夺中国财富的手段。

20世纪40年代，太平洋战争爆发后，日军战线吃紧，物资缺乏，于是加紧了掠夺中国的各种资源，从铁路、公路、航运，大肆插手中国的运输行业。

图8-1-7系列照片就是1940年日伪自动车营业所顺德支所开通顺德至禹城县（属德州）汽车运输的庆祝仪式全程实录。这些是日军加紧侵略邢台、掠夺邢台、胁迫邢台百姓的见证，其中也能看到当时的邢台城门、南和城墙、威县城墙等一些珍贵的邢台古建筑风貌，有些还是彩色照片，极为难得。

图8-1-7 1940年日伪开通顺德至禹城县汽车运输

## 模块三【知识拓展】

### 1. 古代关于道路的称呼

在远古尧舜时，道路曾被称作康衢。西周时期，人们曾把可通行三辆马车的地方称作路，可通行两辆马车的地方称作道，可通行一辆马车的地方称作途，畛是老牛车行的路，径是仅能走牛马的乡间小道。

秦始皇统一中国后，车同轨，兴路政，最宽敞的道路，称为驰道，即天子驰车之道。唐朝时筑路五万里，称为驿道。元代将路称作大道，清代称作大路、小路等。清朝末年出现了可通行汽车的汽车路，又称公路，一直沿用至今。至于马路，则是外来语。巷、坊、弄、胡

同等被认为是从唐朝沿用下来的旧称,系指大道以外的路。

2. 民国时期的设站等级

一等站:北平前门—长辛店—保定府—正定府—石家庄—顺德府—彰德府—新乡县—郑州—许州—郾城县—驻马店—信阳州—汉口江岸—汉口大智门。

二等站:西便门—丰台—良乡县—坨里—琉璃河—周口店—涿州—高碑店—广水—孝感县—汉口循礼门—汉口玉带门。

三等站(包括二等站):西便门—丰台—琉璃河—高碑店—高邑县—临城县—内丘县—邯郸县—马头镇—磁州—丰乐镇—淇县—卫辉府—黄河北岸—黄河南岸—临颍县—西平县—遂平县—确山县—明港—新店—广水—花园—肖家港—孝感县—祁家湾—汉口循礼门—汉口玉带门。

四等站(包括二、三等站):跑马场—卢沟桥—窦店—涿州—松林店—涞水县—易州—梁格庄—北河店—固城—安肃—漕河—于家庄—方顺桥—望都县—清风店—寨西店—新乐县—东长寿—新安—高迁村—窦妪—元氏县—鸭鸽营—临城县—镇内—冯村—官庄—沙河县—临洺关—王化堡—马头镇—磁州—汤阴县—官渡镇—鹤壁站—淇县—塔冈—陆王坟—小冀镇—亢村驿—詹店—黄河南岸—荥泽县—谢庄—薛店—新郑县—和尚桥—临颍县—小商桥—西平县—焦庄—遂平县—新安店—确山县—长台关—彭家湾—双河—柳林—李家寨—东篁店—杨家寨—王家店—肖家港—三汊埠—祝家湾—祁家湾—㶏口—谌家矶—汉口循礼门—丰台岔道—二十六法里道牌南冈洼—坨里岔道。

## 模块四【探究平台】

1. 你平时大多是选择哪种交通方式出行的?
2. 你所知道邢台的铁路、公路交通通道有哪些?
3. 邢台最早的火车站叫什么?
4. 通过学习老邢台的铁路交通发展你有什么感受?班内互相交流。

# 第二节 邢台历史上的航运

## 模块一【寻找归属】

说起"航运",它包含水路航运和空中航运两方面。

在古代,邢台有九大泽之首的大陆泽,境内河网密布。你的家乡有没有河流?叫什么名字?它以前能不能行船呢?另外,你是否知道邢台也有飞机场呢?

## 模块二 【知识坐标】

古邢台位于古大陆泽之畔，河网密布，河道纵横。邢台河流属于海河流域子牙河和黑龙港两大水系。滏阳河由南向北流经邢台市，分为滏西和黑龙港两部分，卫运河掠东部边境而过。滏西区的河流有15条行洪河道，其中8条河道来水，汇集大陆泽，于任县环水村汇入北澧河等流入宁晋泊，流入衡水市。黑龙港区有5条骨干排沥河道；卫运河自临西尖冢流入邢台市境内，沿临西、清河两县边界北去，于清河渡口驿出境，是冀鲁两省的边境河流。

### 一、邢台历史上的水路航运

邢台境内最大的河流澧河及其支流流经邢台沙河、南和、任县、隆尧、临城、柏乡、宁晋，在宁晋县与滏阳河贯通，成为邢台市内重要的水运航道。"内河航运"成为古邢台便捷的运输方式。邢台市的澧河、滏阳河也成为"上自临水（磁州），下达津沽，来往商船，帆樯如林"的水路要道。图8-2-1为邢台临西尖冢渡口老照片。

图8-2-1 邢台临西尖冢渡口老照片

历史上，当今世界上最长的人工运河——大运河，流经邢台市的临西和清河两县，经永济渠穿越2县7个乡镇、40多个村庄，直线距离50余公里；走向由西南向东北倾斜，跨越华夏南北，连接着最富饶的平原与水乡，形成中国古代重要的"漕运通道"和经济命脉，也是中华民族南北文化交流的通道。

由于古邢台河道纵横、四通八达，加上历朝历代进行疏通，内河航运和漕运渐成规模，滏阳河、澧河与卫运河、永济渠（隋代大运河）成为邢台历史上重要的水路航运通道。古代邢台可从北城门的牛尾河和城南的七里河乘船，经澧河、大陆泽、滏阳河直达天津。

元代贯通京杭大运河，临西、清河均有重要的运河码头。元代大科学家郭守敬曾经向元朝廷建议治理沣河（澧河上游百泉河），引滏阳河入沣，增加其灌溉面积和通航能力。

明成化年间，滏阳河贯通邢台市南北，疏通滏阳河后成为航道。清嘉庆五年至十三年（1800—1808年）两次开挖滏阳河河道，使商、民船只畅驶。

1914年，直隶全省内河行轮局成立。1915年4月，直隶行轮局开通天津—沧州—衡水—邢台—磁县的航线，滏阳河成为今邯郸、邢台、衡水、沧州进入省会天津的城际水路要道。邢台千年航运，乘船直达天津。图8-2-2为古邢台繁忙的码头。

1946年3月，冀南行署（位于南宫）成立了滏阳河河务局，下设分支机构运输处，负责船只登记并实行船只航行管理。

1949年2月，华北局组建了卫运河航政管理处，下辖临清（含临西）办事处和卫运河、滏阳河两个船运公司，统一组织航运。

图8-2-2 古邢台繁忙的码头

中华人民共和国成立后，各级政府和航运管理部门组织民众对滏阳河航道进行了大规模清理、疏浚及养护。航道上船队来来往往，一派繁荣景象。50年代末，上游大规模修建水库拦截上流来水，加上河北全省发生了历史上罕见的干旱，水位下降，导致许多支系河流干涸无水。滏阳河逐渐停航。

## 二、古邢台五大水路码头

邢台市第一大河——澧河水流平缓，贯通大陆泽和宁晋泊，历史上是市内水运主要航道之一。元代之前，邢台的大陆泽和宁晋泊汪洋一体，位于南和县、任县、平乡县、巨鹿县、隆尧县、柏乡县、宁晋县、新河县之间，是邢州与赵州、冀州、贝州的水路大通道。隋代开通永济渠大运河，流经临西县和清河县，临西县仓上村的古临清城和清河成为重要的水路运粮码头，素有"天下北库"的美誉。元代，邢台东部的京杭大运河则成为上通北京、下达杭州的水路要道，临清（含临西）素有"富庶甲齐郡""繁华压两京"的美誉。重要的大码头也均位于这几条航道上。

1. 宁晋十字河码头（澧河、滏阳河）

此码头位于宁晋县，在小河口村南。图8-2-3为宁晋十字河码头地图。清代，由于滹沱河冲淤，澧河由向北流改为向东流，横穿滏阳河，形成十字形的交叉河道。两河合流后向东经艾辛庄、侯口东出境。在澧河与滏阳河交汇处，两河航运十分繁忙。1906年宁晋十字河设船捐局。民国初年，丰水季节来往船只如梭，水运繁忙。1937年后，滏阳河、澧河一度民船断绝，只有日军押送货船行驶。1949年，滏阳河、澧河沿岸有从事航运的木船二十艘，年航运期260天，货运量6.5万吨。60年代后丰水季节，尚有航船行驶。70年代后，水路基本停运。根治海河时期,由于澧河、滏阳河合流后水势太大,因此开挖了滏阳新河,以疏导澧河之水。

审图号:J50F030009号

图 8-2-3　宁晋十字河码头

2. 任县邢湾码头(澧河、滏阳河)

此码头位于任县。图 8-2-4 为任县邢湾码头地图。邢湾镇古时为水路隘口,毗邻澧河与滏阳河,曾是繁华的水旱大码头。直到二十世纪六十年代还有扯白帆的大船在水上南往北来,沿澧河、滏阳河顺水而下,直抵天津卫。邢湾码头为顺德府东部重镇,是顺德府货物进出的重要口岸。环水村西有顺水河、南澧河、沙铭河和留垒河四河汇合而成的北澧河,从村西、村北穿过。滏东、滏西、穆家口和滏北则由滏阳河穿过。邢湾码头历史上是大陆泽和澧河、滏阳河重要的码头。客商中流传着"一京、二卫、三邢湾"之说。

审图号:J50E017004号

图 8-2-4　任县邢湾码头

3. 清河油坊码头(卫运河)

此码头位于清河县。图 8-2-5 为清河油坊码头地图。油坊镇原名油坊集,始建于明初,因该县北王庄村村民王充德在此开设油坊而得名。油坊镇紧靠卫运河,油坊码头是大运河上较有名气的水陆码头和物资集散交流中心,油坊镇因此繁华一时。

明代,大运河漕运为南北主干线,油坊古镇是大运河上的重要码头之一,有客运码头、

审图号：J50G072029 号

图 8-2-5　清河油坊码头

百货码头、运粮码头、运盐码头、运煤炭码头等，总长933.8米，高10.2米。在明代至民国初年，油坊码头舟来船往，商贾云集，运输十分繁忙。白天桅帆不绝，夜间渔火闪烁，密密麻麻的帆船把煤炭、食盐、粮食、百货日杂等货物运到这里，然后再运往其他地方。

油坊码头是邢台清河、威县、南宫、衡水故城以及山东高唐、夏津、武城等地的商品集散地，被人们誉为"清河县的小上海"。油坊码头也是邢台市内唯一被列为国家级重点文物保护单位的码头。

4. 临西尖冢码头（卫运河）

尖冢码头位于临西县，是古临清的重镇。图8-2-6为临西尖冢码头地图。尖冢码头因有"顺河迎流，单堤陡岸"的河道地位优势，兴于金、元，盛于明、清，是临清运河钞关（收取关税的机构，相当于现在的税务局）的分关之一。周边的邱县、威县、馆陶等县均在尖冢设有自己的"办事机构"。当地的棉絮、小麦、鸡蛋等农副产品由各商号收购、加工后，装船运至北京、天津卫等地。煤炭、木材、盐、铁、瓷器等外来物资，则由曲周、邱县、南宫、广宗等县商人转运至附近村镇。

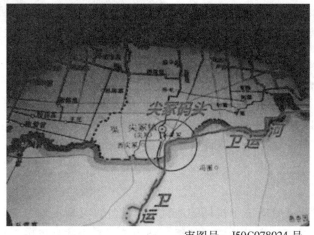

审图号：J50G078024 号

图 8-2-6　临西尖冢码头

尖冢水路码头带动陆路运输日渐繁荣，一时间车水马龙，民国年间素有"一京二卫三尖冢"之称。1959年，漳卫河（卫运河）上流建了邯郸岳城水库，上游来水骤减，卫运河干涸，码头基本上失去了功能。数代繁华的古镇大码头走完了自己的历史辉煌。

5. 临西县永济渠古码头（永济渠）

北魏年间，在今临西县城南仓上老村南北月洼中建"临清县"，因居于汉代屯氏别河故道之西，故称"水西临清"。屯氏别河为黄河下游故道之一。永济渠是隋炀帝开凿的一条重要运河。隋唐宋时期的临清城位于今临西县，在屯氏别河的西部、永济渠的东部。永济渠是隋朝调运河北地区（指当时黄河以北、太行山以东的河北道）粮食的主要渠道，也是征伐北方时输送人员与战备物资的运输线。

永济渠古河道穿临西古城遗址西门而过，唐代古临清（今临西县）一派繁荣。唐代古县设"赤、畿、望、紧、上、中、下"七级，当时古临清县为望县。同时，设有大型唐代运河粮仓（正仓），有"天下北库"的美誉。永济渠古码头遗址、唐王朝所设漕运官仓遗址至今犹存。图8-2-7为临西县永济渠古码头位置示意图。

图8-2-7 临西县永济渠古码头位置示意图

此外，邢台历史上还有其他的水路码头。清代宁晋县境内有北鱼码头、白木村桥码头、侯口码头；民国年间宁晋县新设艾辛庄码头、耿庄桥码头；任县有辛店码头；临西东枣园乡有丁家码头，河西镇有南湾码头等。图8-2-8为北鱼码头地图和辛店码头地图。

审图号：J50G061015号

审图号：J50G069015号

图8-2-8 北鱼码头（左）和辛店码头（右）

## 三、邢台的航空运输

邢台是目前全国唯一拥有三个机场的地级市。此外，又新规划布局四个通用机场，主要用于城市公务及消防救援、旅游救援、飞播、警用等，其中威县机场已经建成，柏乡机场已经获批，平乡机场、临城机场已经被列入规划。

1. 褡裢镇机场（邢台机场）

邢台褡裢机场始建于1968年，原为中央军委海航三师驻地，是中国海军四大机场之一（海军第三大陆基机场），国家一级永备机场。现隶属于中国人民解放军海军航空大学（海军航空兵学院），为军用三级永备机场。

1993年，邢台市政府将其改建为军民两用机场，成为河北省最早开辟民航运输的机场。2002年飞机安全期满，中国联合航空公司改制，民航业务停止。图8-2-9为1993年邢台民航通航纪念封。

图8-2-9　1993年邢台民航通航纪念封

2009年，随着河北省和邢台城市经济的快速发展，河北省邢台市提出重新恢复邢台褡裢机场民航业务。2011年4月邢台褡裢机场被列入《中国民用航空发展第十二个五年规划》和《国家"十二五"综合交通运输体系规划》。

2012年，海军航空兵学院和邢台市政府签署了合用机场协议书。2013年，军民合用机场改扩建报告获国家民航局批复。2014年1月，中华人民共和国国务院、中华人民共和国中央军事委员会批准邢台褡裢机场为国内支线机场、军民合用。2016年4月邢台褡裢机场获批立项。2017年4月邢台褡裢机场再次被中国民航总局、国家发展和改革委员会、交通运输部列入《中国民用航空发展第十三个五年规划》。2019年4月，邢台褡裢机场项目处于施工许可报批的最后阶段。

2. 鸭鸽营机场

鸭鸽营机场位于临城县鸭鸽营，系军用空军机场，原为空军第六飞行学院第二训练团驻地，主要训练初级教练机。现规划为临城机场。

3. 威县机场

威县机场位于威县方家营乡，是河北省首次在县域内建设的通航机场，在全国实属罕见。

威县机场按运-12飞机的使用要求进行设计，可以起降起飞重量5500公斤以下的各型通用飞机，如运-12、运五-B、赛斯纳172等机型，飞行区等级为1B，按昼间目视飞行要求建设。机场一期按一类通航机场标准规划建设，跑道长度为800米，宽30米，工程预计投资约2亿元，其中包括跑道、停机坪、航管、气象等服务类设施，以及为后期引进的航运营企业提供的相关基础设施。

在运营能力方面，机场建成后将承接10~29座航空器经营性载人飞行业务，最高起降量达到 3 000 架次/月以上，并将纳入政府应急救援及公共服务基础设施体系。

4. 柏乡机场（获批）

柏乡机场规划为通用航空机场（未在市内）。

5. 平乡机场（规划）

平乡通用机场位于河北省邢台市平乡县。

## 模块三【知识拓展】

邢台歌谣中有这么一句："运河古渡数临清（临西、清河）"。在邢台运河段有丰富的历史遗迹，仅在清河渡口驿至油坊段就发现大运河寺庙遗址、古村落遗址、古驿站、沉船遗址等七处。这些翔实的资料成为中国大运河"申遗"的一部分，它不仅弘扬了邢台悠久的文化历史，同时也为邢台打开了一扇对外交流的窗口。

2014 年 6 月 22 日，中国大运河在第 38 届世界遗产大会上获准列入世界遗产名录，成为中国第 46 个世界遗产项目。最终列入申遗范围的大运河遗产分布在中国 2 个直辖市、6 个省、25 个地级市。申报的系列遗产分别选取了各河段的典型河道段落和重要遗产地点，包括河道遗产 27 段，总长度 1 011 公里，相关遗产共计 58 处。邢台作为大运河文化的重要节点，应大力发扬和保护当地悠久的大运河文化。

## 模块四【探究平台】

1. 你听家里长辈说起过邢台的水路运输吗？你的家乡靠近哪条水路航道？现在这条航道附近是什么状况？你有什么感触？

2. 你了解过邢台的航空运输发展吗？对此，你有什么期待？

3. 利用你的专业知识和技能，找好切入点，设计发扬大运河文化的作品。

# 第三节　邢台现代交通运输

## 模块一【寻找归属】

现代邢台交通四通八达。你外出通常乘坐什么交通工具？对你来说，目前的交通状况还有哪些地方感觉不太满足？怎么样才感觉最便捷？

## 模块二【知识坐标】

### 一、公路发展

邢台市境内京港澳高速、大广高速、青银高速、太行山高速、邢衡高速、邢汾高速、邢临高速七条高速公路交织成网；同时 106、107、308、郑昔线、安新线、定魏线、平涉线、邢清线、邢左线等国道密布全境。此外，邢台还有省道 2 500 公里连通重要乡镇。邢汾、邢临高速沟通山西省与山东省，是三省间最便捷的通道。公路交通已形成以高速公路为主骨架的"两环、六联、八横、十二纵加联络线"的邢台"大十字"交通枢纽。图 8-3-1 所示为邢台公路网。

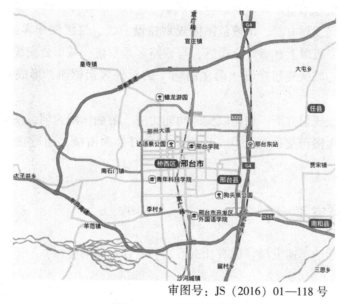

审图号：JS（2016）01—118 号

图 8-3-1 邢台公路网

### 二、铁路发展

邢台已经形成"卅"字形铁路网，有京广铁路、京九铁路、京广高铁、京九高铁（在建）四条国家铁路干线纵贯南北，设有邢台站、邢台东站、清河城站、清河东站（规划）等。邢黄铁路、邢和铁路（在建）横贯东西，设有邢台南站、巨鹿站等。

邢台铁路客运可以直达全国除新疆、西藏、青海、海南、台湾外的任何省份和省会。邢台未来规划建设的城际铁路有石邢邯（石家庄—邢台—邯郸）、邢济（邢台—济南）、邢衡（邢台—衡水）、邢介（邢台—介休）。

### 三、航空发展

邢台机场（原褡裢镇机场）是 4C 级国内支线机场，性质为军民合用民航机场。预计 2025 年机场旅客吞吐量达 45 万人次、货邮吞吐量 1 300 吨、飞机起降量 6 082 架次。

机场跑道利用邢台褡裢机场现有军用跑道（2 500m×50m），一期规划建设5个站坪机位（1B4C）。新建6 500平方米航站楼、5 500平方米停车场、600平方米航管楼，配套建设空管助航灯光，配套建设机场职工生活服务设施、行政业务用房和场务用房、机务用房等辅助生产工程，以及供水、供电、供暖、污水处理站等公用环保工程。

### 四、公共交通

邢台市已开通城乡公交线路174条，运营车辆1 500部，年运营里程5 100余万公里，年客运量2.1亿人次，辖区内170个乡镇基本全覆盖，农村客运线路公交化运行率达85%。2017年入选首批"河北省优先发展公共交通示范城市"。

城区远期规划为构建以轨道交通为桥梁、中运量交通为骨架、多层次常规公交为主体、出租车为补充、公共自行车为延伸的"五位一体"的城市公共交通体系。大力建设公交专用道，规划远期公交专用道成环成网运行。

在客运枢纽布局规划方面，市域范围内规划建设一级、二级汽车客运站25个，实现各县市和主要城镇内二级以上客运站全覆盖，与铁路客运枢纽、城市公交统一布局，一体化建设，高效换乘。中心城区规划建设"两主两辅"的对外客运枢纽，形成邢台站、邢台东站两个综合客运枢纽。

在慢行交通系统规划方面，构建以交通功能为主、游憩休闲为辅，便捷、安全、舒适的慢行交通系统，加强慢行交通与公共交通系统的良好换乘衔接，创造宜人舒适的慢行交通环境。

## 模块三【探究平台】

对邢台现代交通的迅速发展，你有什么看法？有什么新的憧憬？

# 第九章　邢台历史上的通信业发展

## 第一节　中国的通信业发展

### 模块一【寻找归属】

现代人之间沟通的方式很多，也很便捷，打电话、QQ、微信等已经普及。那么，在没有现代化的通信方式之前，人们是怎么互通信息的呢？

### 模块二【知识坐标】

#### 一、中国邮驿制度的发展历程

自从人类进入氏族社会，彼此交往就产生了信息，用语言、声响、火光或以物示意等方式进行着通信活动。如烽火传军情、鸿雁传书、鱼传尺素、风筝通信等。中国邮驿史是伴随着人类发展史而产生发展起来的。

在中国，有文字记载的通信活动始见于殷商时期的甲骨文，距今 3 300 多年。早在公元前 1100 多年的商代，中国就出现了乘车、骑马传递信息的信使。到了周代，各通衢要道设有邮传机构，传递官府文书。春秋战国时期，诸侯频繁交战，不仅官方邮传昌盛，而且出现了信陵君等贵族使用食客设置私邮。

秦王朝作为中国第一个统一的封建王朝，开创了统一的邮驿制度。秦始皇统一中国后颁布了"秦邮律"，这是世界上最早出现的"邮政法"。秦朝把自春秋战国以来对邮驿通信的不同名目统一称呼为"邮"。从此，"邮"便成为通信系统的专有名词。中国古代邮驿组织机构、律令和制度已经较为完善。

到了汉唐时期，邮驿制度更加完备，传递书信有迅速、准确之要求，对违反要求的也有明确的处分规定。隋唐时期邮驿事业空前繁盛，驿站遍布全国交通大道。

三国时期，曹魏在邮驿史上最大的建树是制定《邮驿令》。到了宋代更是五里一亭、十里一邮、三十里一驿。

1115—1234 年的 120 年间，女真族完颜氏建立了金朝，在与辽宋接触的过程中，通过经济文化交流已由奴隶制向封建制转化。金代利用驿传，是从金太宗天会年间开始的。金仿效宋代的做法,设立急递铺,专门递送机密文件。

元代,随着蒙古各部落的统一和军事势力的形成,作为传递军事情报、运送军用物资的驿站组织也逐步建立起来。邮驿制度到金元两代有了很大发展:既有新开办的蒙古站赤,又有中原汉族的邮驿和急递铺;既在中原境内广设驿站,又在新征服地区开办驿站。

驿站管理至清代已臻于完善,并且管理极严,违反规定均要治罪。清代邮驿制度改革的最大特点是"邮"和"驿"合并。清朝中叶以后,随着近代邮政的建立,古老的邮驿制度就逐渐被淘汰了。

为了适应外事需要,光绪二年(1878年)设立了文报局,与驿站相辅而行。

1896年清政府批准建立国家邮政,1897年"大清邮政官局"正式挂牌营业。光绪三十二年(1906年),清政府改革官制,兵部改为陆军部。1907年新设邮传部,总管船、路、电、邮四政。宣统三年(1911年)7月,驿站由陆军部划归邮传部。

1912年5月北京政府颁布《裁驿归邮暂行章程》,明令取消邮驿,由文报局承担驿站的职责。以后又设邮政,关闭专为驻外使节传递文书的文报局,到1913年彻底废除了驿站制。

1949年11月1日,作为统一管理全国邮政和电信事业的邮电部成立。

## 二、中国的电话电报发展

1. 电报在中国的发展

1837年,美国人莫尔斯发明了电报,从此人类翻开通信交往的新篇章。

1871年,清朝出现的最早的电报业务,是丹麦在上海开办的大北电报公司。图9-1-1所示为清代的电报业务。

图9-1-1 清代的电报业务

1873年,清朝第一台电报机在民间研制成功,但清政府并未采纳。

1874年日本入侵台湾,八百里加急消息一个月后才传到紫禁城,这件事对洋务派刺激很大,李鸿章率先在自己的辖区推广电报。

1877年,随着电文"行辕正午一刻"在天津直隶总督衙门与天津机器局之间成功传送,清朝正式进入了电报时代。随后,津、沪、苏、浙、闽、粤之间的电报线全部贯通。1883年,通州电报局建成。1884年,商电局和官电局先后在京建成,而此时距离电报问世已近半个世纪。图9-1-2所示为清朝的电话交换机房。

图 9-1-2　清朝的电话交换机房

1920 年 7 月，中国中华邮政开办邮传电报业务。

2. 电话在中国的发展

（1）清代至 1949 年前的发展

1876 年，美国人贝尔发明了电话。1881 年，电话传入中国，英籍电气技师皮晓浦在上海十六铺沿街架起一对露天电话，付 36 文制钱可通话一次，这是中国的第一部电话。1882 年 2 月，丹麦大北电报公司在上海外滩办起中国第一个电话局，有 25 家用户。1889 年，安徽省安庆州候补知州彭名保，自行设计了一部电话，包括自制的五六十种大小零件，这就是中国第一部自行设计制造的电话。

最初的电话，所有通话都是通过接线员进行操作，由接线员将通话人接上正确的线路。20 世纪初，电话才有了拨号盘。不过在中国 20 世纪 70 年代，部分区县还在使用以干电池为动力、没有拨号盘的手摇电话机。图 9-1-3 为早期的手摇电话机。

鸦片战争后，西方列强在中国掠夺土地和财富的同时，也为中国带来了近代的邮政和电信。1900 年，中国第一部市内电话在南京问世；上海、南京电报局开办了市内电话，当时共 16 部电话。1904—1905 年，俄国在中国的烟台至牛庄架设了无线电台。中国古老的邮驿制度和民间通信机构被先进的邮政和电信逐步替代。

图 9-1-3　早期的手摇电话机

中华民国时期，中国的邮电通信仍然在西方列强的控制中。加上连年战乱，通信设施经常遭到破坏。抗战时期，日本帝国主义出于战争需要，改造和扩建了电信网络体系。他们利用当时中国经济、技术落后和政治制度腐败的缺陷，在技术、设备、维修、管理等方面对中国的通信事业进行控制。

1949 年以前，中国电信系统发展缓慢。到 1949 年，电话的普及率仅为 0.05%，电话用户只有 26 万户。

（2）1949 年后的发展

1949 年以后，中央人民政府迅速恢复和发展通信事业。1958 年建起的北京电报大楼成为中华人民共和国通信发展的重要标志。

十年"文革"，中国邮电再次遭受打击，业务发展停滞。到 1978 年，全国电话容量 359

万门，用户 214 万户，电话普及率仅为 0.38%，不及世界水平的 1/10。占世界 1/5 人口的中国，拥有的话机总数还不到世界话机总数的 1%，每 200 人拥有话机还不到一部，比美国落后 75 年。交换机自动化比重低，大部分县城、农村仍在使用"摇把子"，长途传输主要靠明线和模拟微波。即使在北京，每天也有 20% 的长途电话打不通，15% 要在一个小时后才能接通。在电报大楼打电话要带着午饭去排队。

（3）改革开放后的发展

改革开放后，落后的通信网络成为经济发展的瓶颈。自 20 世纪 80 年代中期以来，中国政府加快了基础电信设施的建设。到 2003 年 3 月，固定电话用户达 22 562.6 万户，移动电话用户 22 149.1 万户。

在电信发展的一百多年时间里，人们尝试了各种通信方式，从最初的电报采用类似"数字"方式传送信息，到之后出现以模拟信号传输信息的电话。随着技术的进步，数字方式以明显的优越性再次得到重视，出现了数字程控交换机、数字移动电话、光年数字传输等，人们为了更快更好地传递信息而在不断努力。

## 模块三【知识拓展】

我国古代曾经使用的通信方式

1. 烽火传军情

"烽火"是我国古代用以传递边疆军事情报的一种通信方法，始于商周，延至明清，其中尤以汉代的烽火组织规模为大。在我国历史上，还有一个"烽火戏诸侯"的故事，讲的是周幽王为了讨得美人褒姒欢心而随意点燃烽火，最终导致亡国。

2. 鸿雁传书

"鸿雁传书"的典故出自《汉书·苏武传》中"苏武牧羊"的故事。汉朝使臣苏武出使匈奴被扣留。他以鸿雁向汉地传书，迫使匈奴将其放回。"鸿雁传书"渐渐成了邮政通信的象征。

3. 鱼传尺素

在我国古诗文中，鱼被看作传递书信的使者，"鱼素""鱼书""鲤鱼"成为书信的代称。唐代，人们常用绢帛写信，故书信又被称为"尺素"。东汉蔡伦发明造纸术之前，写书信的竹简、木牍或尺素是夹在两块刻成鲤鱼形状的木板里，便成了"双鲤"。

4. 风筝通信

古时候风筝曾作为一种应急的通信工具，发挥过重要的作用。传说春秋末期，鲁国巧匠公输盘（即鲁班）仿照鸟的造型制成会飞的"木鹊"。造纸术发明后，又有了"纸鸢"。五代时，人们在纸鸢上拴一个竹哨，风吹竹哨，声如筝鸣，"风筝"便由此而来。最初的风筝是为了军事上的需要而制作的，它的主要用途是用作军事侦察，或是用来传递信息和军事情报。唐代以后，风筝才逐渐成为一种娱乐的玩具，并在民间流传开来。

5. 驿站

我国是世界上最早建立组织、传递信息的国家之一，邮驿历史长达 3 000 多年，但留存的遗址、文物并不多。目前，我国仅存两处明代驿站遗址。盂城驿是一处水马驿站，在江苏高邮古城南门大街外，是全国规模最大、保存最完好的古代驿站，是中国邮驿"活化石"。图9-1-4为盂城驿纪念邮票。鸡鸣山驿在河北怀来县，是我国仅存的一座较完整的驿城，分驿、站、铺三部分。

图9-1-4　盂城驿纪念邮票

邮驿分陆驿、水驿和水陆兼并的共三种。各驿站都设有驿舍、驿丁、驿马、驿驴、驿船及驿田等。驿站使用的凭证是勘合和火牌。凡需要向驿站要车、马、人运送公文和物品都要看"邮符"，官府凭勘合，兵部凭火牌。马递公文都要加兵部火票，命令沿途各驿站接递。公文限"马上飞递"的，需要日行三百里；紧急公文则标明四百里、五百里、六百里字样，须按要求时限送到。

## 模块四【探究平台】

1. 中国历史上都有哪些传递信息的方式？查找资料，讲述一个关于历史上传递信息的故事。

2. 同学们分组或自由组合，选一个历史上传递信息的故事，编成小品进行表演。

## 第二节　邢台的通信业发展

### 模块一【寻找归属】

古邢台作为政治、经济和军事重镇，信息沟通必然需要十分快捷。让我们了解一下邢台的通信业发展历程。

# 模块二 【知识坐标】

## 一、古邢台的驿站和铺司

自古以来，邢台就是古官道上的重要城市。为了管理这条古道，顺德府地段设立了驿站、铺司等管理机构，这就是负责官文、书信传递的邮驿机构。古代由于交通不发达，凡物资、官文、书信都是通过人马来传递，其中人力步行传递称为邮，骑马传递称为驿。

唐代，交通线路畅通全国各地，邮驿事业很发达。著名散文家柳宗元在《馆驿使壁记》中记载，唐时以首都长安为中心，有七条重要的放射状驿道，通往全国各地。第一条是从长安到西域的西北驿路，自长安直达安西都护府（今库车）；第二条是从长安到西南的驿路，自长安经四川直达今川藏地区；第三条是从长安至岭南的驿路，由长安经湖北、江西直达广州；第四条是从长安至江浙福建的驿路，由长安经河南洛阳、江浙直达福建泉州；第五条是从长安到北方草原地区的驿路，自长安经山西，直达北方单于都护府；第六条自长安经山西、河南、河北至山东、东北地区；第七条自长安经湖北、四川到云贵地区。这些驿道上设立的驿站，在《唐书·地理志》中也有具体的记述。唐代，古邢台就在通往山东的古驿路上。图9-2-1为清代顺德府邮路图。

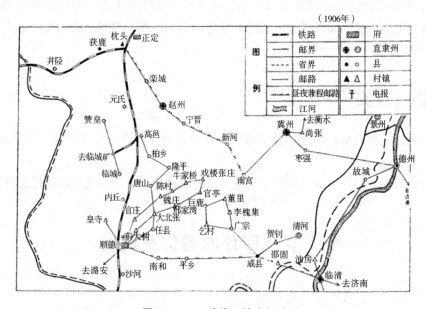

图9-2-1　清代顺德府邮路图

金元时期，在顺德府境内设有：中丘驿（内丘）、龙岗驿（邢台）、西王社驿（顺德府西）、黄榆关驿（顺德府西北）、沙河驿、沙丘驿（平乡）、巨鹿驿，还有百尺口驿（宁晋）、清水河驿（新河）、董家庙堡驿（南宫）。表9-2-1为元朝主要驿运路线途径邢台地区境内驿站表。

表9-2-1　元朝主要驿运路线途径邢台地区境内驿站表

| 路线（起止点） | 中间主要驿站 | 附记 |
|---|---|---|
| 大都至宜沟 | 涿州、定兴、保定、中山（今定州）、真定、赵州、内丘、临洺、磁州。 | 宜沟属河南 |
| 大都至大名 | 固安州、霸州、郑州、任丘、河间、献州、武邑、冀州、南宫、威州、南馆陶站。 | 1.由涿州至固安州；2.由南馆陶向南进入河南 |

明代的邮驿属兵部车驾司管理。京城的驿馆叫会同馆。各地设水马驿（水陵驿）、递运所，传递公文的机构是急递铺。每铺十里一置，每铺有铺司一人，铺兵在要路上设十人，偏僻处四至五人。各州县设铺长，专职巡视各铺工作，考察铺司。

明代顺德府（邢台）驿站有：龙岗马驿（顺德府城南关），额设马50匹、驴40头；距上驿站（中丘驿）60里。同时还有（邢台）路家园五里铺、康庄铺、宋家庄放甲铺；（沙河）十里铺、九家铺；（内丘）城关四里铺、河渠十里铺、冯村祁城铺；（平乡）乞村铺、东庙铺、学前铺；（巨鹿）城关铺、后辛铺、堤村铺、西郭城铺、官亭铺、后董营铺、苏营铺。明代邮驿法令规定，普通文书一昼夜行300里，军机急件一昼夜行600里，若有延误、损失或私拆者，从重治罪。

金元至清代，在东关设有龙岗驿，负责掌管邮递事务。龙岗驿饲养和使用驴马的役吏居住的地方被叫做驴夫营、马夫营。表9-2-2为元明清主要驿站名称及古今地名对照表。

表9-2-2　元明清主要驿站名称及古今地名对照表（今邢台境内部分）

| 路线 | 起止点 | 元朝 | 明朝 | 清朝 | 今地名 | 驿站位置 |
|---|---|---|---|---|---|---|
| 北京至河南 | 北京至磁县 | 中丘驿 | 中丘驿 | 内丘县驿 | 内丘 | |
| | | 龙岗驿 | 龙岗驿 | 龙岗驿 | 邢台市 | |
| | | 槐水驿 | 槐水驿 | 槐水驿 | | 柏乡附近 |
| | | 南宫驿 | | | | 南宫西 |
| | | 威州驿 | | | 威县 | |

清代（1644—1911年）时期的邮驿制度，大抵沿用旧有制度。

雍正十一年（1734年），顺德道设邮驿，传递公文的主要交通工具为马车、杠轿夫、驴马夫，生活待遇以按日支付的工食银为主。至1914年上半年，直隶省邮驿一律裁撤，改办邮政。图9-2-2为宣统元年直隶警务处寄邢台县马上飞递封一件。

据记载，邢台古代有四大名驿。这四个古代驿站分别是龙岗驿（现邢台县）、中丘驿（现内丘县）、槐水驿（现柏乡县）、渡口驿（现清河县）。其中，渡口驿是大运河上的水路驿站。

图9-2-2 宣统元年直隶警务处寄邢台县马上飞递封一件

## 二、邢台历史上的邮电事业

1. 邢台的邮政发展

随着京汉铁路的建设,1898年大清邮政局设立,古邢台的通信业获得空前发展。

光绪二十三年(1898年),顺德设信资局,不久改邮政局。局址设在学道街路南,租借民宅开办收寄民信,一件收八文钱,后局址先后移动三次。为方便邮信,顺德西关、车站新建房屋,分两处办公,四乡建邮政代办所,城内设有信箱、信筒。

1903年,顺德南关建邮局,办理信邮业务。图9-2-3为南关邮局旧址。

图9-2-3 南关邮局旧址

随着光绪二十一年(1896年)大清国家邮政的正式开办,光绪二十三年(1898年)顺德府设立了邮局。随着顺德府经济的繁荣,邮政业务激增,顺德邮局于1903年在顺德府南关(今邢台西大街)设立了"南关邮局",经办信邮业务。"南关邮局"历经大清国家邮政、中华邮政、中国人民邮政,见证了古城邢台的风风雨雨以及邮电事业的分分合合,为邢台人民邮寄往来提供了方便,成为邢台与全国及全世界沟通的重要途径。图9-2-4为南关邮局旧址外景和内景。

图9-2-4 南关邮局旧址外景（左）和内景（右）

1912年，南关邮局隶属于北京总局、天津副中局、顺德府邮局。1923年，南关邮局改称西大街邮务支局，隶属于中华邮政顺德府（水）二等邮局，这个名字一直沿用到1937年10月。

1919—1920年，顺德邮局开办邮政储金业务（即邮政储蓄）。1923年南关邮局升为二等邮局，设西大街支局（甲），皇寺、羊范、浆水、马河、东大树、宋家庄、将军墓、路罗等镇为邮寄代办所。

1930年，西大街邮务支局开始经办小款汇票业务。这时的西大街邮务支局除经办信邮业务和小款汇票业务，还经办国内保价包裹、汇兑及代收货价业务等。

1935年西大街邮务支局与邢台电报局合并办公，迁址崇礼街。后改设西门内路南，称"电话局"。1936年，皇寺、羊范、浆水、马河、东大树、宋家庄、将军墓、路罗镇、营头镇、东汪镇（南）均设邮政代办所，崇礼街支局办理国内保价包裹和汇兑及代收货价业务。

1937年10月后，随着日本侵略者的进攻，邢台陷落，但邢台的邮务还是隶属于中华邮政。1939年，邢台孔村建有交通站，负责市区与根据地信息沟通。

1945年8月，日本侵略军投降，邢台的邮务由县交通局二分局改为邮务二分局负责。9月24日邢台解放后，接收了敌伪电信和中华邮政，抗日根据地政府所设邮政机构与国民政府在邢台所设中华邮政合并成立冀南区邮政管理局，隶属于太行交通总局，并在马河建立了邮政接力点。

1946年2月底，冀南行署通令交通局与中华邮政合并为邮政局，隶属于冀南邮政管理局。1949年10月，邮政称为中国人民邮政。

1953年南关邮电支局重新经办邮政业务，这时除经办各项邮政业务外还经办电报业务。1966年，随着"文化大革命"的开始，南关支局改名为红卫兵路邮电支局，"文革"结束后，恢复西大街邮电支局（2支）。这个支局的业务量和业务收入在20世纪60年代初期曾列市内营业支局之首。

1986年邮电部恢复开办邮政储蓄业务，9月，西大街邮电支局正式经办邮政储蓄业务。1998年10月，随着邮电分营，西大街邮电支局划归邢台市邮政局，改名为西大街邮政支局，隶属市邮政局桥东分局，后归市邮政局市内营业分局，经办信函业务、包裹业务、汇兑业务和储蓄业务。

由于支局房屋建筑年代久远，房屋破损严重，2000年暂时将支局迁至明月广场后侧。2001年，储蓄业务合并至五一桥邮政储蓄所。2004年11月后又将支局搬迁至人民公园对面邢台农村信用社一楼营业大厅。

邢台南关邮局经历了大清国家邮政、中华邮政、中国人民邮政，见证了古城邢台的风风雨雨以及邮电事业的分分合合，书写了邢台百年邮政业的辉煌。

### 三、邢台的电话电报发展

光绪二十七年（1901 年），顺德创办电报局，局址设在西门里，后迁至长街路东，电杆顺驿路建设，共 251 根。1935 年，电报与邮政合并办公，迁址西门内后，附设"电话局"。

1939 年，邢台建有电话站。1945 年 9 月邢台解放，电话站更名"电话局"，局址设在西门里，占地 800 多平方米，职工 8~9 人，装设 100 门磁石交换机，市内实装 50 多户话机；打长途电话只能通过"13"号（太行军区电话局长途电话代码），通达石家庄、邯郸、涉县以及西部山区的将军墓、路罗、冶头等地。

1949 年 9 月，冀南、太行、邢台电话局合并，10 月 25 日成立邢台电信局，11 月邢台电信局隶属石家庄电信指挥局领导。同年，邢台电报室迁至南关邮局。

1952 年 6 月 22 日，邢台电信局、邮政局奉命筹备合并，北京邮区撤销。同年 12 月，正式成立邢台邮电局，隶属于河北省邮电管理局和当地人民政府双重领导。邮电局确定设址在西门里，营业室经办电话、电报业务。当年，设置南关支局和车站支局。1953 年，成立机要交通局。1957 年 4 月 1 日，机要通信工作交由邮电局承办，隶属军分区领导。邢台机要局并入邢台邮电局后，专设机要通信股，为邮电局专办机要通信业务单位。

邢台电报大楼于七十年代初建成，仿建北京电报大楼样式。1975 年投入使用，1977 年 10 月 1 日中兴路邮电支局正式开办业务。电报大楼主要由报房、机房、营业厅和办公室几部分组成。80 年代，电报大楼是邢台人能够通过电报、长途电话等通信手段与外界沟通的主要场所。

电报大楼曾经是邢台市邮电局的局址，先后挂名邢台市通信公司、中国网通邢台市公司、中国联合通信公司邢台市分公司。如今这里是中国联通邢台市分公司，一楼营业厅是邢台市邮政储蓄银行中兴路支行、中国邮政集团公司邢台市分公司中兴路支局、邢台集邮中兴路营业厅。

电报大楼是当年邢台市桥西区的地标，如图 9-2-5 所示。每逢整点，楼顶大钟就会响起悠扬的报时钟声。在邢台市第一批 20 座历史建筑名单中，就有邢台电报大楼。

图 9-2-5　邢台电报大楼

### 四、中国的现代邮政业

#### 1. 国家邮政改革

1986 年 12 月 2 日第六届全国人民代表大会常务委员会第十八次会议通过了《中华人民共和国邮政法》，自 1987 年 1 月 1 日起生效。这是新中国第一部邮政法律，其完备性与科学性是 20 世纪 20 年代的《邮政条例》和 20 世纪 30 年代的《邮政法》无法比拟的。

1995 年，原邮电部成立了两个企业局，即中国邮电邮政总局和中国邮电电信总局。

1998 年，国务院对邮电经营管理体制进行改革，实行邮电分营，成立国家邮政局和通信管理局。国家邮政局保留政企合一的模式，通信管理局隶属工信部管理。

2005 年，国务院确定邮政体制改革，实行政企分开。重新组建国家邮政局，作为国家邮政监管机构，负责监管邮政、快递行业；组建中国邮政集团公司，经营各类邮政业务；加快成立邮政储蓄银行，实现金融业务规范化经营。

2006 年 8 月底，各省（自治区、直辖市）邮政监管机构筹建工作基本就绪，国家邮政监管机构的组建也完成了前期准备，新的国家邮政局的组织机构和岗位设置实施方案基本完成。

2007 年 3 月 6 日，经中国政府批准，中国邮政储蓄银行有限责任公司依法成立。

2012 年 3 月 1 日，全国省级以下邮政监管体制实施工作正式启动；2012 年年底前，全国设立地市一级邮政监管机构。

2. 邢台的现代邮政业

1998 年邮电分营，邢台市邮电局分为邢台市邮政局、邢台市电信局。

1999 年 11 月，中国邮政集团公司邢台市分公司成立，经营范围包括国内和国际邮件寄递业务、集邮品和邮票销售业务、邮政物流业务等。

2008 年，中国邮政储蓄银行股份有限公司邢台市分行成立。

截至 2013 年，完成邮电业务总量 43.37 亿元，其中，邮政业务量 1.9 亿元，电信业务量 41.47 亿元。2013 年年末局用电话交换机总容量达到 715.39 万门，固定电话用户达到 92.46 万户，其中，城市电话用户 52.49 万户，乡村电话用户 37.84 万户。邢台市固定及移动电话用户总数达 543.92 万户。

## 模块三【知识拓展】

在邢台古官道上，除了这些大的驿站，还有一些规模较小的驿铺，通常以"亭、店、铺或驿"命名。

1. 宁晋县换马店镇

这是古代驿站换马之处。民国时期为邢台地区成品棉的主要供应基地。当时华北中部平原所生产的棉花有相当部分最后都输送到了换马店，在此弹成花絮，扎成包再顺大道运往大沽口，然后销往日本。

2. 沙河褡裢店

沙河褡裢店即今沙河市城区。1968 年沙河县城由沙河城迁至褡裢镇，褡裢镇在清代叫褡裢店，平汉铁路开通后，这里设褡裢火车站，发展成褡裢镇。明末叫许友店，再之前叫海马镇，更早称南中铺。南中铺是顺德府沙河县的四个急递驿铺之一，位于顺德府御路南端。普通店原名普通铺，也是顺德府沙河县四个急递铺之一，今位于 107 国道上。

3. 沙河十里铺

十里铺原为食膳铺。古时，从邢台南行十里有一饭铺，叫食膳铺，聚居后成为村名，因距邢台老城十里，后人又改食膳铺为十里铺。据民国《沙河县志》铺司引《清会典》："县设四铺司，铺司兵二十六名，总铺北十里到食膳铺，又十里至邢台县属康庄铺，南十二里至普通铺，又十里至南中铺，又十里至永年县高寨铺。"

4. 内丘小驿头、四里铺

古时，小驿头是内丘通任县官道，并设有驿站，后发展成村庄，故称小驿头。另外，内丘还有四里铺，明代村里设急递铺，又因距县城四里，故称四里铺。

5. 任县辛店镇

北魏年间（960—1022），始称辛店镇。清代先为新店铺，后改辛店堡。民国年间恢复辛店镇，这里以前有滏阳河水路码头。

目前，有迹可循的驿站还有大运河上的清河渡口驿。

## 模块四【探究平台】

1. 邢台最早的邮局是哪所邮局？设立于什么时候？

2. 你家乡有没有带"店、铺、亭或驿"的村名？查一查，看它的命名是否与历史上递送信息、运送货物有关。

# 第三节　清末民初邢台与世界各地的通信

## 模块一【寻找归属】

随着皮毛业的发展，邢台与全国各地都有经济往来，甚至与国外也有很多贸易业务。说说哪些方面体现了邢台的国际影响力？

## 模块二【知识坐标】

### 一、中国的对外通信发展

1847年，由22个国家的邮政代表在瑞士伯尔尼举行会议，共同签署了《关于创设邮政总联盟条约》（又称《伯尔尼邮政条约》），同时成立了邮政总联盟（后改名为万国邮政联盟）。它在组织和改善签约国邮政业务及国际间的相互合作与邮件在国际间的统一运转方面，起到很大的作用，得到各国邮政部门的支持。

中国近代邮政始于1878年，即海关试办邮政之始。其间，万国邮政联盟于1878年5月、1883年邀请清政府加入万国邮政联盟组织，但清政府均未应邀。

当时，在中国并存的通信组织，除海关邮政外，还有官办官用的、通行全国各地官衙的邮驿机构，以及商办民用的民间信局，即民信局、侨批局。此外，还有列强各国在中国强行设立的邮政机构，如客邮、商埠邮局等，以及在华外国人在各商埠开办的书信馆。各种通信组织，各自为政，自揽自投。因国内通邮范围有限，收寄的国外邮件，还要另贴外国在华邮局的邮票，并通过外国在华邮局寄往国外。

鸦片战争后，经过西方文化，特别是西方近代邮政制度在中国的传播，加上海关试办邮政的实践，清政府终于在1897年成立大清邮政官局。

1897年，清政府出席在美国华盛顿召开的第五届万国邮联大会，申明中国准备入会，同时与会员国建立互寄邮件关系。清政府通过文报局与外国使节传递文件。1903年，清政府外务部照会各国驻京公使，要求各国政府迅速撤回在华设立的邮局。

1906年，清政府出席在罗马召开的第六届万国邮联大会，公开表明国家邮政有加入万国邮政联盟愿望。同时，清政府努力发展国家邮政业务。至1911年全国邮政局所已达6 250处，邮路总长度已达38万里；接连开办了快信、挂号、保价、包裹、汇兑等新业务；同法国、日本、德国、俄国等国先后建立双边联邮关系；关闭了所有商埠书信馆；强制民营信局注册挂号，降低邮政资费等，抑制民营信局的发展。这些都为加入万国邮政联盟创造了条件。

1911年10月，孙中山领导的辛亥革命推翻了清王朝统治，建立了中华民国。北洋政府接管清政府邮传部，改称交通部，下设邮政总局统辖全国邮务，对国内邮递机构进行了一些大的改革，积极地参与国际邮政事务。

1914年3月1日，中国加入万国邮政联盟。

1915年，民国政府发布关于禁止外国设邮售票令。1922年，在万国邮联太平洋会议上，终于通过了撤销在华客邮的议案，要求客邮在1923年1月1日以前（除日本拒撤）全部关闭。加入万国邮政联盟，标志着中国已成为邮政主权国家。

中华人民共和国成立后，中国政府曾派代表出席了万国邮联召开的有关会议。1951年5月21日万国邮联的合法席位为中华民国。联合国第26届大会通过决议，中华人民共和国取代中华民国在联合国的合法席位，万国邮联于1972年4月13日通过决议，中华人民共和国在万国邮联取得合法席位。从20世纪80年代初起，中国成为万国邮联执行理事会和邮政研究咨询理事会的理事国。

## 二、清末民初邢台与世界各地的往来信件

清代，邢台因皮毛贸易的发展促进经济高度繁荣，成为中外商人聚集交易的场所，很多外国机构入驻邢台，邢台与世界各地的交往日渐密切，邢台近代经济开始依托皮毛业与世界经济相联系。

当时邢台大街上外国人比比皆是，堪称国际大都会，邮政通信业务日益频繁密切，与世界各地都有通信往来。现在存留的许多邢台与国内外来往的信件和明信片，在一定程度上印证了当时邢台活跃、繁荣的经济发展状况，以及邢台作为冀南国际都市的影响力。

图 9-3-1 为清代法国客邮局片加贴蟠龙销，是清代非常少见的明信片。明信片为法国客邮局印制，邮资片 10 分加贴蟠龙 4 分销。少见的是，明信片上有大清邮政局顺德府双圈椭圆形全中文邮戳，1903 年 11 月 6 日由顺德府寄比利时，法国在天津客邮局 1903 年 11 月 8 日转口戳，天津 1903 年 11 月 9 日转口戳，比利时 1903 年 12 月 3 日落戳，11 号小圆形信框戳，背面还有一个少见的"顺德府"矩形戳，共六个戳印。

图 9-3-1　清代法国客邮局片加贴蟠龙销

1903 年顺德府邮政局刚刚设立，就与世界各地尤其是当时科学技术比较先进的比利时开展邮政业务，可见当时邢台作为国际大都市，在经济社会发展方面具有一定的影响力。

图 9-3-2 为 1900 年河北顺德府寄上海内地会的信件。

图 9-3-2　1900 年河北顺德府寄上海内地会的信件

图 9-3-3 为 1903 年直隶顺德府寄比利时的明信片，贴伦敦版蟠龙邮票 4 分、日本邮票 4 钱各一枚，以"大清邮政局顺德府"木刻椭圆地名戳盖销邮票，有上海 8 月 26 日、北京 9 月×日、上海法国邮局 9 月 14 日、日本横滨 9 月 21 日中转戳，有比利时 10 月 21 日到达戳。"大清邮政局

"顺德府"木刻椭圆地名戳非常少见，其上保存较好，上写"万国邮编联合端书"字样。

图 9-3-3 1903年直隶顺德府寄比利时的明信片

图9-3-4为1912年五色旗片加贴蟠龙加字票5枚，销顺德府元年戳。邮戳上的日期是"庚戌年六月四日"，即1910年7月10日。在大清邮政和民国邮政的邮戳上能见到3个元年，分别是宣统元年、民国元年、洪宪元年。

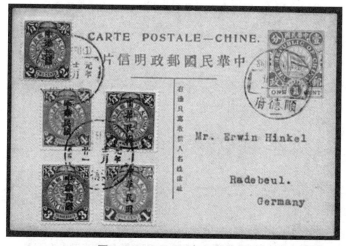

图 9-3-4 1912年五色旗片

邮戳是半个碑型邮戳，是顺德府壹号信柜邮戳，这是大清国家邮政在顺德府设立的城市代办分局——城镇邮局委办的代理邮务的商铺。碑型邮戳是大清国家邮政在小城建立分支机构之后使用的第二代邮戳。这种城市代办分局始建于光绪十五年（1889年），俗称"信柜"。根据《邢台市邮电志》记载，顺德府壹号邮戳是光绪二十九年（1903年）顺德府邮局设立的南关代办邮政商铺使用的邮戳。

图9-3-5为1914年9月7日郑州寄河北临城煤矿挂号超重封一件，图9-3-6为民国4年顺德府寄上海的邮件，三种邮戳清晰可见。

图9-3-5　1914年9月7日郑州寄河北临城煤矿挂号信

图9-3-6　民国4年顺德府寄上海的邮件

图 9-3-7 为民国二十四年五月二十四日（1935 年 5 月 24 日）从河北威县寄出的明信片，25 日经过邢台经转，29 日到达上海。几枚邮戳清楚交代了这枚明信片在 5 天之内的邮路。明信片正面加盖了 24 日同一天的 3 枚威县收寄日戳，1 枚邢台 25 日经转日戳；背面加盖了 2 枚上海 29 日落地日戳，这 2 枚落地日戳竟然还是带有指示或宣传内容的邮戳，前边一枚依稀能识别是"邮政储金……"，后边一枚能认出"航空信……"三字。背后还有一个紫色"31 MAY 1935"的日期章，可能是收件人在 31 日收到邮件后的备注。明信片的内容全部为英文所写，包含了很多计算公式，寄件人可能是当时外国驻华的工程技术人员或是传教士。

**图 9-3-7　邢台威县寄上海的明信片**

根据《中国邮政事务总论》记载，威县至少在光绪三十一年（1905 年）就设置了邮政机构，当时威县归广平府管辖。根据《邢台市邮电志》记载，在光绪三十二年（1906 年）顺德府已经开通了经威县至济南的邮路。1906 年 4 月 1 日京汉铁路全线通车，为沿线各城市邮件的迅速传递提供了保证。

# 模块三【知识拓展】

1. 邮票的产生

1838 年 8 月 17 日，英国维多利亚女王批准罗兰·希尔邮政改革的议案，决定英国自 1840 年 1 月 10 日起推行 1 便士均一邮资法，宣布放弃免费用邮的特权。罗兰·希尔具体组织和决策设计了邮票草图，将创意中的邮票变成现实，邮票主图为维多利亚女王侧面头像。1840 年 4 月 15 日，英国印出了世界上第一枚邮票。

从 1840 年至 1860 年，90 多个国家和地区先后发行了邮票。1878 年，清政府海关试办邮政，发行了以"龙"为主图的第一套邮票——"大龙"邮票。根据纸质和印刷不同，分为薄纸大龙、阔边大龙、厚纸大龙，其中阔边大龙 5 分银全张为存世孤品，成为中国早期邮票中的珍品。

2. 中国邮政发行的与邢台有关的邮票

中华人民共和国成立以来，中国邮政发行了与邢台有关的郭守敬及其制造的天文仪器邮票2套、纪念董振堂等烈士的邮票1套、关于赵氏孤儿等戏曲艺术的邮票等，如图9-3-8所示。

图9-3-8 中国邮政发行的与邢台有关的邮票

3. 万国邮政联盟简介

万国邮政联盟简称万国邮联或邮联，是商定国际邮政事务的政府间国际组织，其前身是1874年10月9日成立的邮政总联盟，1878年改为现名。万国邮联自1978年7月1日起成为联合国一个关于国际邮政事务的专门机构，总部设在瑞士首都伯尔尼，宗旨是促进、组织和改善国际邮政业务，并向成员提供可能的邮政技术援助。其宗旨是组织和改善国际邮政业务，发展邮政方面的国际合作，以及在力所能及的范围内给予会员国所要求的邮政技术援助。

为了更广泛地宣传邮政在各国政治、经济和文化发展中的重要意义及其在各国人民友好联系中的纽带作用，介绍万国邮联的发展史和成就，1969年万国邮联第16届代表大会一致决定把万国邮联成立的日子定为世界邮政日，并要求各会员国从1970年起，在每年的世界邮政日组织各种纪念、宣传活动。

## 模块四【探究平台】

1. 请你查找中国邮政发行的关于邢台的邮票都与哪些人和事有关，对于我们和世界有什么意义和影响。

2. 通过这些邮件，你觉得邢台当时的经济发展怎样？城市地位跟现在相比有什么不同？并说一说你的感受。

3. 我国加入万国邮联有什么意义？

# 第十章 邢台的旅游业

## 第一节 邢台的风景名胜

### 模块一【寻找归属】

随着经济社会发展,人们的生活越来越丰富多彩,旅游成了人们休闲度假的主要方式,而邢台周边游更是邢台人休闲的好去处。你到过邢台周边哪些地方?它们有什么吸引人的特征?

### 模块二【知识坐标】

#### 一、邢台古代的风景名胜

1. 邢州十二景

明代万历本《顺德府志》记载了明代邢州的十二处景观。

①太行叠巘:太行山绵亘万里,其中,中条山、王屋山、玄岳山、五台山等,福地洞天,不可胜数。

②大陆澄波:古代邢台境内的湖泊,是古代北方第一大湖,又叫小东湖、张家泊,夏禹疏导九河排入大陆泽。旧迹在任县,现已干涸。

③尧山圣迹:尧山,唐山县(今隆尧县)北八里,又叫虚无山、宣务山、唐山。帝尧受封于此,后建都山西蒲坂。尧山境内还有䂬山、孔岗、干言山、卧牛山等。

图10-1-1为宣务山石窟旧照,这里曾有隋、唐、宋诸代的石刻、雕像、碑碣等丰富的历史文物,现已被毁。

④鹊庙仙迹:鹊庙,内丘蓬山中。春秋时,赵简子赐秦越人扁鹊田四万亩,建庙于鹊山。庙西的山太子岩为虢太子出家处。

⑤百泉鸳水:百泉水,即㴲水。泉有百孔,故名百泉。

**图10-1-1 宣务山石窟**

上下两泓，中间有小路如鸳鸯背，两泓如鸳鸯翼，所以又名鸳水。

⑥达活龙湫：指达活泉。

⑦郡楼远眺：指站在清风楼上极目远眺所见到的景观。图10-1-2为"郡楼远眺"景观。

图10-1-2 "郡楼远眺"景观

⑧古刹春游：指古代每年正月十六日，开元寺附近庙会，商贩云集。

⑨宫墙柏影：指顺德府儒学（文庙），南北长二百三十一步，东西广一百一十一步，殿堂宽敞，宫墙高大，有古柏数百株，黛色参天，行走其间令人敬仰肃穆。

⑩雉堞荷香：指古邢台城城墙坚固，护城河深广，四个城门外遍种荷花，香气四溢。

⑪龙岗霜月：龙岗，原邢台古城西城门外城的高岗，后周以龙岗作为县名。八、九月，霜月凝空，城头下瞰，蜿蜒蠕蠕，似动似走，似起似卧，相传有五色云相护。元代大儒董朴结庐其旁，开设龙岗书院，号龙岗先生。

⑫檀台烟雨：相传战国时，赵成侯都信都，建筑檀台，以朝诸侯。

2. 邢台八景

民国版《邢台县志》记载了邢台八处景观。

①鸳水灵井：鸳水井位于邢州旧城南关外，院内有一石砌的八角琉璃井，井深莫测，水甘如饴，常有金龙鱼翻出水面。人们认为这是美好吉祥的象征，立有鸳水郡主庙，井上建有鸳水亭一座，俗称为"鸳水灵井"。图10-1-3是以鸳水灵井为背景的旧照。

②郡楼远眺：清风楼位于邢州旧城中心，原顺德府衙前左侧，建自唐宋，重修于明。楼高七丈余，下有石筑台，斗拱飞檐，庄严雄伟。极目远眺，市肆栉比、山水在目，旧时邢州全景尽收眼底。

③野寺钟声：开元寺俗称东大寺，位于邢州旧城东北隅，建于唐朝开元年间，为历代名刹，寺内有一金代巨型铁钟，重达三万多斤，击撞之时，声震远近。信徒僧众异地同拜，因此叫作野寺钟声。

图10-1-3 背景为鸳水灵井的旧照

④达活名泉：位于邢州旧城西北五里处。原为一水池，周百步，深丈许，泉水晶莹碧透，一望见底，水量大时，主泉似开锅之水，翻华斗艳，银花沸腾，犹如玉盘行珠，滚流不息，故被称作达活名泉。

⑤仙翁古洞：仙翁山，位于邢台市西部15公里处。张果老在此隐居修行成为八仙之一。唐玄宗李隆基敕封张果老为仙翁，敕建栖霞观，改观后的山洞为仙翁洞。远在明朝时仙翁古洞便被誉为邢州八景之一。

⑥玉泉夕照：邢州西北四十里的玉泉寺前有玉泉池，每当夕阳西坠时，在古刹飞檐和玉泉凌波上，均被抹上了一层金黄色的光辉，景观十分幽静、壮丽，形成了游人神往的美景，被称作玉泉夕照。

⑦鼎梅晴雪：鼎梅山又名栲栳红山，位于邢台县西南部约四十五公里处。群山之中有一种叫鼎梅的野生植物，遍地都是，在冬季开红、白、黄三种颜色的花。古人说，世间奇艳，鼎梅山上雪。这就是鼎梅晴雪的由来。

⑧柳溪春涨：达活、白沙诸泉之水汇聚于邢台豫让桥附近，形成旖旎的水乡风光。金大定年间邢州刺史在此筑长廊、建亭台（柳溪亭）、养鱼植柳，形成了清水鱼跃、风飘花香、柳溪交辉的历史名胜，故被称作柳溪春涨。图10-1-4为北关原柳溪春涨景观旧址。

图10-1-4　北关原柳溪春涨景观旧址

## 二、邢台现代风景名胜

邢台市东临大运河，西部太行山的长城和东部的京杭大运河都是世界文化遗产的一部分；有国家级重点风景名胜区崆山白云洞和邢台峡谷群；天河山、云梦山、九龙峡、紫金山、北武当山、凌霄山等自然景观风光旖旎；邢台古城、扁鹊庙、汉牡丹、普彤塔、邢窑遗址、开元寺、天宁寺、清风楼、火神庙、府文庙、郭守敬纪念馆等人文名胜璀璨多姿；邢台还是革命老区，是太行、冀南两大根据地的中心，南宫市素有冀南红都之称，有抗日军政大学、冀南烈士陵园、八路军129师司令部驻地（道沟村）、冀南革命纪念馆、董振堂纪念馆、吕玉兰纪念馆等红色革命遗址。

## 模块三 【探究平台】

1. 利用周末或假期去邢台古今风景名胜之处探访、游玩，并写一篇简单的游记。
2. 利用你的专业知识和邢台的风景名胜特点，做一个宣传推广邢台的产品设计。

# 第二节　邢台最美古村落及文化特征

## 模块一 【寻找归属】

邢台作为"先商之源、祖乙之都、邢侯之国"，历史上曾四次建国、五次定都，自隋唐以后一直为府（路、州）城。至今，邢襄大地上还保存着为数不少的古村落，其中既有古老而富有地方特色的民居，又有寺庙、道观、石碑、戏楼、古寨墙、古商路、古井、生产生活用具等物质文化遗产，更有土布纺织、荃编、石作、木雕、剪纸等生产生活技艺和悠久而多彩的民间传统习俗。

对邢台的古村落你了解多少呢？

## 模块二 【知识坐标】

邢台古村落历史悠久，文化厚重，既具有相对一致的文化传统，又各具特色，是北方农耕文明的活化石，具有很高的历史文化和保护利用价值。

### 一、移民文化特征

邢台地理位置优越，成为历朝历代各派政治势力争夺和厮杀之地，周围村落屡次兴废。新王朝发展生产，主要通过移民复垦。移民不仅创造了物质财富，还带来了各地的民俗民风，更是展示了团结一心、不畏困苦、勤奋俭朴、奋发有为的创业精神。移民文化在石碑、族谱、祠堂、传说、民俗中都有反映，如邢台县崔路村。

相传，崔路村建于隋唐，兴于明清。在明代永乐初年，明朝政府为了解决战争造成的人烟稀少、土地荒芜问题，向河北等地进行"屯田"和"移民"。崔路村因此逐渐兴盛。

### 二、建筑文化特征

古村落中的建筑包括民居、庙宇、祠堂、戏楼、书院、古桥、寨墙、作坊等。在这些建筑物中，民居是体现村落文化的综合体。民居中包括对联、匾额、族谱、地契、瓷器等历史证物，其建筑格局、形制、材料和装饰风格也反映了特定地区、特定历史时期的生产生活状况、风俗习惯和精神追求，是物质文明和精神文明的复合体。

1. 建有防卫设施

中国古代尤其是近代以来，社会动荡，兵匪为患。为保证乡民和家族安全，不少古村落中建有寨墙、阁门、碉楼、暗门、暗道等防御设施，户户相通相连。图10-2-1为崔路村的东门阁楼。

图10-2-1 崔路村的东门阁楼

2. 就地取材，因地定型。

邢台山区古民居一般为石砌墙体，石板铺顶，墙面和石缝都不太规整，建筑构件比较粗朴。民居大多厚重古朴，不事雕琢；街巷狭窄，石板铺地；村落依山就势，形成高低错落之美。这反映了太行山人勤俭质朴的民风。图10-2-2为英谈村石砌房屋。

图10-2-2 邢台县英谈村石砌房屋

3. 注重建筑质量和文化内涵。

在距离邢台市区较近的浅山区古村落民居中，受地理特点和历史文化影响，建筑一般为石砖土木结构，墙体下部为就近取材的青石，石面平直，石缝细致工整；上部为砖瓦房顶，木架结构。院落多为四合院，建筑规制遵从封建礼仪和北方地域特点：长辈住正堂，儿女住厢房，北屋比东屋高，东屋比西屋略高，南屋最低。特别讲究院门的排场，一般上方有砖雕大字，墙体砖石比房屋砖石更为整齐规则；大门由厚重坚硬的木材做成，门头装饰雕工精巧的人物、动物或花鸟图案，门口两侧放置上马石、门墩石或抱鼓石等，端庄威严，气势不凡。古民居的木雕、石雕、砖雕等装饰材料雕工精美，具有一定的文化价值和艺术价值。图10-2-3为田麻痒庄园的雕花门。

4. 完善的道路、桥梁和排水设施。

邢台西部山区沟壑纵横，溪流遍布，村落往往依山傍水而建。居民为了方便生产生活，防御自然灾害，修建了石桥和排水沟。邢台现存古村落中，有材质各异、大小不一、千姿百态的古石桥，不少村落建有设计科学合理、坚固耐久的排水设施。图10-2-4为皇寺村石桥。

图 10-2-3　田麻痒庄园的雕花门

图 10-2-4　皇寺村石桥

5. 保留着传统的生产生活方式。

邢台古村落现存大量的犁耧锄耙、镢镐镰锨、石磨、石碾、石臼、石井、瓷器、陶器等农耕社会的生产生活遗存。在深山区，人们仍然使用着古老的生产生活用具，沿袭着传统的生产生活方式，是农耕文化的活化石。图 10-2-5 为沙河王硇村石磨。

图 10-2-5　沙河王硇村石磨

## 三、传统礼俗文化特征

西周是中国传统礼仪的创制时期，邢台是西周按礼制建立的邦国，因此邢台民间保留着古老的传统礼仪和风俗习惯。图 10-2-6 为龙化村结婚场景。

图 10-2-6　龙化村结婚场景

## 四、儒、释、道文化特征

邢台古村落建筑文化深受儒家和道家文化影响。古民居大门门头上的砖雕、石雕很多为国学经典中的名句或提取凝练的短语，以展示院落主人的为人处世之道，颇具教化功能。如积善余庆、义路礼门、为善最乐、公忍廉读、光前裕后等。大门口和厦檐下的木雕往往有八仙或暗八仙图案，这显示了邢台人既崇尚修齐治平、自强不息的儒家入世思想，又追求飘逸洒脱、清净自在的道家生活。图 10-2-7 为崔路村庙宇，崔路村每一个街巷的丁字路口都有庙宇，共计有十四座，多数修建于清中后期。

图 10-2-7　崔路村庙宇

自东汉永平十年，印度高僧迦叶摩腾和竺法兰来到邢台南宫，建立了中国第一座佛寺普彤寺之后，佛教开始在邢台广为流传，并且最终发展成为和中国传统文化相结合的、有中国特色的宗教。邢台古村落中有许多在当地颇有影响的佛寺。

## 五、民间艺术、民间技艺和民间文学特征

邢台古村落中产生和保存了大量的民间传说，这些传说承载了居民的历史记忆和美好祈愿，蕴含着朴素的道德观念，也是对乡人进行优良品德教育的鲜活教材。图10-2-8为南和县贾宋村与河郭村抬黄杠。

图10-2-8　南和县贾宋村与河郭村抬黄杠

相传东汉时期，张角领导的黄巾军与驻守南和的官兵对峙，黄巾军缺粮，河郭村筹措粮食帮助黄巾军。但运粮途中被官军劫去，尚武好义的贾宋人出手将粮食抢回，从此两村结下永世友谊。"抬黄杠"重现了当年的情景，并形成一个千年习俗。每年正月时，河郭村"起杠"到贾宋村去"送杠"，贾宋人也用同样的礼数来"接杠"。规模最大时参加者达上千人，三乡五里来观看的有数万人，是河北省最大的民间乡艺活动，目前已经申请国家非物质文化遗产。

## 六、古树名木和原始信仰文化特征

因明朝初年山西移民的出发地是大槐树，邢台移民有栽种槐树、立村纪念先祖的习俗。古村落居民敬畏自然，爱护树木，往往在古老高大的树木旁建庙祭祀树神，因此，古树名木成为邢台古村落的一道亮丽风景。如邢台县浆水镇前南峪板栗王，树龄2 500年左右、树高21米；南宫崔村"移民柏"，树龄1 000余年，树高8.5米；邢台县皇寺镇皇寺村玉泉寺内的玉泉寺鸟柏，树龄为1 380年，树高20米；内丘县神头村扁鹊庙古柏，树龄约1 500年，树高10米；临西县陈新庄村清临渠东侧的杜梨王，树龄400年，树高10米；任县西固城乡前台南小学校院后（原清凉寺遗址）的任县隋槐，树龄1 400余年，树高12米；元代科学家郭守敬故里——邢台县皇寺镇郭村的元槐，据传为郭守敬祖父郭荣所栽，树龄800年，树高10米；临城县赵庄乡驾游村村落中心的黄连木，树龄1 000年，树高25米；邢台县龙泉寺乡前敖峪村的古酸枣，树龄1 100多年，树高14米；邢台县白云山东岭三教堂子孙殿前

的不老松，共2株，树龄千年以上，一株树高28米，另一株树高16米。

另外，古村落的居民对山神、水神、土地神等自然神灵都极其崇拜，因此在古村落中有数量可观的自然神庙和神龛。图10-2-9为清光绪七年十二月十五日沙河市王硇村圣母庙立的禁林告白碑。

### 七、战争文化特征

古邢台表里山河，农耕发达，是逐鹿中原、争霸天下的屏障。这决定了邢台古村落有深厚的战争文化印迹。如邢侯搏戎抗郑，赵襄子文治武功，黄巾军在灵霄山建立中央大寨，李世民征战窦建德，黄巢义军血战路罗深山，明朝在太行山上修筑内长城及关隘和烽火台等，都在太行山留下了深深的印迹。脱锁沟、徘徊村、放甲铺、城计头、将军墓、赵孤庄、马厂（场）沟、军营、太子井、大仓小仓、血流峪、天明关、营房台等地名，标示着邢台人民崇尚正义、反抗暴政、抵抗侵略的英雄气概。

图10-2-9 沙河市王硇村圣母庙禁林告白碑

据专家考证，黄巾军在灵霄山建立的中央大寨，是我国历史上唯一留下的农民起义运动的文化遗存，如图10-2-10所示。

图10-2-10 黄巾军起义中央大寨

### 八、红色文化特征

太行山有着丰富的红色文化。邢台历史上不但爆发过大规模农民起义，还点燃过挽救民族危亡的红色火种。1925年，"张氏三杰"之一的张信卿借助教书传播先进思想，建立了邢台第一个党的组织；1935年，冀南党组织支援中央红军长征的"冀南暴动"失败后，暴动领导人曾经转移到西部山区活动。抗日战争全面爆发后，杨秀峰领导的冀西民训处在临城、内丘一带活动；邢台县、沙河市、临城县、内丘县山区是太行抗日根据地组成部分；太行分区党政军机关在山区不少古村落活动，领导当地抗日战争；抗日战争最艰苦的阶段，抗日军政大学曾在浆水一带办学。

太行山造就了众多抗日战争、解放战争与抗美援朝时期的战斗英雄和拥军模范。太行古村落不少人家大门口悬挂"为民立功""人民功臣""保卫治安""售粮光荣"等英模牌匾。图 10-2-11 为邢台县崔路村农户门楣上的"建国英雄"牌匾。

图 10-2-11　邢台县崔路村农户门楣上的"建国英雄"牌匾

## 模块三【探究平台】

1. 你的家乡有哪些古村落？它有什么特色？
2. 利用周末探访一个古村落，并写一篇游记。
3. 邢台有哪些古树名木？利用假期或周末就近去探访一些古名树名木，并做一些调查，写一篇简单的调研性文字。

# 第十一章　邢台的酒文化

## 模块一【寻找归属】

水是酒之血，粮是酒之肉。但凡盛产美酒的地方，必是水脉交贯之地。受子牙河和黑龙港河两大水系润泽，邢台境内 20 余条河道流经，堪称冀南重要的上游水源地。邢台地理优厚、气候适宜，原粮颗粒优质饱满，淀粉含量高，适宜酿酒。

你了解邢台有哪些酒类品牌吗？

## 模块二【知识坐标】

### 一、邢台酒文化的历史渊源

邢台酒文化起源于先商，成熟于商周，兴盛于唐宋，繁荣于元明清，距今已经有 3 000 多年历史。邢台历史名酒很多，酒器文化也在其酒文化史上处于主流地位。

1. 上古时期邢台的酒传说

邢台酒文化历史悠久。传说远古时代，帝王封禅用的是"鄗上之黍"，也就是邢台柏乡的黍米。黍米在器皿中长时间放置，自然发酵变成了醇香的美酒。

相传中国造酒之祖，一为仪狄，一为杜康。仪狄处大禹时代，比杜康早 400 年。仪狄曾因给大禹献酒而闻名于世，生活在邢台西部山区夷仪山一带。史料佐证，邢台是世界上最早发现和运用酿造技术之地。

"仪狄"是"夷狄"的谐音同义。古时中原地区称为华夏，中原地区周边不开化之地谓"夷狄"。邢台古地的"夷狄"人来自尧舜时期长江中游以南（现今湖南洞庭湖、江西鄱阳湖一带）"苗民"地区，距今已有 4 300 多年。相传，尧帝的长子丹朱，被舜帝杀害后运回北方，其统治区域的"苗民"追随而潜入邢地，酿酒祭祀丹朱。

禹执政后，社会清明，百姓安居乐业，隐居古邢台西部浆水一带的夷狄"苗民"给大禹献酒以示感激。史书《吕氏春秋》、汉代《战国策》都曾有"仪狄造酒""帝女令仪狄作酒而美，进之禹，禹饮而甘之"的记载。

古邢地保护、养育了仪狄，"仪狄造酒"也为古邢地带来了生机和文明，仪狄之举使远古的邢台历史酿酒文化色彩斑斓，神秘奇丽。

2. 商周时期邢台的酒文化

邢台为"先商之源"，区域内保存有很多先商文化遗址。

邢台的酒文化起源于夏商周时期，伴随着农耕文明的发展，源远流长。邢台最早的酒文化可以推至先商文化时期。先商文化即指夏时期的中后段，当时因先商族活动于太行东麓地区，其活动年代与夏纪年有重叠，但文化与夏文化有着明显的不同而名。

邢台葛家庄北，即邢台轮胎厂后是西周时期邢国墓地，在墓地的西部有大面积的先商文化遗址。1993—1998年时共发掘了4 000平方米，出土了丰富的文化遗迹和遗物。考古专家对遗址中陶器的文化性质和使用进行了研究，认为在葛家庄先商文化遗址中所发现的爵、尊、杯、斝等器型，与酒文化有着密切的关系，而其中的瓮、罐、盆等器物在酿酒生产中使用。由此，邢台葛家庄先商遗址出土部分器物，是截止到今天邢台发现最早的酒器。

图11-1-1为邢台出土的酒器。

图11-1-1　邢台出土的酒器

商周时期邢域的酒文化十分发达。商代时邢台为商王畿地区，尤其是在邢台区域的沙丘建立了商王的离宫别馆——沙丘宫苑。据《史记·殷本纪》记载，商代"(纣王）置广沙丘平台……大聚乐戏于沙丘，以酒为池，悬肉为林，使男女倮相逐其间，为长夜之饮"。从"以酒为池"可以想象当时酿酒业的发达程度。

商周时期的青铜酒器在邢台市有许多发现。其中，觚为饮酒器，长身、侈口、口和底均呈喇叭状。五六十年代在邢台市曹演庄遗址中曾发现多件青铜酒器，其中有带族徽的青铜觚，这件铜爵高22厘米，为商代中期常样式，有"亚"字族徽。爵是青铜酒器常见的器物，属饮酒器，相当于后世的酒杯。邢台市此类酒器发现较多，如清河县发现的商代（或夏晚期）青铜爵，平底，长流，具有商代早期青铜器风格。1958年在临城县曾发现有铭文的青铜爵。

西周时期，邢台为邢国的国都，其大致位置在南小汪遗址一带。自1990年以来，考古工作者在这里进行了大量调查工作。在公园东街进行调查时，发现一座西周时期的墓葬，出土一组青铜品，有鼎、尊、爵、觯等。这组青铜器中除鼎外，均为酒器。商周时期，酒器使用和功能划分很细，《考工记·梓人》注中引《韩诗》说："一升曰爵，二升曰觚，三升曰觯，四升曰角，五升曰散。"

春秋战国时期，邢国虽然已经走向衰落，但其酒文化又有了新的发展。20世纪五十年代在邢台西南的董村，即今天的新兴大街西端发现密集的战国墓群，在墓葬中发现了许多与酒有关的陶器，其中有彩绘的陶壶、尊、盉等。

3. 汉唐至明清时期的邢台酒业

据考古发现，宁晋县城曾出土西汉盛酒器，在如今的北近村还有西汉酿酒用陶井遗存，证明至少在2 000多年前，宁晋便有了规模酿酒的历史。

进入唐朝，随着社会安定，国家强盛，百姓安居乐业，各地酿酒业得到空前发展繁荣。邢台历史名酒中，"大唐神曲酒"酿造历史悠久，唐朝诗人元稹曾有"七月调神曲"的诗歌传世。唐天宝三年（715年），唐代大诗人李白被唐玄宗赐金放还，他离开长安后，翻太行、过黄河进入冀南。据传，李白曾到过宁晋一带，饮过当地酒坊制作的白酒后，诗赠酒家："十里闻香三里醉，一杯入口五云飞。"

宋代时，邢台酿酒业十分兴盛。《宋会要》记载，宋熙宁年间，邢台设有酒的专卖机构（酒务）12个，居河北之首。根据酒曲产量的记载，可推算出当时邢台酒的产量近千万斤，河北酒课（税）收入居全国第二。宋代张能臣所著《酒名记》中，分道记载的宫廷御酒——"金波"和"沙醅"便是产自邢台。被后人称为"宋代酿酒百科全书"的《北山酒经》中详细记载了"金波曲"和"金波酒"的生产工艺。这些史料记载反映了当时邢州制酒业的繁荣和发达。

金元时期，北方一带战乱不断，百姓四处逃难，酿酒业陷入低谷。

明代，顺德府因皮毛业繁荣带动各行各业风生水起。在顺德府南关创建了一所酿酒作坊——益诚烧锅酒，如图11-1-2所示。明代万历年间，宁晋修建制酒烧坊，献酒给万历皇帝，被赐名"福盛泉"。

图11-1-2 益诚烧锅场景复原（邢酒博物馆内）

明清至民国时期，随着经济的繁荣，顺德府酿酒业更加兴盛。在最繁华的商业区——南关有"益诚烧锅""益新烧锅""王记志成烧锅""惠通烧锅"等；在内丘县有鹊王台酒；在宁晋县有"福盛泉""志诚公""志诚永"三家烧锅作坊。

## 二、近现代邢酒的发展

1945年，邢台解放。1945年4月，根据晋冀鲁豫边区政府命令，将邢台市南关的传统私营酿酒作坊,如"益诚烧锅""益新烧锅""王记志成烧锅""惠通烧锅"等收归国有,在"益诚烧锅"原址——邢台市南关东羊市道组建了"国营邢台市制酒厂"。1949年,将各县酿酒作坊并入,正式定名"国营邢台市制酒厂",下辖邢台县酒厂、威县酒厂、柏乡酒厂、宁晋酒厂、辛店桥酒厂。图11-1-3为保存下来的唯一一张邢台市制酒厂在东羊市道时的照片。

图11-1-3　邢台市制酒厂旧照

国营邢台市制酒厂先后更名为邢台县酒厂、邢台酒厂、邢台市酒厂。此后又更名为邢台市制酒厂、河北枣花佳酿酒饮料总公司、河北古顺酒业有限公司和河北古顺酿酒股份有限公司。

邢台市制酒厂志记载,建厂之初仅有两个甑桶,传统的锡锅(朝天锅)冷却器,所有操作均为手工。

手工酿酒时代,邢台市制酒厂无论是在酿酒技术还是工艺上,都是邢台酿酒的领军企业,涌现出了许多模范人物,酿酒大技师赵之义就是其中的代表之一。

1962年,酒厂搬迁到桥西区南大郭一带,也就是今天的古顺酒厂的位置,并更名为邢台市制酒厂。七十年代末期,邢台市制酒厂的产量已为河北省之冠。1988年,河北省政府在北京市人民大会堂召开会议,邢台酒厂出品的邢酒以其独特酱香型风味赢得青睐,被指定为招待专用酒。

在半个多世纪的企业发展进程中,虽然河北古顺酿酒股份有限公司几经更名改制,但古顺酒的传统酿造技艺始终保留着她独特的风格,并被古顺人世代传承了下来。

### 三、邢台地方白酒品牌(部分)

邢酒品牌中,除古顺酒之外,各县市还有很多地方品牌的酒类,它们大多都与邢台古顺酒是同时代产品,源自同一个酒祖,即邢酒或者叫夷狄酒。古顺酒、泥坑酒、鹊王台酒等因历史悠久,已经被列入河北省"燕赵老字号""古代贡品"项目保护名录。图11-1-4为邢台市地方白酒。

图 11-1-4　邢台市地方白酒

1. 古顺酒

河北古顺酿酒股份有限公司始建于 1949 年，拥有古顺牌、邢牌、邢侯牌、达活泉牌酒。古顺，自降世有过邢台白酒、达活泉、太行大曲、邢台大曲、顺德大曲的曾用名。虽几易其名，但它一脉相承的依然是"邢酒"。

古顺酒，浓香型白酒（古顺系列）+酱香型白酒（邢酒），河北省非物质文化遗产，河北著名商标，河北老字号，荣获中国白酒十大冀酒、河北名牌、河北名片、河北优质产品、邢台市十大金名片等。古顺之名取自"古城顺德府"之意。

古顺酒基本继承了宋代名酒"沙醅""金波"的工艺精华，采用优质高粱作为原料，以本地优质小麦踩制的中高温大曲为糖化发酵剂。采用传统的续渣配料、混蒸混烧的老五甑工艺，泥窖固态发酵，掐头去尾，量质摘酒，分级贮存，经长年陈酿，精心勾调而成。

二十世纪七十年代产量为河北第一，八九十年代，邢台市场覆盖率达 70%～80%，先后荣获"国家首届食品博览会金奖""香港国际食品博览会金奖""亚太博览会金奖""质量金杯奖"等多项荣誉。年产能 10 000 吨。

1988 年，时任河北省政协副主席徐纯性到邢台市酿酒厂考察调研后，写下"南有茅台、北有邢台"的题词；相声大师侯宝林评价邢台酒"一饮邢台酒，三日满口香"。

窖池：邢台稀贵黄泥+邢台百泉之水

曾经推广词：一饮邢台酒，三日满口香！（侯宝林）

2019 年，"益诚烧锅"被列入河北省第一批"燕赵老字号""古代贡品"保护名录项目。

2. 泥坑酒

泥坑酿酒产自邢台宁晋，浓香型白酒，中华老字号，河北非物质文化遗产，中国驰名商标，河北省非物质文化遗产，河北白酒前六名，河北名酒"五朵金花"称号，河北省历史文化名酒。具有窖香浓郁、入口绵甜、醇香柔和、回味悠长等特点。

泥坑酒最早始于商，用于周，盛于唐宋，复兴于明清，鼎盛于今，早在四千多年前的尧舜时期，就有尧在宁晋造酒的传说。出土的西汉酒器，说明当时已有酿酒行业。

传说唐代李白路过宁晋，对当地酿酒大加赞赏。明代就有"福盛泉"烧酒作坊。

1916—1919年，宁晋县恢复"福盛泉"，创建"志诚公""志诚永"烧锅。1946年，宁晋解放，"福盛泉"与"志诚公""志诚永"三家烧坊合并收归国有，组成制酒厂，成为宁晋县第一家全民所有制工业企业。1949年正式命名为宁晋县制酒厂。

从2003年12月到2006年12月，宁晋县制酒厂经历了两次蜕变，先是股份制改造成为河北泥坑酒业有限责任公司，又在进一步改革中由河北宁纺集团并购。两年后，公司更名为河北凤来仪酒业有限公司。目前已经形成了以酒文化体验、酒生产加工、酒工艺研发、酒文化风情为一体的酒文化产业园区。

作为中国北方浓香型白酒的代表之一，在中华人民共和国成立后，泥坑酒酿造技艺受到了当地政府有效的保护和高度重视。泥坑酒业也不断改进工艺，将传统酿酒技艺与现代先进的微生物技术相结合，形成了独特的、完整的系列酿酒工艺，对研究北方酿酒的奥秘与起源，有深远的意义。

泥坑酒荣获香港国际博览会银奖，河北精品白酒品鉴会第一名，邢台政府质量奖，河北著名商标，河北名牌产品。年产能25 000吨。今为邢台本土白酒之王，综合实力约位居全省第四。

窖池：宁晋黑龙泉源地之水 + 狗头胶泥

曾经推广词：泥坑酒香、朋友情长！（陈强）

3. 内丘鹊王台酒

邢台内丘酿酒的最早记载是春秋战国时期。扁鹊为赵简子治愈五日不醒之症，被赐田四万亩于鹊山（古时称蓬山）。恰逢瘟疫流行，扁鹊造酒入药，解万民于水火。

鹊王台酒酿造选择种植于湿地的钻天红高粱。窖池长年使用，富集了大量的己酸菌、甲烷菌等有益菌属和有效磷等多种矿物质，使原料在发酵过程中产生大量的香味物质成分，产酒窖香浓郁，醇甜柔和。

鹊王台的酿造技艺始创于明清，经过一代代传承者的总结创新，形成了独特的五粮结合、混蒸清烧、续茬发酵、原窖原入的工艺特点，与其他浓香型白酒的混蒸跑窖有着极大不同。贮酒容器采用传统的邢瓷陶坛和内衬猪血桑皮纸的木酒海，贮存环境必须恒温、恒湿，长期陈酿，自然老熟。

2019年鹊王台酒被列入河北省第二批"燕赵老字号""古代贡品"保护名录项目。

除此之外，邢台各县曾经出现或仍然存在的酒类品牌还有很多。这些县域白酒大多是以当地传说故事、名人典故、知名地理特征等命名，具有明显的地方色彩，共同构成了邢台丰富的酒文化。

邢台县有"兴台酒"，主要酒型有兴台酱酒、邢君酒、牛酒、憨牛等。原为内丘县曲酒厂，后被滨河地产收购迁往邢台县龙岗经济开发区。

隆尧县有"隆泉酒""尧舜老酒"，为"隆泉"牌系列白酒，由河北隆泉酒业有限生产，公司前身原隆尧县（隶属于邢台）酒厂，建于1981年。

巨鹿县有"水仙花""邢台大曲"。水仙花酒产品出自巨鹿县水仙花酒业有限公司，该公司于1998年成立，经营范围包括白酒制造、销售等。

临西县有"玉兰春""玉兰缘"酒，任县有"顺府酒"，威县有"洺水酒"，清河县有"武松家酒""张酒"，临城县有"临圣泉酒""崆山老酒"，宁晋县有"婴泊酒"，平乡县有"梅拳家酒"，广宗县有"沙丘醉"，南和县有"顺德府酒"，南宫市有"南宫湖酒""冀南大曲酒""凤泉老窖"等，柏乡有"牡丹酒"，新河县有"滏阳酒""振堂酒"。

## 四、邢酒的传承和发展

### 1. 重现古酒酿造技艺

金波酒是宋代历史名酒，在邢台一带曾享有盛誉，后因大陆泽干涸，稻米产量骤减而失传。1995年，根据国内专家学者对《北山酒经》《酒名记》等历史文献的挖掘，古顺酿酒厂成功研制出金波酒。

金波酒这一沉睡千年的名酒重放光芒，并通过原河北省轻工厅和邢台科委组织的成果鉴定，对弘扬邢台酒文化起到了巨大作用。中国历史名酒"金波"是古邢台劳动人民对酿酒业的贡献，是邢台市优秀历史经济文化遗产。

### 2. 建设邢台酒文化博物馆

2016年11月1日，邢台酒文化博物馆在古顺酿酒厂区落成。

新落成的邢台酒文化博物馆共分三层：负一层为地下酒窖，主要功能是原浆酒的存储；一层为古代展区，展示了先商至明清的酒器、酒具和酒文化；二层为互动区和展卖区，供游客体验。图11-1-5为邢酒文化博物馆的古代酒器。

**图11-1-5　邢酒文化博物馆的古代酒器**

建成后的邢台酒文化博物馆，以古顺酒的发展为原型，反映近现代邢台酿酒工业的历史，完整地保留了邢台酿酒工业的原生态，展现邢台食品工业发展的缩影，它将成为邢台历史文化和工业旅游结合的典范，为更多的消费者了解邢台酒文化提供翔实、科学的历史依据。

## 模块三【探究平台】

1. 邢台历史上产生了哪些名酒？
2. 邢酒最早产生于哪个时期？
3. 互相交流，你的家乡生产过什么品牌的酒？影响怎样？

# 第十二章　邢台的姓氏文化

## 模块一【寻找归属】

姓氏是中华民族独特的历史文化现象。邢台是一个有3 500年悠久历史的城市，在这时间的长河中，生活在这里的人们用自己的劳动创造了辉煌的历史，涌现出一群杰出的历史人物，他们用不朽的业绩将自己的姓氏镌刻在历史的长卷上。你对姓氏文化了解多少呢？你身边有哪些比较特别的姓氏呢？

## 模块二【知识坐标】

### 一、邢台姓氏文化的概况及分类

邢台姓氏的变化跟古代邢台政治社会发展造成的人口变迁密切相关。

远在传说时期，邢台区域内有三皇五帝相关的文化遗迹。如邢台的尧山有尧文化，宁晋的尧台，邢台清河、平乡等县有鲧文化，大禹治水的传说文化。与这些传说文化相关的就是姓氏。作为传说中尧舜禹生活的地方，邢台人把自己视作尧舜禹的后人。在历史发展中又分化成许多氏族和姓氏，邢台的邢氏就是一例。

从商代祖乙迁邢到西周邢国的灭亡，是邢台历史发展第一个高峰期。邢国灭亡后，由于战争及政治的更换，邢台居民大量外迁，同时也有一部分向邢域内迁入。西周时的邢国，是周公的后代，此后居住在邢国境内的人们，或从邢国走出去的人们，为了区分和表明身份用邢字作了姓氏。为此邢台这个地方也就成为邢氏起源地。

两汉之后，邢台的姓氏有了进一步的发展。一些大姓在邢台得到壮大，特别是历朝政权围绕邢台的巨鹿、清河设立郡制，一些显姓望族也不断地迁徙到这里，在此立堂，如清河的张氏、崔氏，任县游氏，隆尧的李氏、柴氏，巨鹿的魏氏等。

后赵时期邢台又迎来城市发展第二个高峰期，经济社会得到发展，人口再次增加。后赵灭亡时，邢台被屠城和强制外迁，邢域的生产力受到了严重破坏。

元代是邢台发展的第三个高峰期。由于古邢台地理位置重要，还出了元的设计者刘秉忠，同时还是当时佛教中心，有万松行秀、虚照宏明、万安这样的高僧大德，元朝廷对邢台深爱有加。明代以后，特别是燕王扫北，邢台周围的村庄再次受到战争重创。社会稳定后，从山西向邢台大量的移民，这些姓氏在社会局势稳定后得到发展，如邢台英谈村的路姓就是一例。

邢台的姓氏主要有以下几个类型，一是起源型，二是郡望型，三是始祖型。

①起源型的姓氏有邢氏、井氏、苏氏、任氏。

②郡望型的姓氏有游氏、崔氏、傅氏等。

③始祖型的姓氏有张氏、李氏、柴氏等。

邢台人杰地灵，各朝各代名人辈出。比如邢台隆尧是李世民的家乡，在隆尧县有李唐祖陵；唐代名相宋璟祖居今天的南和，宋氏家族发达后从南和迁出，有南和广平堂和咏梅堂；南北朝时期，任县有游雅，今天福建、台湾的游氏称为广平游的后人。

## 二、邢台的姓氏望族与姓氏文化

### （一）邢台的起源型姓氏

1. 邢台邢氏

据考证，邢姓始祖是周公的第4个儿子，由于被封食采于邢而得姓。当年的邢国，爵位为侯，在周代初年是重要的诸侯国之一。春秋时邢国被灭之后，周公这一支子孙"以国为氏"而姓了邢。有的安土重迁，有的则不甘忍受亡国之耻，陆续出奔到其他地方开创新天地。于是，邢氏先人便从河北邢台播迁到各地。

春秋末期，韩、赵、魏三家分晋，揭开了战国时代的序幕。韩氏子孙后来食采于邢而以地为氏，发展成为邢氏之族的第二支。

邢姓是当今中国姓氏排行第131位的姓氏，人口较多，约占全国汉族人口的0.1%。

2. 邢台井氏

井姓的起源有四支。其中有一支出自姬姓，是周公四子邢侯之后。邢地原来叫"井"，与"邢"为通假字，所以邢侯后代有人姓"井"。

3. 邢台苏氏

根据有关甲骨文研究，苏为当时一个小方国，其地望在邢台南一带。后苏氏繁衍于河北、河内，逐渐成为人数众多的一姓。

4. 任县任氏

任姓的起源，主要有四支。其中有一支是黄帝的后裔。据《国语》记载，黄帝共有25子，得姓者14人，任姓为其中之一。《新唐书·世系表》中也称黄帝的儿子禹阳被封于任国，也叫禹阳国（今河北任县），其后代遂以国名作为自己的姓氏。

### （二）邢台的郡望型姓氏

1. 任县游氏

2008年，邢台考古工作者与任县历史文化研究会的有关人员在对任县文化遗产进行调查时，发现一座南北朝时期古墓，土冢封土高10米，东西长约30米，南北长约25米。经研究考证，古墓的主人为北魏假梁郡公游雅。游雅，403年生于任城，天资聪颖，素有过目不忘之称，且练就一手好书法，十五岁便成为当地名士。后在北魏做官，历任中书博士、著作郎、太子少傅、雍州刺史、秘书监等职，晋爵假梁郡公。据《任县县志》记载，游雅祠在任县庙上村。

据史料记载，"游"产生于春秋时期，迄今已有二千五百多年历史，是中华古老的姓氏之一。资料显示,游姓起源于河南新郑,如今却鲜有游姓后人;兴盛于任县,福建与台湾游姓后人均从任县迁出,任县周围县市游姓也源于该县。

任县作为郡望之所,遗迹众多,除游雅墓外,县城北街仍有游家巷,游家井。县城老文庙内供奉北魏三游牌位。

2. 清河崔氏

中国汉朝至隋唐时期的北方著名大族。

清河崔氏在春秋时是齐国公卿之一,至西汉时居住在清河郡(今河北清河县),东汉以后成为山东望族,其中崔琰曾投曹操门下。西晋时讲究士族门第,崔氏被列为一等大姓"崔卢王谢"之首。清河崔氏后长期在北朝做官,北魏时一度与范阳卢氏、荥阳郑氏、太原王氏并称为"四大族"。

唐代崔氏仍然显赫,有23人做过宰相。清河崔氏曾分出一支为博陵崔氏,也为隋唐著名士族之一。由于两支崔姓人繁衍众多,加上仕宦迁徙等原因,崔姓又进一步分衍出郑州崔氏、鄢陵崔氏、齐州崔氏、青州崔氏,以及清河大房崔氏、清河小房崔氏、博陵大房崔氏、博陵第二房崔氏、博陵第三房崔氏、南祖房崔氏十房崔氏。崔姓被当作天下最著名的姓氏之一,被公认为"天下第一高门,北方豪族之首"。

清河崔氏作为中古时期的世家大族,不仅拥有雄厚的经济实力和煊赫的政治地位,同时还有非常重要的文化地位。清河崔氏是一个文化功底深厚、学识渊博的文化世族。崔氏历代都有闻名于世的经学家、文学家、书法家及医学家,好学的家风与学术传家在整个家族的发展过程中,保持了世代不替的传承性。

3. 清河傅氏

傅氏起源于傅岩(今山西省平陆东南),望出于清河。傅氏堂号主要有兴商堂,堂号来源于商代名相傅说帮助商君武丁治理国家的故事。傅氏堂号还有清河堂。傅姓在清河(今河北省清河)迅速发展并进入有史以来最为繁衍旺盛期,源于东汉汉阳太守傅燮(扶风傅姓)。称盛于"清河"一带的傅姓,后成为我国东部地区傅姓的主要来源。尤其是江南各地的傅姓,大都因世事动荡而从清河迁去江南。如今,傅姓主要分布在山东、湖南等省。傅姓是当今中国姓氏排行第三十六位的大姓,人口较多,约占全国汉族人口的 0.55%。

(三)邢台的始祖型姓氏

1. 清河张氏

张姓为第三大姓,占全国总数的 11.8%。相传张姓是黄帝的后代,自汉代开始逐渐增多。现在有"天下张姓出清河"之说。传说张挥是黄帝的孙或子,发明制作弓箭,封清河郡,赐姓张。清河郡是张氏祖居之地,历来人多势众。从十六国北朝直至隋唐,以东武城(今河北清河县东北部)张氏最为显赫。唐代清河郡东武城张氏,一门出了张文瓘等三位宰相,被列为十"国柱"之首,是当时全国最显赫的姓族之一。

2. 隆尧李氏

根据排序,李姓是中国的第一大姓。李姓来源甚广,有数百之多,最早出自"赢"姓,春秋时期流行以官位作姓,道家学说的创始人老子因祖辈为理官,遂以理为姓氏,后传为"李"。战国时期,李耳十一世孙李昙在赵国镇守柏人(今邢台隆尧县),因战功被封为"柏人侯"，于是安居于此。李昙被尊为"李氏始祖"。史籍有时称作"赵郡李氏"，也称柏人李氏。李昙的长子李崇西去陇西，繁衍出"陇西李"。到唐初，李渊、李世民父子建立唐朝，后在故里修建"大唐祖陵"，更使柏人李氏赫赫有名。

李昙四子李玑世居柏人城。柏人李氏出自赵将武安君李牧。柏人李氏一门自北魏至北齐，仅史籍有载的就不下百人做官，又多以明经通史被最高统治者赏识。李门之女，也都精通诗书，有很多被皇室子弟娶走。柏人李氏传至隋朝，曾经走出了修建赵州桥的知名石匠李春、李通兄弟。此后人才辈出，绵延不绝，为邢台乃至中国历史上的名门望族之一。

3. 邢台柴氏

河北省邢台市南和县有一通宋代"柴孝子墓碑"，碑铭说："古今姓纂，柴为姜姓，齐太公之子名高，孙奚以王父字为氏，十世孙高柴，仲尼弟子，孙举又以王父名为氏。"可见柴举乃柴姓之始。而高柴做过卫国副宰相，后居太康，所以太康为柴氏发源之地。在之后的一千四百年多中，邢台逐渐形成柴氏望族，载入史册的柴氏名人多集中在以邢台为中心的冀南一带。

今邢台平乡县北柴村的重点文物北齐造像碑（又称柴半朝碑），即为北齐时广平郡柴姓太守率柴门140多位在朝为官者镌刻，时称"柴半朝"，显示了邢台柴氏在当时的显赫地位。

柴守礼，后周邢州尧山（今隆尧县西部）山南村人（一说南和人）。与周太祖郭威同乡，他的妹妹嫁给郭威做皇后。他的儿子柴荣过继给郭威，也就是周世宗。

从柴氏先人的业绩中，表明迁徙到邢台一带的柴氏可谓人才济济，英杰辈出，他们的历史足迹充分显示了这一时期柴氏家族繁衍发展的主脉络，并在这里形成望族，延续长达260多年。

姓氏文化经过数千年的积累演变，已经形成了一个崭新而完整的文化体系，蕴含着丰富的人文信息、民俗资源、历史积淀、社会符号、文明指向、家族身份和修养成果，既辐射了历史文化的各个方面，又具有自身的鲜明特色。

深入发掘邢台的历史文化，既离不开对邢台独具特色的邢侯文化、李氏文化、张氏文化等姓氏文化的深入研究，更需要下大力度宣传推广邢台各地有关的姓氏历史文物遗迹、风景名胜。

邢台的起源与姓氏文化密切相关，同时又是全国第一大姓和第三大姓氏的祖源地，这为邢台打造姓氏文化的品牌创造了得天独厚的优势，深入开展姓氏文化的研究和宣传、推广，有助于邢台文化事业的大发展、大繁荣。

## 模块三【知识拓展】

### 新河脱氏

邢台除了名门大族，也有很多稀有姓氏，比如，新河县的脱氏。

邢台新河县东董村为全国脱姓的发源地，2014年被评为邢台市历史文化名村。

据当地传说与县志记载，元末重臣脱脱遇害后，其三子周彬避难来此，隐居耕读，其后以脱为姓，世代繁衍。故全村人以脱脱为一世祖，脱周彬为二世祖，迄今已27世，东董村也因此被称为"蒙古村"。

脱氏非常注重历史传承，有修家谱的传统。现在珍藏于脱氏家祠内的脱氏家谱，始修于明朝初年，记录人物自元末重臣脱脱而始，其后裔延续700多年，如图12-1-1所示。除这个祖传家谱外，村中各个支系大都有本族的家谱，粗略统计有10个以上。历史上外迁到山东青州、诸城和辽宁沈阳的脱氏后人也很注重家族传承，都有自己的家谱。近年来，外地脱氏前来寻亲问祖的络绎不绝，与自己的家谱对照上溯，都能在这个古老的家谱上找到自己先人的名字。

图12-1-1　脱氏家谱

脱氏后人受先祖脱脱忠君报国思想影响，后世子孙慷慨赴国者比比皆是。明崇祯年间，清兵攻至新河，官吏逃散，脱氏后人脱华然携四子两侄，率领城内军民登城死守，城破，俱殉国，赢得后人赞誉。据县志记载，抗战时期，脱氏后人踊跃参军，先后有7人壮烈牺牲。

## 模块四【探究平台】

1. 有哪些姓氏起源于邢台或在邢台发扬光大？请举出名人事例。
2. 请说说你知道的邢台的稀有姓氏。

## 学业评分表

| 要素 | 很好 | 不错 | 加油 | 自评 | 互评 | 师评 |
|---|---|---|---|---|---|---|
| 学习态度（总分15分） | 学习态度好，并能主动帮助别人（12~15分） | 学习态度较好，有时帮助他人（9~12分） | 没兴趣参与学习活动，厌学（0~9分） | | | |
| 参与情况（总分15分） | 积极参加每次学习活动，能与小组成员轮流主持，并有详细的活动记录，活动开展得规范、效率高（12~15分） | 多数活动别人主持，自己能参与，活动基本可以达到预想的目的，有活动记录（9~12分） | 参与被动或无心参与，基本没有活动记录（0~9分） | | | |
| 自主探究（总分15分） | 能独立思考，自主学习，主动发现问题、提出问题并寻求解决问题的方法（12~15分） | 能思考，但不会自主学习，能和其他同学合作发现问题，提出问题（9~12分） | 不会思考，不爱学习，不会发现问题（0~9分） | | | |
| 合作交流（总分15分） | 积极参与小组活动，在明确分工的基础上共同承担任务，有效完成自己的任务；有极好的倾听能力和领导能力，能通过讨论的方式共享他人的观点和想法（12~15分） | 参与小组活动，能在明确分工的基础上共同承担任务，并完成自己的任务；能通过讨论的方式共享他人的观点和想法（9~12分） | 无心参与小组活动，很少进行交流互动；或对交流互动不感兴趣、分心，和别的成员之间并没有进行明确的分工（0~9分） | | | |
| 搜集处理信息（总分20分） | 能熟练使用多种方法搜集、处理信息（16~20分） | 会用多种方法搜集、处理信息（12~16分） | 搜集、处理信息方法单一，或不会搜集处理信息（0~12分） | | | |
| 创新情况（总分20分） | 成果丰富，形式多样，达到学习目的，有自己独到的观点或主张，能将所学内容与专业技能相结合（16~20分） | 基本达到活动目的，基本能够体现个性化学习过程，有自己的观点或主张（12~16分） | 没有达到学习目的，不能充分体现个性化学习过程，没有新观点（0~12分） | | | |
| 三类评价合计得分 | | | | | | |
| 平均得分（教师填写） | | | | | | |